「元晖学者教育研究丛书」

CURRICULUM RESEARCH
IN THE BACKGROUND OF CURRICULUM REFORM

课程改革背景下的
课程研究

吕立杰 等 / 著

NORTHEAST NORMAL UNIVERSITY PRESS
WWW.NENUP.COM

东北师范大学出版社

长春

丛书序言

在实践领域，教育在全球化、信息化、现代化的背景下，不再呈现为简单有序、线性透明的样态，而是出现了各种各样的复杂样态。因此，这就需要我们更为审慎地思考和更为敏感地把握。在现实生活中，从教育与社会的发展来看，教育越来越多地成为实现国家目的的重要工具，成为实现理想的重要手段；从教育与人的发展来看，教育在满足人的发展需要、培养理想人格方面还有很大提升空间。综观教育的发展，教育的改革不再仅仅是地方性质的了，而是成了世界各国政府为实现国家利益和国际诉求的重要手段。教育在应对人的发展的不确定性、人的发展需要的变化性等方面面临着各种各样的挑战。另外，教育的复杂性吸引着思考者不断地进行探索，试图去发现教育世界的"秘密"，找到变革教育世界的"钥匙"，从而使我们更好地认识和改造这个丰富多彩而又纷繁复杂的领域。

东北师范大学教育学部召集十余位教授，整理了近二十年的研究成果，系统诊断教育实践问题，不断追问教育的真理，并创新教育理论。这些研究既有理论模型的构建，又有实践领域的深刻探究；既诊断问题、分析原因，又提出对策、措施；既追本溯源有历史大视野，又关心现实展望未来；既关心国家宏观政策制度，又在微观层面提出具体可操作的方法；既扎根本土研究注重原创，又注重以国际视野进行深度学习。

本套丛书是东北师范大学教育学部教育研究的总结，是十余位教授多年教育研究的记录，是他们对中国教育改革的独特认识。我们希望以这套丛书为支点，与读者展开对话，共同探寻教育的真理，在对教育的凝视中不断地思辨、判断、检视。

吕立杰

2019 年 11 月

于东北师范大学田家炳教育书院

前　　言

　　2001 年中国基础教育进行了一场大规模课程改革，这次课程改革是中华人民共和国成立以来的第八次课程改革，当时被称为"新课改"。新课改至今近 20 年，早已不新，但课程研究者仍习惯称现在的课程是"新课程"。究其原因，我国历史上学习苏联教育模式，在教育学体系中一直没有课程论或课程研究，而是把课程问题作为教学论中的教学内容去研究，直到 20 世纪 80 年代，改革开放后，美英等国家教育学尤其是课程研究思想引入后，课程研究才正式起步。2001 年课程改革，中国基础教育领域出现了前所未有的课程实践尝试，理论视野的拓展，实践领域创新的需求，催生我国本土课程研究快速发展。本人有幸赶上了这个特殊的发展时期。2001 年也是我师从马云鹏教授，开始在课程与教学论专业读博的时期，伴随着我国课程改革的不断推进，二十年来本人一直在关注我国基础教育课程发展的理论问题与现实问题，形成了一些与课改同步的研究成果。这本书便是这些研究成果的集合。

　　本书结构打破了发表时间顺序，按照内容本身的概念逻辑分为四个专题：第一专题，课程设计与决策；第二专题，素养目标的课程转化；第三专题，课程实施与监测；第四专题，教师与课程。愿将这些研究成果与各位读者分享。

编　者

2019 年 11 月

目　录

第一专题　课程设计与决策　/001

1 国家课程政策制定的过程与本质　/003

2 大规模课程设计的程式与特征
　　　　　——我国新课程设计过程与西方课程设计模式的对比和分析　/011

3 "人的研究"推广策略对我国高中新课程改革的启示　/018

4 基础教育新课程设计中的课程审议
　　　　　——一种实践理性的研究方式　/025

5 校本课程开发中的课程组织逻辑　/035

第二专题　素养目标的课程转化　/047

6 人才培养目标的课程转化路径探析　/049

7 学科核心素养培养：课程实施的价值诉求　/059

8 核心素养在学校课程转化的层级分析　/068

第三专题　课程实施与监测　/079

9 情境教学和小组讨论
　　　　　——新课程背景下教学策略的观察与思考　/081

10 变易学习理论视角下"我的邻里关系"主题单元设计研究　/088

11 合作中的儿童学习：小学小组合作学习同质组构的研究　/095

12 教学变革中模式选择的合理性问题探讨　/108

13 走向未来的传统：传统文化类校本课程发展探讨　/116

14 基于教育公平的基础教育课程发展质量考查维度构建　/133

第四专题 教师与课程 / 145

15 教师集体课程决策的特征与局限 / 147

16 教师课程行动转变的动因

　　　　——一位《品德与生活》教师的课程故事 / 155

17 基于情境判断测验的校长课程领导胜任力调查 / 163

18 课程行动研究：方法论视角的探讨 / 177

19 教师实践知识研究的反思与启示 / 187

20 教师合作团队的结构与方式 / 193

21 课堂评价的有效性反思与研究性功能转向

　　　　——兼谈课堂学习研究对教师专业发展的意义 / 198

参考文献 / 207

第一专题

课程设计与决策

1 国家课程政策制定的过程与本质

对于国家课程设计的研究探讨可以有多种视角，我们可以把它看作课程开发的首要环节，可以看作一次大规模的课程研究过程，同时可以看作一次国家公共政策的制定过程。20 世纪 80 年代后，英美等一些原地方分权制课程管理体制的国家纷纷出台自己全国统一的课程规划、课程标准，以做到对教育效率与质量的有效控制与引导，而一些课程政策高度集权的国家如中国、法国、俄国又调整了国家课程政策功能，把国家课程政策的权力限制在课程方案宏观规划、价值界定、学科核心内容选择等方面。可见，当代各国对国家课程都有重新认识与定位，正因为这个定位具有全球的趋同性，才有各国国家课程政策因应各自的历史，采取不同方向的改革。国家课程政策的制定作为现代社会公共政策的一个具体类型，有与其他政策共同的与独特的过程与属性。

一、政策、教育政策、课程政策

什么是政策？美国学者戴维·伊斯顿（David Easton，1953）下过一个著名的定义——"政策是对社会价值的权威性配置"。也就是政策作为一个以政府为主体的行为过程，针对社会中出现的一些公共问题，对社会价值进行重新调整与分配，以达到利益协调、社会发展的目的。由于现代社会中的政策配置不仅限于经济领域的财产与利益，还包括公共事务中的权利、义务、责任、尊重、秩序等，人们在政策研究中常常把研究对象指称为公共政策。公共政策的效能在于价值的社会性分配，这个分配方案必然存在顺应了一部分人的需求，同时伤害了另一部分人的利益的情况，因此作为公共政策的权威配置其追求的合理性就在于使价值在不同利益团体间达成最有利于社会稳定与发展的平衡，解决利益、价值失衡所带来的社会问题。20 世纪 50 年代，当政策科学起步发展的时候，奠基人美国的拉斯韦尔把政策科学界定为解释政策制定和政策执行过程，关心收集数据并提供对特定时期政策问题的解释。这一时期研究的关注点在于以定量研究为基础，融合运筹学、系统分析、线性规划和成本—效益分析等方法，把政策制定看作一个理性的过程，探讨其中的最佳决策模式。20 世纪 60 年代，社会学方法论出现了范式革命，人们对绝对理性的质疑同样表现在对政策制定过程的解释上。西蒙是这一时期的代表，他认为，绝对理性的政策决定在现实中是不可能的，政策制定中会遇到一系列的困难。决策要追求实现的是谁的价值和目标？组织不是一个同质化的实体，作为整体的组织的价值可能与组织成员个体的价值存在差异，另外决策者不可能掌握有关决策状况的全部信息，决策者处理问题的能力是有限的，决策过程是有限理性的过程。为此，西蒙提出了一个政策决定研究的关注点的问题，他认为："以往的决策理论着重研究决策结果的合理性，很少注意决策过程本身，实际上，决策并不仅仅是最后时刻的事情，而是整个决策过程。"①这个决策过程未必是规范的、有序的，但正是这样的过程决定了政策的最后结果。在戴维·伊斯顿的著作中，这个决策过程被看作一个难以观察到的"黑箱"，而在现代的政策研究中，正是把这个不可见的过程作为政策形成的一个重要环节，作为政策研究的一个对象。英国学者米切尔·黑尧认为："政策过程研究应该是案例研究，所使用的主要是定性的方法，定量的方法主要是用于分析政策的后果。"②他认为这个政策形成过程是一个政治过程，在这个政治过程中，一些政治主体，总是比其他的政治主体拥有更多的合法的决策权。因此，在最佳决策方式和拥有特定权力的政治主体之间，就存在潜在的冲突，那么谁在决定政策？怎样决定了政策？政策制定过程的研究就是针对政策制定的主体及其之间的关系、角色进行分析，表现政策决定的议程，"交易"的过程，行政的过程以及制度和文化对决策的影响等，以此帮助人们理解政策并判断政策合理性的程度。

教育政策所要解决的也是社会的公共问题，而且目标对象相当广泛。其权力主体是国家政党、政府，宏观规定教育的发展方向。当教育发展的现实与政策制定的权力拥有者的意志发生偏离时，便出现了公共的教育问题，由此推动了新的教育政策的出台。每一次新的教育政策的出台都会对教育的发展目标、质量标准以及公众的教育价值观进行重新的调整与导引，在教育的实践中引发变革，形成新的教育秩序、标准、行为。我国有学者认为应该从四个方面认识教育政策的内涵，即教育政策的现象形态、

---

① 朴贞子，金炯烈. 政策形成论 [M]. 济南：山东人民出版社，2005：101.

② 米切尔·黑尧. 现代国家的政策过程 [M]. 赵成根，译. 北京：中国青年出版社，2004：22.

本体形态、过程特点和特殊性质。① 教育政策的现象形态是指教育领域政治措施的政策文本的总和，其中隐含着政策所要表达的目的与内容，对于同样的政策文本，不同背景的人们可能产生不同的解读；教育政策的本体形态是指教育利益的分配，通过政策使教育资源在不同的利益团体间重新配置，表明国家、政府对教育发展方向、功能意义的控制；教育政策的过程特点是一个动态连续的主动选择过程，从政策结果的角度讲，教育政策是政府选择的结果，从政策选择的过程来看，是个人选择与集体选择相互作用的多方合作的博弈过程；教育政策的特殊性就在于它的公益性和非营利性，所提供的服务也是非商品的，合理的教育政策必须以尊重教育自身的规律、规则为前提。

课程政策则是教育政策内容中具体的一部分，除了具有一般教育政策的力量与含义，还有着自己专业性的内容、载体以及运作方式。课程政策要解决的是调整学校的培养目标与培养内容、方式之间的偏差，当课程政策的制定主体在国家的相关权力部门的时候，这样的课程政策也就属于一般的公共政策的一部分。国家课程政策可以有不同的层次类型，比如宏观的课程政策，需要确立规定和指引国家课程发展方向的价值与规范，规划国家安排的课程的目标旨趣，也就是通过课程要实现的人才规格，以及为培养这些规格的人才所选择的价值倾向与制度要求，是有关课程的元政策；专项的课程政策，是具体的，也是体现课程政策特殊性的政策，它为每一门学科规定了功能意义，以及选择知识的内容与实现方式；配套的课程政策，即为保障宏观的课程政策以及专项的课程政策有效实施而制定的系列行政措施。三类政策构成课程政策的体系。一般来讲，文本的或静态的课程政策包括课程方案、课程计划、课程标准、课程大纲、教材以及相关的保障性或解释性的文件。

二、课程政策的制定过程

对于政策制定的理解有两种，一种认为，政策制定应该包括整个政策过程，也就是把政策的执行、评估、修订等都作为一个动态的政策制定过程，另一种看法认为政策制定是政策的形成与规划的阶段，相对独立于政策的执行、反馈与改进。这里，我们融合两种看法，把课程政策的制定看作连续、持续调整的过程。课程政策的形成与规划是过程中的一个阶段，

---

① 刘复兴. 教育政策的价值分析［M］. 北京：教育科学出版社，2003：36.

但是这个阶段具有相对独立性，其自身也是一段过程，也有课程政策制定的阶段与环节。在政策研究中，通常把政策制定过程分成三个阶段：确立政策议程、规划方案以及方案的合法化。①

第一阶段：课程政策的议程确立。这是课程问题的调查研究阶段，也是保证课程政策指向的是真问题的阶段。社会中需要政府解决的问题很多，只有部分问题受到政府的关注，并提上政府的议事日程，纳入决策领域，这样的问题的确立过程便是确立政策议程的过程，政策议程形成的过程也就是问题有望获得解决的过程。课程问题进入政策议程，必然是课程的实然状态与社会生活的发展、民众的需求以及政治家的理想发生了显著偏差，政治领导人凭借其地位和所具有的知识、智慧、理论素养、权威、实践经验等发现、预测、确认某些课程政策问题，并列入政策议程。也可以是教育研究人员或者学科专家学者，在他们各自的研究中发现重要的问题，凭借自身的社会影响，通过决策者或借助传媒的力量使社会问题列入议事日程。列入议程的课程问题，不管来自什么渠道，都需要实证研究证明其为真问题。

第二阶段：课程方案规划与形成。方案规划是在对课程政策问题的分析研究的基础上，提出相应解决办法或方案的过程，这是一个时间段，也是不同环节工作组合的过程。这一过程还可以细化为具体的阶段：首先，要明确课程政策要调整的主要问题，找到实际状态与期望状态的差距，拟定课程政策制定的教育目标；其次，收集资料信息，依据已有研究制定政策内容；再次，要对方案实施的环境及可能产生的结果进行预测；最后，在众多被择方案中确立相对合理的最佳方案。

第三阶段：课程政策的合法化。政策的制定者为使政策获得合法地位，依照法定权限和程序所实施的一系列征询、论证、审查、通过、批准、签署和颁布政策的行为过程。课程政策的合法化来自多种渠道：通过论证，获得教育专家、科学家、社会学家的支持与肯定；通过征询，也可以吸收更多的相关利益者参与课程政策评价与决策，加强沟通与协调，使决策被更多的课程使用者理解；最重要的是通过直接的权力机构审查、批准，使课程政策具有权威性、法律性的约束效力。因此，这一环节是政策可以执行的前提，是完善政策制定合法化程序所必需的。

---

① 陈振明. 政策科学 [M]. 北京：中国人民大学出版社，1998：212.

三、课程政策制定过程的本质

House 及 Corbett 等人认为，就课程决定而言，可以从课程政策决定的技术途径、课程政策决定的政治途径与课程政策决定的文化途径等三个层面来分析课程政策之改革现象。[①] 其中技术途径是一种简化的课程变革观点，认为课程政策的变革途径是一种可以复制与转移的技术，可以由专门的课程政策决定的规划人员使用专业的技术、方法和材料完成；课程政策决定的政治途径考虑的是课程政策变革所涉及的各种不同利益，比如各级政府，学校教师、教育行政人员，学生家长，把课程决策看成政治途径的课程决定人员，会设法调动协调各种对立冲突的利益团体，使其相互妥协，彼此接受；课程政策决定的文化途径强调课程政策变革的不同参与者代表不同的文化背景与价值观念。这些不同的探索视角恰好表明课程政策在制定中的复杂属性，也就是课程政策的制定不是一种单纯的技术历程或纯粹的技术问题，而是一种与政治相关的、与社会文化相关的问题。这些复杂的属性可以具体表述为：

（一）课程政策的制定是一个政治过程

课程政策有不同于意识形态的话语体系，这是现代课程政策发展专业化的表现。但是课程政策，尤其是国家课程政策作为国家公共政策的一部分，必然受到意识形态的推动、支持与控制，这是课程、教育本身凝结的意识形态功能决定的。这样在课程政策制定的各个环节中，政治力量会以指令、引导、暗示、征询、批示等形式把握着课程政策与意识形态的一致性。英国对国家课程确定是最为典型的代表，英国本来没有全国统一的国家课程，20 世纪 80 年代后，英国对教育方针进行了大规模的调整，明确地服务于政治目的以及国家政策方针。二战之后，英国经济增长乏力，被称为世界经济中的"英国病"现象，除了产业结构老化、国有部门比重大、福利负担重这些原因，劳动生产率提高缓慢也是重要因素。政治家把问题归咎于教育质量的低下，前教育大臣贝克在一次讲演中谈到，英国的教育体系是一个怪胎，与法国、德国相比缺少统一集权，他认为英国课程的标准不够高，尤其在 14～16 岁年龄段缺乏课程的一致性。1979 年，撒切尔政府开始对英国经济进行改革并采取一系列促进经济增长的措施，摒

①　蔡清田. 课程政策决定：以国家教育改革法案为依据的教育决策［M］. 台北：五南图书出版公司，2003：34.

弃了战后一直奉行的以扩大政府开支和刺激消费带动经济增长的凯恩斯主义的经济政策。自由市场与国家权威是撒切尔主义的核心原则，也就是政府一方面增强个人选择自由，从而创造一个由市场力量起主导作用的社会，另一方面又对社会领域进行了大规模的国家干预，日益显示出权威性和中央集权化的优势的趋势。在教育中市场经济成分表现为鼓励学校自治，把家长看成教育的消费者，满足家长对学校的选择的需求，而统一的课程、统一的考试测量不仅为家长选择提供了依据，也为家长选择、转换学校创造了可能。1997 年后，在吉登斯影响下的布莱尔工党政府走的是自由放任资本主义与福利国家之间的"第三条道路"，而在教育方针上虽然开始强调教育机会均等，强调所有学校所有学生的成功，但在追求教育的质量和多样性上与右翼保守党的宗旨是一致的，因此国家课程、国家测试能力分组等问题同样延续着。推行教育改革，挽救英国的国际地位是政治人物和民众的共同愿望。

（二）在民主与权威之间寻求合理性

任何一个国家的公共政策都具有或明显或潜在的权威性，因为它的主体是国家的权威机构。公共政策是合法的，是需要强制执行的，同时，政策既然是个人利益与价值的公共化、合法化过程，民主性便成为现代公共政策制定中的一个重要的价值取向。拉斯维尔认为"政策科学是关于民主主义的学问，它涉及个人选择，必须以民主体制作为前提"[①]。放弃民主，政策便不称其为现代意义的公共政策，而是"谕旨"，谕旨的合法性维护来自人们对神的人间代表者的崇拜，是无条件的尊崇，而现代社会追求的恰恰是摆脱神性的秩序生活，秩序存在的基础是规则可以表现不同利益主体的意愿，规则被达成共识，也成为这些利益主体主动遵守、维护的秩序。课程政策的制定就是制定有关知识选择、使用方式的共同规则，并期望规则成为秩序，允许知识的持有者与使用者在政策制定过程中表现自己的愿望是课程政策合法性的要求，也是课程政策可执行的保证和前提。这样，不同的价值相关者的意愿都会以不同的角度、方式表达。政策制定的合理性与合法性就是要建立能够让多元主体表现自己的机制。课程政策的制定就是在不同价值主体的民主协商中减少政策权威的色彩，给予各个专业机构更多的自主决策权和处置权，但是在吸纳不同专业团体、人员参与决策的过程中，政府又不断地表现出自己的权威力量，这样政府权威对反

---

① 陈振明. 政策科学［M］. 北京：中国人民大学出版社，1998：5.

权威的引导与权威本身构成了一对不可调和的矛盾，课程政策的制定就是在这一矛盾中寻求平衡。

（三）课程政策的形成需要一定的程序化决策机制

公共政策是要求人们共同遵守的规则，政策一旦实施，便权威性地分配了政策受众的利益，因此，政策内容的公正性和合理性要求必然诉诸政策决定过程的合法性。现代政策学强调的就是政策的制定过程必然是一项非常重要的规范性行为，有严格的、规范化的程序制度，课程政策也是个体把自己的课程价值观进行权威性的配置的事情，进行法定的、可操作性的表述的事情，课程政策的制定同样需要制定程序与决策依据的科学性、规范性，围绕课程政策问题的信息收集，资料的处理分析，规范的决策环节与程序同样是课程政策公平、合理的保证。

（四）课程政策制定是"价值权威配置"的有限理性过程

课程政策的制定需要一个理性化的制定程序，但课程政策的结果却不可能是完全理性的。课程政策的制定者代表着政治的、专业的、多元的价值主体，以不同的渠道、不同的能量影响着政策的制定，因此，从逻辑上讲，政策与利益、冲突、专制或公正是分不开的。课程政策的主体同样是多元的，课程政策的价值主体特性与一般公共政策的价值主体特性的不同点在于，其价值主体包括相当数量的专业人士，其价值意义首先表现为一种精神价值，表现为专业派别思想的被承认和专业利益的追求。因此各种价值主体不同的价值需求是否合理，这个认定表现得更为不确定。即便是面对同样的信息依据，处在规范的决策议程中，对于课程政策的设想同样会是"见仁见智"的，政策是不同阶段各种价值主体不断让步的产物。因此，政策是各种影响力和议程重新装配的产物。在政府内部，在政策制定过程中充满了临时性、偶然性和讨价还价。[①] 因此，人们最后看到的课程政策文本也许是不清晰的，不属于任何一个竞争中的理论派别，原因就是这是一个各种利益不断妥协、调和的产物，只能是努力寻求相关利益各方对利益与代价都能够接受，至少是容忍。

---

① 鲍尔.教育改革：批判和后结构主义的视角［M］.侯定凯，译.上海：华东师范大学出版社，2002：31.

（五）课程政策制定是封闭的与专业的理论物化过程

课程政策独特的专业性有别于其他公共政策、教育政策，也就是课程政策不仅要顺应国家的意识形态，符合教育的规律，同时要把各个学科知识的逻辑关系与儿童发展特点以及社会文化、社会生活的变迁与需求统筹起来，把关于学科、儿童、生活、国家发展等的综合认识转化成具有强制性、权威性的指导文件，在教育体系中操作、执行。因此，这一政策的制定需要长期的、大量的、多维度的理论积累作为积淀，而这一理论的积累是专业化或者职业化的，不可能像其他公共政策或教育政策那样广泛吸纳群众意见，全民参与课程规划的过程。由于涉及问题的专业性，"主要由专家控制，很少有外行干涉"，所以，"课程决策是一种专业化、封闭性和职业化较强的事务"①。

（六）课程政策制定是一个文本，也是一个体系和过程

因为政策在执行过程中必然会遇到"别的现实"、另外的情景，如不断受到干扰的课堂、教材的缺乏、多语种教学的班级等，一些政策能够部分地改变我们赖以工作的环境，但不能改变环境的所有方面，所以，课程政策如果没有一个良好的课程政策系统作为支撑，那么好的课程政策只能是一种偶然。② 它需要相关的配套政策，比如资金补给制度，评价制度，教师培训、管理方式等的相继出台。课程政策又是更大的教育政策，甚至是社会公共政策的金字塔的组成部分，而非单独的一块或一堆石头，涉及与其他政策的并行不悖，政策体系的内外相关性要求课程政策制定要考虑课程政策在政策体系中的目标协调、功能协调、时间协调。这样，课程政策的制定不可能止于文本的出台，课程政策制定的终止在于课程问题得到全面的解决，不再有需求与现实之间的矛盾，所以文本出台实施后，对信息的反馈，对政策的修改、补充、调适是课程政策制定的必需环节。

[原文载于《国家课程设计过程研究：以我国基础教育"新课程"设计为个案》2008 年（吕立杰）]

---

① 霍尔姆斯，麦克莱恩. 比较课程论 [M]. 张文军，译. 北京：教育科学出版社，2001：83.
② 鲍尔. 教育改革：批判和后结构主义的视角 [M]. 侯定凯，译. 上海：华东师范大学出版社，2002：35.

2 大规模课程设计的程式与特征
——我国新课程设计过程与西方课程设计模式的对比和分析

一

我国基础教育新课程改革是从 1996 年开始酝酿的，到 2001 年《基础教育课程改革纲要（试行）》以及义务教育各科课程标准出台共五年的时间，这五年的课程设计历程形成了一段我国课程研究与课程设计自身的历史。

1996 年，当时的国家教委基础教育司与联合国儿童基金会签署了一个国际合作的教育项目，该项目旨在了解发展中国家义务教育的发展状况。在该项目的资助下，基础教育司组织了一次大规模的"九年义务教育课程方案实施状况调查"。1996 年 7 月，基础教育司组织了全国六家师范大学以及中央教育科学研究所的部分专家、学者组成项目组，研讨制定了一项对全国义务教育阶段课程实施状况进行全面调研的方案，并于 1997 年 5 月正式开始调研。这次大规模的课程调研涉及全国九个省市的中小学生、教师、校长、家长及其他社会人士（主要是全国政协委员）。样本就是在这九个省市的 72 个地区（地级市）随机抽样获得的。问卷的题目主要围绕着课程目标的实施现状、教育过程现状、考试的现状与影响、学生的学业负担与对学校的体验这四个方面设计，让校长、教师、学生、家长从各自的角度看待这四个方面的问题。调研结束后，项目组对调研结果进行了处理、分析，并形成报告。在报告中，对即将展开的我国基础教育课程改革的趋向进行了初步的勾画。在这次调研报告的基础上，1998 年，相关部门着手起草新一轮基础教育课程改革的指导性文件，经过近两年若干稿的修改，形成《基础教育课程改革纲要（试行）》，这个纲要成为新课程设计的总的指导思想和灵魂。

1999 年，教育部把课程改革确定为国家教育改革的重点工程，同年，开始筹备新课程设计的具体事宜。这期间，"隐名的项目招标"，是一项核心工作。所谓"隐名的项目招标"，是指确定各科课程标准以及各个课题项目组的设计、研究人员的招标方式，课标研制以及相关研究项目向全国教育研究工作者、相关领域的专家学者、教研人员、教师进行招标。为了做到项目审查的公平合理，投标申请表被设计成两部分，一部分是投标者介绍，另一部分是课题的论证。在专家评审中，研究人员介绍部分不提供给评审专家，也就是评审专家看不到项目是谁申请的，仅能看到课题的论证部分。经过隐名评审确定的项目负责人是课题的主要承担人、"牵头单位"，申请同一课题的其他单位成员可以自愿组合到这个项目组里来，其他方案中的优秀、可行的部分也被采纳到正式的课题组中。经过专家的多方论证，2000 年 5—6 月由数百名专家参加的 18 个课程标准研制工作组以及各新课程课题项目组正式成立。

1999 年 10 月，在这些前期研究的基础上，课程标准制作进入起草阶段。其中"前期研究"是研制过程的首要环节——"前期研究"是指所有的课标项目组都要做五项专题研究。以数学课标组的前期研究为例，包括以下五个专题：专题一，国际数学课程改革最新进展研究；专题二，国内数学课程实施的现状评估；专题三，中小学生心理发展规律及其与数学课程相互关系的研究；专题四，社会发展及其对数学的需要预测分析；专题五，现代数学的发展及其对中小学数学课程的影响。在前期研究的基础上，拟订各科课程标准。

每一个课标组以及课题项目组的成员都来自全国的四面八方，因此研制小组每月要集中一次，每一次大约一周的时间，在一周中两百多位参与新课程研制的专家首先要听取教育部的一些统一部署，一些课标编写中的反馈意见，更多的时间是课题研究组内的交流、研讨，同时向教育部汇报课题进展情况。研制小组的成员有不同的职业背景，来自高校的课程设计人员分为学科专家与课程专家。其中课程专家一般来自高师院校、教育科研院所，有教育学、心理学或课程论等知识背景；学科专家一般是高师院校、普通高校的学科专业研究人员；专家成员中的教研员、中小学教师也都是各自岗位中的骨干，有的还是全国知名的特级教师；出版社的研究人员比较了解我国以往及现实课程、教材情况，因此在组合中很多课标组都有出版社的相关人员。

各科课程标准草稿形成后，组织大型的社会征询活动，征询对象包括三类人员：一是教育界及社会各界人士，包括 67 位大型国有企业、中外合资企业、国外独资企业、民营科技企业的高层领导（董事长、总经理、总工程师、总经济师）；二是一线教师，比如数学课标草稿形成后，在部分省市征询了意见，其中有记载的参与讨论的一线教师就有 138 位；三是中国科学院院士、中国工程院院士、文史学家、艺术家及教育专家等，对各科课程标准进行审议。全日制义务教育课程标准实验稿和普通高中课程标准实验稿分别在 2001 年、2003 年正式公布。

新课程设计的旨趣在于建立一个理想的课程体系，去影响带动我国基础教育的课程文化乃至教育的发展，课程的设计过程是以课程理想为目标，对所有相关要素进行选择、排列、优化的过程。对于新课程的设计而言，这些要素包括：对象性要素，即课程理念、目标、内容、实施方式、评价方式、课程资源、教材等；工具性要素，即设计者、时间、空间、经费等；程序性要素，即文本制作、推广实施、社会宣传、文本修订、教师培训等。新课程的设计过程一直伴随着对要素的统筹，并指向既定的理想，因此是一次围绕目标展开的行动过程；同时新课程设计过程又是生成的，不是机械化、非人性化的过程，充满了不确定性，人员的变动，观点的冲突，时间、经费等变化经常发生，为"工程"设计而进行的设计也要不断调整。对这一过程的描述形成了一个研究过程描述图：

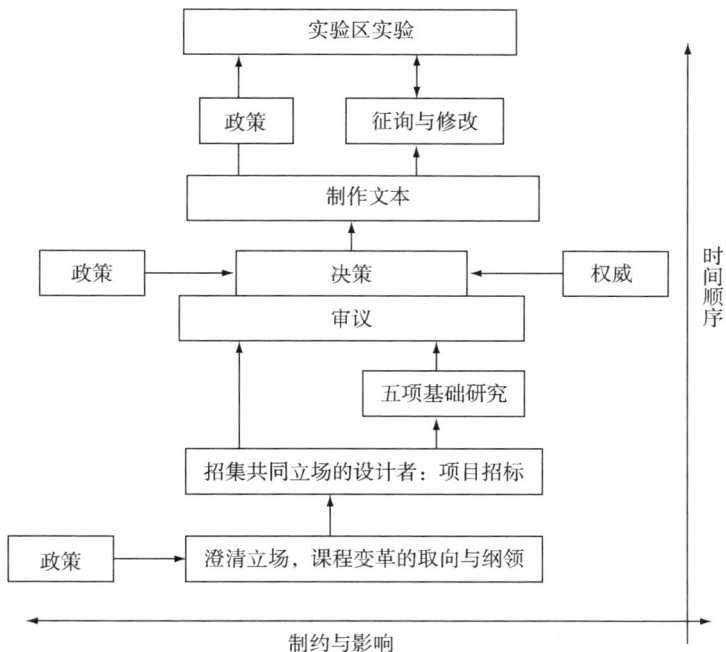

图 1-1 新课程设计过程描述图

二

20 世纪的 60 年代、70 年代，美国课程学者沃克（Decker F. Walker）通过对大规模课程设计过程的跟踪与描述，从中提炼出了一些关于课程设计的有价值的信息。

20 世纪 60 年代末，沃克参与视导和评价科特林艺术课程设计（Kettering Art Project）。在三年的时间里他详细地记录了课程设计团队的行动、争论与决定。通过分析他们的会议录音记录、收集资料，沃克剥离出课程设计过程中的重要元素，对比美国 20 世纪 60 年代、70 年代的很多重要的国家课程设计，他描述出课程设计的自然过程：

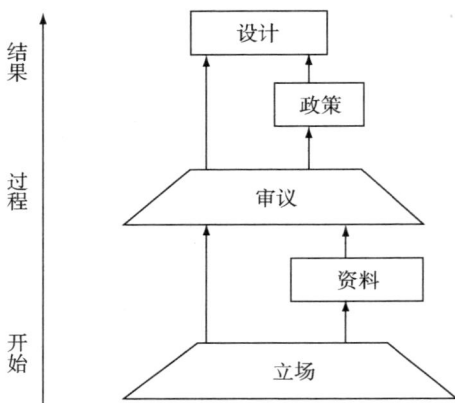

图 1-2 沃克的课程设计模式

沃克对其中几个关键的概念进行了解释："立场"，指的是信念、理论、目的和意想程序。他认为团队的每一位成员都用某种信念和价值处理课程开发中的活动，因此最基本的一步是让每个人都加入进来，表达、讨论甚至是争论纲领究竟是什么。沃克运用"立场"一词是为以后的讨论提供一个平台或基础。设计人员针对一些焦点问题展开争论，呈现几种可能的解决方案，并仔细考虑几种方案的优缺点，做出选择的过程便是"审议"。这是一个混乱又费时的阶段，如果通过审议使问题得到澄清，审议的价值就显现出来。审议不是凭空而来的，而是基于共同的信念、理论、目的、程序等立场。如果凭立场也无法做出选择的时候，就要通过一些实证的"资料"来说明自己的观点。"设计"指的是审议阶段导向最后行动的决策。

三

对比沃克对课程设计模式的描述与我国新课程设计的历程，可以发现两个研究程式在要素与环节上有诸多一致性：

1. 课程设计者要有一个基本的共同课程理想、课程观，也就是要有共同的课程哲学观和课程变革的取向。在新课程中，立场的把握是通过课程改革指导思想的宣传以及项目投标而进行的。设计者在着手设计课程标准的时候，必然已经存在一种课程哲学观念，这种观念的先进性是促进变革的动力。课程变革作为一种有控制性的社会活动，其哲学观必定也应该掌控在变革的发起者与组织者手里，毕竟课程设计是学习内容的选择，更是一种社会价值的导向，是所有参与课程改革工程的人应该持有至少是应该了解的立场。这种导向的把握，不仅是由变革的目的决定的，而且是课程设计过程可以进行的必要前提。这不仅是一种时间起点，也是一种逻辑起点。

2. 要有一定的实证研究的积累。新课程中标的各个研制小组应该都是有一些实证研究积淀的，另外，这次课程设计的实证研究还表现在所有课标设计者都被要求参与到"五项基础研究"之中。五项研究是深刻理解课程取向、课程观的过程，或者说，是有目的地引导课标设计者在学科层面思考课程变革的走向，从而进一步产生共识。另外，这些基础研究所提供的实证经验更是设计者在产生分歧时最好的论证依据，就像沃克说的"如果凭立场也无法做出选择的时候，就要通过一些实证的'资料'来说明自己的观点"。"立场"、观念是一种理论上的认识与判断，而课程设计恰恰是为无数个真实的课程情境做出量上和程度上的选择与斟酌，而实证研究则是用直观的判断分析、研究对象的现实结构以及要素特征，它可以为具体的课程决策中的价值权衡与判断提供依据。

事实上，下页的图表只是表示一种思维倾向，而不是行为的逻辑步骤。五项研究作为一种相互交织的、整体的信息基础，表现在设计者的知识背景中，在设计者表达自己的学科主张的时候，或潜在或显性地表达出来，而基础信息与具体的设计观点不一定有显著的一一对应的因果关系。

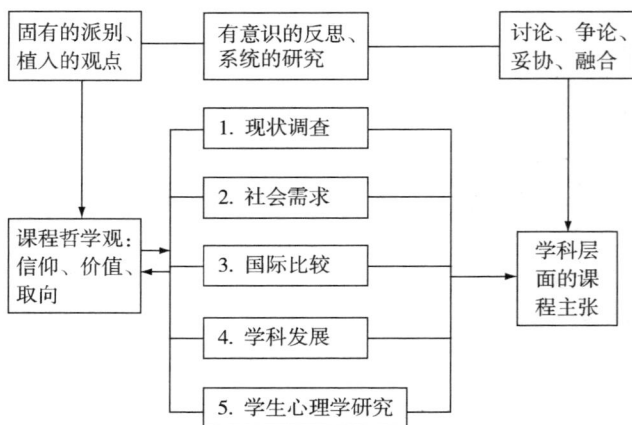

图 1 - 3 新课程研制中的五项基础研究

3. 审议的研讨方式是必不可少的。课程设计需要对知识体系、社会需求、学生特征、不同地域的课程条件等问题进行多向度思考。课程设计者面对的是一个异质的复杂的对象，当我们把握一个异质的复杂对象时，任何观点的层次与角度都是相对的、有局限的，当然也都有它独特的有效性。局限性与有效性互为前提，辩证地存在于人的认识能力中，也就是在交流与申述中每个人在提供了自己认识的指向性与独特性的同时，也把偏见与局限赋予研究对象。因此设计人员需要在多元的基础上对话沟通，宽容地倾听不同视角下的观点，不但容忍而且呼唤异质的视角及评价标准，同时在异质之间保持良性的互补与对话关系。

4. 决策的结果要被"政策"等多种因素修改。课程决策会受多种因素的影响，尤其对于大规模课程设计，由审议产生的分歧最后会更多地受到决策者的影响。沃克也谈到，"当审议团体缺乏决策与执行的权力的时候，审议获得的观点仅仅能在一定程度上影响课程执行者，当然另一方面，如果审议无视课程决策者的愿望，也会使审议浪费时间"。而我国的新课程作为国家的大型课程设计，国家教育主管部门是设计的组织者，因此，对课程设计过程的调控会更显著。影响课程设计的因素还有很多，克拉克总结了 10 种：公众、政治领袖、课本出版商、考试中介、传媒、大专院校人员、教育专业团体、中央政府部门、教师团体、个别教师。除了克拉克所列举的人员因素，社会思潮、社会变革尤其是教育变革、国际关系、国家政治、社会生产的整体发展水平都会成为影响课程决策的直接或间接的力量。也许有些力量并不是主观上要发挥这种影响力，但是课程的确就是这些力量相互作用产生的产品。影响课程决策的各种力量会互相牵制，就像克拉克说的，"每一种影响力量不得不受其他力量牵制，决策者间相互影响，结果是最后的决策偏离了每一个人的初衷，所以课程是政治问题，而不是技术问题"。

四

西方学者马什在他的著作中，对于这种大规模课程设计的特征进行了分析与评价：

这种大规模课程设计对于课程的变革与发展表现出自在的优势与劣势。优势在于：（1）提供了统一课程标准的传送系统，提高了教育要求的统一性，倡导了课程标准，在分配短缺资源中提高了公平程度；（2）节约了时间，避免了详细分析每所学校的需要，节约时间、管理成本、能源和资金；（3）保障连续性，政策可以持续很多年，保障学生和家长在学生转学的情况下享受同样的政策；（4）集中专业优势，能够利用专家团队，使用有效的资金做出有价值的东西；（5）学校和教育系统之间具有紧密的联系，教育部门能够控制每所学校，要求学校达到某种目标。不利因素表现在：（1）几乎不能提高教师的主动性，教师仅仅像机器一样，在课程计划中没有教师的余地；（2）缺乏实施策略，较少关注在学校层面提供实施策略，教育中心的人员不参与实施的视导；（3）提高课程标准，容易导入狭窄的课程目标，假设每所学校都一样；（4）依赖理性的模式，假设学校人员都想要实施中心发展的政策。

国家课程设计一般有能力、有资金组织大规模的专业的课程设计团队，对于专家设计课程的优势与劣势马什已经总结得很到位了，丰富团队人员的角色与层面，并采用审议的方式显得尤为重要。通过马什的提示，我们意识到怎样提高教师的主动性，提供学校层面的课程实施策略，让学校人员都真心想要实施变革，是这种大规模课程改革所面对的共同难点。

［原文刊载于《新课程研究（教育研究与实验）》2005年第4期（吕立杰）］

3 "人的研究"推广策略对我国高中新课程改革的启示

2004 年我国高中新课程改革进入实验阶段，时至今日已有 15 个省市实施高中新课程改革。对于此次课程改革，国家、地方政府、学校、教师、家长都给予极大的关注，如何使这次高中新课程改革得以更好地推进，避免课程改革流于形式，是需要思考与解决的问题。本文将从新课程推广的角度，将美国课程改革方案"人的研究"在英国的推广与我国高中新课程推广进行对比分析，期望从中得到一些经验与教训，从而对我国高中新课程推广进行反思，以使其得到更好、更深远的推进与实施。

一、从"人的研究"课程方案谈起

1957 年苏联人造卫星发射成功，美国人把关注的焦点转移到教育上，认为美国科技的落后是由教育导致的。1958 年美国颁布的《国防教育法》肯定了学校教育的重要性，"人的研究"在这种追求卓越的风潮下应运而生。"人的研究"是美国在 20 世纪 60 年代由布鲁纳、巴利克斯等顶尖学者指导美国马萨诸塞州剑桥教育发展中心，开发的一套小学社会学习领域的课程改革方案。

"人的研究"在英国的推广起源于 1970 年斯腾豪思和达鲁克与"人的研究"在美国推广的负责人法兰西斯·林肯的一次研讨会的讨论，恰好"人的研究"也符合当时英国的价值与原则。斯腾豪思等人前往美国接受培训，开始了 1970 年到 1987 年"人的研究"在英国的推广之路，其在英国的推广可称是课程推广模式的典范，给我们留下了许多经验，也给我们留下了许多值得思考之处。

（一）"人的研究"的课程宗旨

"人的研究"将布鲁纳教育理念转化为课程宗旨，重点强调教育是一种历程，以学科结构作为一种工具，协助学生在学习过程中探究重要问题，倡导探究的学习方法，鼓励学生讨论，建立创新的教师角色，教师成为学生学习的资源。

（二）"人的研究"课程改革的内容

"人的研究"课程方案挑战以往的学科和知识内容等传统智慧，在教材、知识、学习方式及教学方式上都发生了根本性的转变。

"人的研究"课程方案更新了教材，制作了很多支持资源。它所使用的教材内容丰富，主要是以影片为依据的套装课程学习科目，课程资源以单元为单位进行组织。影片设备与纪录片文件以布鲁纳的认知理论为基础。

在学习方式上，"人的研究"课程方案强调知识的结构与迁移。根据布鲁纳的认知发展理论，强调认知的历程、学习材料的有序和顺序、经验在促进人发展上的重要性。方案主张学习是一种过程而不是结果，重视学生已有的经验与外界信息的联结，提倡发现式学习，强调学习是一种动态的过程，在此过程中学生是主动的参与者。方案给教师提出了更高的要求。教师是学生提出新问题的引导者、学习资源的供应者，教学方式要适应学生的认知发展，还要求"教师是课堂教学的研究者"。[①]

二、"人的研究"课程方案的推广策略及反思

"人的研究"在英国的推广由东英格兰大学的教育应用研究中心负责培训，特别是斯腾豪思与达鲁克已经参加过"人文课程方案"的推广，他们从实际参与的经验出发，开始了"人的研究"在英国为期 17 年的推广。

（一）"人的研究"推广的基本理念

1. 教师在课程推广中起重要作用。

2. 通过探究的培训方式进行新课程理念的学习，培训方式是非灌输式的，而且让培训者自己在培训过程中获得对新课程的认识与理解。

3. 推广人员与教师采用批判的态度，"人的研究"在英国的推广一改在美国的推广中不容置疑的方式，而将其作为"有待考验的一种假设"，并根据英国当时学校教师的专业文化水平加以调整。

4. 其教材只售给接受训练的学校与单位，期望保存其课程的完整性。

---

① 蔡清田. 课程创新 [M]. 台北：五南图书出版公司，2006.

（二）"人的研究"的推广策略——教师本位的分段垂降推广策略

"人的研究"在英国的推广采取以教师为本位的研究发展与扩散模式，采用分段垂降模式，训练种子教师，由中心到外围进行具体推广[①]，将其理念推广到英国当地的各个学校。

1．发挥种子教师的作用

先培训种子教师，通过种子教师帮助更多的教师认同、理解课程改革的理念与措施。通过示范与训练，培训更多的种子教师，形成了一种探究的培训方式，受训者在推广的过程中通过参与获得自己的理解，形成自己的看法，并把这种基于理解的调整与自己的教学实践整合起来。

2．关注教师遇到的实际问题

"人的研究"在英国的推广吸收了在美国推广的教训，更多地关注教师的可接受性，注重教师专业水平的提高，设计了一个由课程理念架构与课程资源两部分组成的推广培训方案。每天上午研习进修，培训人员与受训者一起讨论"人的研究"的课程教学的理念与架构；每天下午分组讨论该课程的教材资源，并寻找教材资源与教学原则、教学方法之间的关系，讨论如何将其应用到实践中。

3．教师培训持续进行

教师培训主要采用训练研习班的形式，分全国性的和地方性的培训坊。全国性培训坊的研习会议一年一次或两次，在全国不同的地方召开，注重使教师养成一种研究、思考的习惯；地方的培训工作则由一群来自英国各地学校或学院的教师承担，他们牺牲休息的时间去思考如何改进教学，并协助有兴趣参与此计划的新教师进行学习。

4．将课程推广变成一种对话

参与"人的研究"的英国教师组成教育专业发展联系网络，学校教师与课程推广人员直接面对面接触，形成了教师之间、教师与推广者以及方案本身的良好的沟通渠道，使方案能够根据实际情况及时做出调整，为更广泛的课程推广做出保障。

（三）"人的研究"推广策略的反思

有"人文课程方案"的推广经验作基础，"人的研究"在英国的推广

---

① 富兰．变革的力量：透视教育改革［M］．中央教育科学研究所，译．北京：教育科学出版社，2004．

加强了课程实施者之间以及课程推广者之间的互动，实施者遇到问题可以随时向课程推广者或同行提出疑问，教师之间可以彼此分享教学策略。但是这项方案的推广并不顺利，主要的困难表现为：

1. 外在的培训难以照顾具体的课堂问题

尽管"人的研究"采用了很多教师培训手段，但很多受训教师仍然认为他们并没有获得真正的实际课堂教学经验的培训，他们不知道如何将研习会上的思想应用到实际的课堂教学中以及学生身上，在课堂教学中遇到的问题不能得到及时解决。可见培训很难直接解决教师遇到的问题，只能通过提高教师的专业能力，使其依靠自己的力量反思、行动，实现变革。

2. 忽视学校内部教师之间的交流和沟通

"人的研究"所采取的分段垂降的课程推广策略，通过全国性的与地方性的教师在职学习，建立在职进修与专业发展网络，在教师进修与专业成长层面上是可取的。但课程推广的外部联系网络是一种人为的、刻意设计的同人关系，它是不牢靠、不长久的，而学校内部教师之间的交流与沟通才是长久影响教师课程、教学行为的重要因素。

3. 对学校组织机构的文化抵制力量估计不足

如果一个新的课程改革方案没有文化抵制，说明这个课程改革并不"新"，"人的研究"也不例外，它涉及教学方式的变革、知识的变革、教师角色等多方面本质的变革，在课堂实施层面必然引起与旧有学校传统文化的冲突与矛盾。而"人的研究"在课程推广中，虽然建立了推广人员与学校教师的沟通渠道，但它忽视了学校内部的支持，片面地认为只要通过教师改变课堂教学就可以顺利完成课程推广，没有认识到学校教育行政领导人员的支持以及学校组织制度对课程推广的影响，未能做到课程推广与学校内部组织制度的协调，造成受训教师进行课堂实施时孤军作战。

4. 缺乏持续的经费支持

1972 年到 1973 年，英国只有 4 个地方教育局、19 所学校与 50 名教师参与了"人的研究"的课程推广，到 1983 年止，英国大约只有 100 多所中小学正式采用"人的研究"的课程。"人的研究"没有在英国得以继续推广下去的原因，除了当时的政治变迁，还有资金投入的不足。教师在职进修和教材的费用都由教育行政单位负担，而政府的投入却不能满足教师需求，造成改革难以维系。

三、我国高中新课程改革推广的策略

我国高中新课程改革于 2004 年 9 月开始进入实验阶段，目前已有 15

个省市实施了高中新课程改革，很多省份在推广策略上做出了有益的尝试。

（一）三级分权的课程管理方式

一方面，赋予学校和地方更多的自主权和课程实施责任，调动其参与改革、创造经验的积极性；另一方面，建立高中新课程实验省联席会制度，让实施者与教育部共同面对新课程实施中的困难与问题，形成利益共同体，强化地方权责，充分发挥教育部的指导作用。

（二）教师为本，全面培训

高中新课程进入实验区之前，首先要对实验区的教育行政部门的相关负责人、教研人员、学校领导进行多次培训，内容涉及高中课程改革的背景、指导思想以及普通高中新课程方案，具体到如何排课、选课等方面的内容。很多省份为了减少逐层培训效果上的落差，把全省涉及新课程的高一教师集中到省会城市培训，还有的省份采取送培下乡的方式，组织由大学相关专家组成的培训组到实验省进行现场培训。这样课程的推广者有更多的机会接触一线实施新课程的老师，加强了推广者与实施者的对话，一方面使一线教师更方便与推广者和设计者交流实施中的问题，另一方面提高了新课程培训的针对性。当然从认识、理解到内化需要一个过程，需要实施者在实践中不断产生新的理解。

（三）关注高中课程相关问题研究

高中新课程改革是一项复杂的工程，在推进的过程中必然会出现很多问题，如：如何推广研究性学习，怎样实施学分制，选修课的设计与实施。还有高考问题，高考制度左右着学校课程、教学制度，甚至学校的人事管理、教师评价制度。为了对高考问题进行前瞻性、指导性的研究，教育部在高中新课程推广前就组织有关专家成立了高考方案研究小组，新课程进入实验区后，各实验省也成立了高考研究的专门机构，在广泛征询当地学校意见的基础上，尽量稳妥地制定出本省的高考方案，保证高考方案与高中新课程方案的一致性，同时兼顾当地的实际情况。

（四）用现代信息技术传播推广新课程

依托于信息技术的高速发展，此次高中新课程推广运用了很多信息技术手段。在教师培训和新课程理念的宣传上使用了互联网、多媒体等多种手段为新课程的推广提供了高效途径。如：利用网络进行网上培训，让不同地域、不同学校的教师获得同样的信息，建立高中新课程网站进行新课程理念的宣传，加强管理者、设计者、指导者与实施者之间的互动。

四、"人的研究"对我国高中课程推广策略的启示

"人的研究"与我国新课程改革都是大规模的课程变革，因此分析"人的研究"课程推广的利弊得失，对丰富和完善我国课程推广策略是有价值的。

（一）加大对高中新课程改革的经费投入

除了加大国家的资金投入，地方政府要积极配合国家的相关政策，多渠道筹措资金，尤其在城镇高中新课程推广上应有计划地加大经费投入，给予更多政策和资金投入上的倾斜，在师资培训上也要给予足够的资金保障和培训质量的保障，为新课程的推广保驾护航。当然，仅仅投入还不够，还要加强对资金使用的管理，让有限的资金获得最大的推广收益。对此，许多课程改革实验区已积累了丰富的经验，地方政府应及时组织人员总结、提炼和交流这些经验，并形成一套可以普遍推广的经验。

（二）学校制度是影响课程推广的一个重要因素

学校制度联系着国家课程政策和课堂教学的转变，是影响课程推广的关键因素。"人的研究"的推广忽视了学校组织和制度的作用，才导致其遇到了层层阻碍。一个足够新的课程在推广中必然会遭到学校旧有文化的抵制，求稳、被动接受是很多学校旧有的传统文化惯性。富兰认为：在一种其结构基本上难以变革的情况下，期望通过采取一个又一个的改革措施，甚至是某些大的举措获得成功是不现实的，而且只能给改革的脸上抹黑。[①] 而新课程的推广无疑需要创造适于课程推广的学校内部组织机构，使其成为一个学习型的组织机构。其中，要改变学校的组织与制度，首先要转变校长的态度，建立其对新课程的认同感，并使其在推广中扮演说服者和先行者的角色，给教师以足够的物质和精神支持，尤其是在教师遇到

① 富兰. 变革的力量：透视教育改革 [M]. 中央教育科学研究所，译. 北京：教育科学出版社，2004.

挫折的时候，更需要学校领导的肯定与认同。

（三）持续关注课程的实施者——教师

教师是课程的最终实施者，他们想什么，信仰什么，对课程变革的过程以及课程政策转化为课程实践有强有力的影响。[①] 我国高中课程推广除了要关注建立多层次、多形式的培训网络，还要关注教师文化在推广中的作用。教师文化包括教师在特定的群体中共享的态度、价值观、信仰、习惯、假设和做事方式等，教师文化是教师行为改变的重要因素[②]，课堂教学是决定是否发生实质性变革的关键，建立合作发展的教师文化是新课程得以深入推广的重要动力。而要在传统的教师文化中发展自发的合作性教师文化需要一个漫长的过程，需要学校组织的积极配合，教师发展需要学校建立鼓励教师合作研究、尝试创新的机制，校长的办学指导方针、对变革的态度也起着至关重要的作用。

（四）寻求学校以外的家长和社会的支持

高中教育有着很强的社会敏感度，高考关系着千家万户的利益，高中新课程的推广要得到社会、家长及更多的人的理解、认同与支持才能走得更远。这就要求高中课程在推广的过程中不断听取课程专家、学校领导、教师的意见，还要听取家长以及社会各界人士对课程改革的意见。建立学校、家长及社会上关心课程改革的人员广泛参与的民主机制，对课程的顺利推广也相当关键。

［原文刊载于《河北师范大学学报（教育科学版）》2008 年第 10 期（吕立杰　杜彩红）］

---

① 徐继存. 英国的课程政策与教学文化 ［J］. 外国教育研究，1999（5）：1-5.
② ANDY HARGREAVES, MICHAEL G. FULLAN. Understanding teacher development ［M］. New York：Teachers College Press，1992.

4　基础教育新课程设计中的课程审议
——一种实践理性的研究方式

　　课程审议的概念是 1969 年由施瓦布提出来的，20 世纪 70 年代以来，这一概念一直是课程设计实践中普遍使用的研究与决策方式。我国基础教育课程改革中的新课程设计是我国国家课程设计史上参与人员最多的一次，也是充分尝试课程审议的一次课程研究过程。对此，笔者对 20 多位亲身经历课标设计的人员进行了访谈，他们中有教育部相关项目的课程管理者、资深的课程理论研究者、学科专家等。在有关部门的协助下，本研究还收集了课标研制中的一些会议笔录。在这些资料中，笔者提炼出对这一实践过程的反省认识，以期有助于我国当前及未来的课程研究。

一、新课程设计中的课程审议方式

（一）异质的寻求：审议人员的结构

　　参与新课程设计的人员有的来自高校，有的来自基教系统的教研部门，还有一线的中小学教师、出版社的人员。来自高校的课程设计人员分为学科专家与课程专家。其中课程专家一般来自高师院校、教育科研院所，有教育学、心理学或课程论等知识背景；学科专家一般是高师院校、普通高校的学科专业研究人员；专家成员中的教研员、中小学教师也都是各自岗位上的骨干，有的还是全国知名的特级教师；出版社的人员比较了解我国以往及现实课程、教材情况，因此在组合中很多课标组都有出版社的相关人员。事实上，许多课程设计者都有复杂的专业背景和职业背景，很难清楚地界定其究竟属于哪一类专家。以义务教育阶段数学课标研制组为例，成员共 31 人，来自 14 个省（自治区、直辖市），29 人填报的专业特长为"数学教育"，1 人为"基础数学"，1 人为"教育学"。然而，填报"数学教育"的研究者，有的在本科阶段学习的专业是数学，研究生阶段学习的是教育学或教学论；有的现在在高校做研究工作，但曾经有相当长的中小学教学、管理的经历；还有的设计者曾经在高师院校从事科研工作，现在的身份是课程改革的管理人员；等等。这些设计人员的多重背景使得对课程设计的思考可以从不同角度介入。

除了核心的研究人员，参与新课程审议的还包括科学家、社会学家、人大和政协的部分人员以及传媒机构、社会考试中介、教育部及各省的有关管理部门。

不同研究人员的知识结构和社会地位决定他们在课程设计中扮演不同的角色。对于这些角色，我国一位课程专家认为，一般而言，课程专家、学科专家、教师是课程设计团体的核心成员，而学校行政人员、教育行政人员、传媒专家、学生、家长、有关机构或行业的代表都是课程设计团体运作时可以征询的对象。[①] 从新课程设计团队的构成来看，与该专家的结论有很大的相似性。

（二）异中求同：课程审议者间的协商

审议小组是不同研究方向、不同地位、不同角色、不同地域人员的组合，其合理性就在于这些不同角度、层面的视域交融能够实现互补，这是审议的意义和理想的结果。然而，互补观点的形成过程却一直伴随着审议者的冲突与沟通。问题的澄清是一个艰难的过程。因此，纷争、协商、妥协、坚持，甚至"讨价还价"，使生产文化的过程本身形成了独特的审议文化。

1. 设计者的冲突与沟通

如果说新课程的理念是"为了中华民族的复兴，为了每位学生的发展"，着力于学生的"创新精神、实践能力、科学与人文的素养"等，在这样的宏观理想的背后，每个人对课程最潜在、最深刻的理解，自己对学科的认识、习惯的思维方式、学术派别，甚至对自己付出巨大劳动的学科的情感都会在争论与协商中表现出来。此外，不同地域、不同职业的设计人员之间的价值与利益的冲突贯穿于课程设计的全过程。这些对峙来自很多方面，比如：教研员与高校教师；学科内不同专业倾向的研究者；学科专家与课程专家；学科专家、课程专家与政府官员。

以学科专家与课程专家之间的交流为例，这两类人员都有较强的理论功底，也就是说，都掌握在交流中使用的工具性话语，都有一定程度的专业自信，但理论的结构却差别很大，这决定了他们视角的融合更是一个艰

① 黄政杰. 课程设计［M］. 台北：东华书局，1991：97.

难的历程。在访谈中，他们表达了对对方在课程设计中角色的看法。

一位学科专家说：

我觉得课程理论中的很多问题是非常理想化的，课程理论中的好多东西用到实践中并不可行。课程专家提出的一些事情和我们做学科的人的想法都要考虑，不能完全按照课程专家的做，学科毕竟有学科本身的逻辑和规律性。

一位课程专家说：

一位中文专家说，中国人不学好语文，还能干什么？我觉得他的想法太极端。按义务教育阶段的课程标准，学好语文是应该的，但将来从事语文专业工作的小孩能有几个？不要老想着因为我是语文专家，所以语文就是第一位的。地理专家会说：人生下来就接触地球，死了要回归地球，人这辈子就跟地球打交道，你说地理重要不重要？外语专家说了：外语多么重要我不说了，反正国家领导人说了，外语要从娃娃抓起。

前一位被访者是课标组的学科专家，他认为课程专家的认识是"理想化"的，而学科专家遵循的是"学科本身的逻辑和规律性"；课程专家恰恰认为是学科的逻辑给他们的认识带来了偏执。在课程内容的编排、选择、表现形式上，这两类人员依据的标准是不同的。课程专家组设计课程方案时会在逻辑上甚至时间上领先于课程标准的设计，以至于"对峙"中的学科专家有被制约的感觉。

其实，课程专家与学科专家之间产生争论的核心是究竟怎样看待课程专家的作用，而这种争论的本质是他们在课程理想上的分歧。学科专家与课程专家的理论背景不同，课程理想也就不一样。从 20 世纪初课程专业领域诞生后，课程专家一直在课程设计领域，尤其是进步主义教育实践中扮演重要角色，但 20 世纪 60 年代后，学科专家取代了课程专家的地位。来自各种学科的专家取代了课程领域的传统论者，成为决策者和改革者，无论私人的基金会或官方机构都不认为课程学者可以领导课程改革[①]，课程专业领域濒临衰落。然而，20 世纪 60 年代美国的课程改革并不令人满意，学科专家试图把课程设计过程及课程内容科学化，却导致学生学业成绩的下降。20 世纪 70 年代，原本是学科专家领域的施瓦布"痛定思痛"，

---

① 周佩仪. 从社会批判到后现代：季胡课程理论之研究［M］. 台北：师大书苑有限公司，2000：56.

提出了以审议为核心的实践课程研究范式，重振了课程专家在课程设计领域的地位。20 世纪 70 年代后，课程研究领域中出现的现象学、批判理论等研究，使美国课程研究领域进入了一个百家争鸣的新阶段。

我国的课程体制不同于美国，课程研究发展史也不一样，在我国的国家课程设计史上，大批的课程专家参与是第一次，或者说采用审议的方式，学科专家与课程专家共同合作是第一次。那么，课程专家究竟是怎样看待自己在课程设计中的作用呢？

一位课程专家认为：

做标准的时候，课程专家的作用一个是观念层面的，一个是技术层面的。首先，课程标准要讲究课程体系自身的逻辑。学科专家习惯首先从学科内容出发考虑问题，而课程专家更愿意从儿童的角度考虑问题，所以需要对话，同意哪一方都不行，双方要站在中间考虑问题。学科专家强调把问题教完，强调"双基"，这种对话中课程专家必须有他的地位，发挥他的功能。其次，课程开发需要技术支持。课程开发、设计、课程规划都是一系列技术层面的问题，课程专家可以为学科专家提供支持，包括课程标准里用什么行为动词，我们把这些动词提供给学科专家，他们按照这样的形式进行整理。

这位课程专家显然已经对这一问题进行了反思，他把课程专家在课程设计中的作用分成了观念与技术两个层面，而这两个层面恰恰是课程设计概念本身所包含的。他认为，课程专家在课程设计的全过程都应该发挥作用，这种作用是观念与思维的框架，在逻辑上是上位的，是课程性质本然需要的。因为专业视角的不同形成的两种课程设计观已经很明显了，因此两种力量要共同作用于课程设计过程。对话中专业的疆界是明显的观点派别标准，每一位讨论者原有的认知结构决定着他采择的信息，决定着在学生、学科之间做出选择的尺度。认知结构为所有的设计者认识和把握课程元素提供了解释学所谓的"合法的偏见"，之所以合法是因为离开了偏见，认识是不可能的。偏见是人们认识世界的前提，知识分子被选择扮演创造文化的角色就是因为他们具备了这种独特的合法的"偏见"。这种"偏见"不应该妨碍共同文化的培育与发展，关键是讨论者在呈现"偏见"的同时，要肯于倾听、移情，理解另一种"偏见"的合理性。

一位学科专家认为：

做义务教育课标的时候，对于学教育学、心理学的那些人，我一开始的时候还觉得挺别扭的，认为他们提出的东西有时候不着边际。后来我觉得还是挺有道理的，两方面结合，互相促进还是挺好的。他们那些观念，比如三维的教育目标，过去我们已经意识到了，他们提出来了，系统化了，这是很好的促进。

这位学科专家对课程专家认识的转变从"不着边际"到"挺有道理的""很好的促进"，转变的原因是他了解了课程专家所倡导的观念、所做的事情，他开始接受甚至使用"学教育学、心理学的那些人"的思维逻辑看待课程问题，因此，他的结论是"两方面结合，互相促进还是挺好的"。

2. 决策的产生

在每一个课标设计组内，研讨的方式贯穿始终，冲突与沟通之后，决策环节怎样产生，不同的研制者给出了不同的答案。

课标组的一位专家说：

大家都会使劲发表意见，但到最后，逐渐地组内还是会形成一个核心，核心人物后来还是出现了，总得有拍板的呀。这个角色还是大学里的人物。比如在争论课程结构的时候，设不设基础部分，有位老师坚持得最厉害：因为前期研究是我们做的，我们最了解中国的现状，我们提出来要有必修、基础部分这一块。这个观点在第三次、第四次会议上都是处于被否定状态。后来他就不出声，他只要一出声就是陈述这种理由，到第四次、第五次会议的时候，大家还是走到一起来了。还是谁对这个问题研究得最深，他的意见被采纳的可能性就越大。

课标组另一位专家说：

没有所谓的决策者，就是大家在一起争论，以大多数人的意见为标准，不是课题负责人说了算的，是科学的决策过程。比如我们对某个内容的选择，不是谁能说的算，是大家反复来论证的。你提你的观点，我提我的，在争论中慢慢地思路就清晰起来了，最后大家达成共识。我觉得这样很合理，不是最后谁拍板。反正我们课标组是这样，是科学、民主的决策。

第一种说法中有明显的决策中心，是讨论中出现的权威，但权威不是召集人。作为形成的权威及最后的决策人，他有两点特质：（1）他的前期研究"最"深入，其观点有可能最接近合理性；（2）坚持并耐心地"陈述理由"，等待并使大家的认识走到统一的高度。共识不是凭空而来，而是基于共同的信念、理论、目的、程序等共同的立场，如果凭立场也无法做出选择的时候，对于基础的研究，实证的资料是最有说服力的。这里提到的这位申述者，做了大量的"前期研究"，所以非常了解"中国的现状"。像杜威所说"儿童与课程是教育历程的两极"，"儿童目前的程度或立足点及学科中的事实及真理"① 便可决定"教学法"，或者说申述者前期研究中对儿童（学生）程度的判断便可以决定这门学科课程中应该设立"基础必修部分"。由于这个生成的决策中心与召集人（行政负责人）不是一体，反对者可以没有太多的顾及而不断地"反对"，最后在逐渐理解已有研究的前提下又自然地趋向一致。

第二种说法中看不到有明显的决策中心，被访者不断提到"大家""共识"，不同的问题采纳的是不同人的意见，在消除行政负责人的权威性之后，大家在争论过程中自然生成问题的结论。课标组之所以有召集人，不称其为组长，就是希望弱化指定的决策者意识，以遵循民主参与、科学决策的原则。在一个行政组织相对宽松、自由的团队里，决策权把握在敢于表现己见，甚至是偏执地表现己见的人手中，就像社会学家所说的，"自主是领导权威中一个非常重要的特征，只有一个人相信和珍视他自己的特殊倾向时，他才能孕育出有价值的东西"② 。当然，这种偏执与自信不是盲目的。

课标组一位专家说：

在没有做课标的时候，我们写了几套高中教材，实证研究的课题做了三年，因此我们在发言的时候，就觉得特别有发言权，潜意识中觉得我们是走过来的，我们有实证的研究，加上写过教材，我觉得这些都有作用。

另一位课标组专家说：

一次，某先生给大家讲课程设计的时候，他说了一句话：课程改革听谁的？谁的声音大，听谁的。我想这个声音大是指在这个圈子里，小组里，对你的业务水平的认同，他讲的是有道理的，在课标组里经常有这个事情，争执不下的问题好多，在这种情况下，大家认同的这个人的意见就是主导意见。

有的课程设计者经历了课程设计的审议过程，回过头来，他们都在反

---

① 杜威. 儿童与课程［M］. 林宝山，康春枝，译. 台北：五南图书出版公司，1990：107.
② 库利. 人类本性与社会秩序［M］. 包凡一，王源，译. 北京：华夏出版社，1999：200.

思怎样做决策才是合理的。不管是研究的积累，还是业务水平，他们的答案都是一致的。看来如果抛开人际关系等"人为"因素，在一个设计团队里会出现一个或多个非正式组织的决策中心。这个中心不是维护科层制的行政组织结构，而是产生于他们观点的说服力。团队中的所有人员如果有这样的共识——申明自己的主张不仅是权利也是责任与义务，团队中所有人员可以做到对知识、科学、道理的尊重，那么，这样的决策中心即被设计者认为是合法的。

二、关于课程审议的认识

本次新课程的研制，可以说是审议方式在中国的一次本土化的过程。课程审议是新课程设计中很有特色的研究方式，通过对中国文化背景下审议的考查，我们看到新课程设计中课程审议表现出的特性。

（一）以审议为基础的课程设计是对实践理性的追求

审议要解决的不是理论问题，而是对实践中可行性的考虑。认知理性可以追求思维中的无矛盾，可以追求绝对，因此，理论问题会有一个解决的办法，而且是唯一正确的解决办法。实践的难题却不同，对于一种课程方案，也许在城市是很好的办法，在农村就不一定；对于大型学校可行，小型学校则不同；有天赋的孩子可以，对于一般的孩子则不行。"审议中没有正确的，但有最好的方法"①。方案的拟订是对现实情况的酌情而定，这种判断与决定是在深刻了解实际问题的基础上的理性判断。因此，对现实情况了解得越具体、越真实，直观的判断越趋向合理。实践的难题的解决与理论问题的解决也是不同的，理论难题可以在思维中用前置理论、逻辑判断检验问题解决的程度，而实践的难题只有在事后，在已经采取行动之后，才能真正排除问题。事实上，施瓦布在提到课程审议时主要指在学校层面的课程设计，因为能更接近具体的情境，更具有实践的意义。而我国的新课程设计是在国家课程的层面上使用了这种研究方式，与学校课程设计的审议相比，使用的信息特征不同，但审议的理论基础及属性是一致的。

---

① JOSEPH J. SCHWAB. The practical：a language for curriculum ［M］. School Review，University of Chicago Press，1969：1-23.

（二）基础研究是课程审议的基础

新课程设计中每一个课标组都曾围绕自己的学科进行现况考察、比较研究、社会需求调查、学科发展研究、学生心理发展研究等，这些研究是对现有理论研究的梳理，是对相关课程现实情况的把握。这一环节是课程审议的基础，因为这些知识与信息是判断的依据。审议中研究者需要有这样基本的共识性的平台。美国课程学者沃克曾经把这种平台或基础称为"立场"，他认为每一个课程设计人员都用某种信念和价值处理课程开发中的活动。他们会对工作有某种理解，会有什么是主要问题的理念，决定了将要开出一个什么样的处方，以及他们准备追求与争执的承诺①。当然，立场往往在审议的讨论中才会变得更加明确，基础研究也不会使课程审议中大家的意见完全一致，但确实能够提高相对的共识。而审议中研究者对理论困境的发现以及对课程现实问题的有限了解，又激发了研究者更深刻、持久的课程探究的欲望。可以说，课程研究与课程设计中的审议有一种互构的关系。

（三）审议的过程应该是去中心的，排斥权威又依赖权威

这里的中心指的是传统的科层体制中的行政权力中心。托夫勒曾谈到，由于科层体制的持久性、等级制和劳动分工，个人便把自己的前途寄托于组织的前途，长期养成了对组织的忠诚性，个人也成了无所作为的驯服的。在科层体制之后，人类社会将形成一种"暂时体制"（又译为"特别组织"），指的是为解决某一专门问题而成立的、问题解决后迅速解散的组织。在这种体制中，行政人员、管理者在专业队伍之间起协调作用。他们将熟悉不同专家组的术语，他们将在组与组之间传达信息，用笔头或口头把一种语言转变成另一种语言②。在这种体制中，"老式的效忠感烟消云散，取而代之的是对职业的忠诚感"，将有更多的越轨、创新和冒险，专业人员将从他们的专业圈子和工作中得到报偿。托夫勒认为，在我们今天的一些组织机构的雏形中已经有了这种人。未来学家所描绘的"暂时体制"与课程设计中的专家小组的确有很大的同质性，在"暂时体制"中，设计专家的思维观点和话语立场没有行政服从的责任，审议的方式恰恰是

---

① COLIN J. MARSH. Key concepts for understanding curriculum ［M］. The Falmer Press，1992：123.

② 托夫勒. 未来的冲击 ［M］. 孟广均，译. 北京：新华出版社，1996：123.

依赖每位专家的自主性与歧义性产生意义，获得发展。审议排斥权威是因为审议得以产生的前提条件是宽松的舆论空间，民主的、平等的人际氛围，每一个设计者都有自我表达的权利与能力，因此在审议的团队中不能有绝对的指挥中心。但审议的过程又常常是多种意见相持不下，方案未经实施的检验，理论也无法判断方案的有效性与合理性，这样在审议过程中"公认"的那个理论素养高，又真正全面了解课程实践信息的审议者的意见便会对大家起到暗示与影响的作用。

（四）视域的融合是艰难的历程，它需要包容、耐心甚至是"讨价还价"的策略

审议中各种观点不会轻易地融合，每个设计者在看似相同的课程价值观背后，蕴藏着深刻的经验背景、思维路径、判断原则的差异，会透过对具体问题的探讨、判断、决策表现出来。在交流中，设计主体的价值在于体现自我的特征，争执本身是一种交流，事实上也是一种相互培训，最后削钝主体的特殊性，以达成统一。争端的解决有两种路径：一是争论中突然闪现出的前提性反省——一种超越性的认识，于是提升了在同一水平上对立、矛盾的多个主体，放弃了固有的偏执，带大家的思维进入新的层面。二是"审议过程的成功，要求所有的参与者都要在过程中带着某种标准或期待。这些标准或期待包括，专注地听取他人的观点和争论，谨慎地接受或拒绝而不是不假思索地同意或驳回，在说服自己立场的断裂和他人立场的价值中妥协，承诺审议最后接受的标准等。这不是教条者、不合作者所能做到的"①。

（五）审议需要设计者多元文化的素养及积极的文化心理重建

课程设计用什么方式、多大程度上连接现实与理想，决定着课程产品的质量与水平。课程设计者要有丰厚的课程文化储备，并以此作为思维的背景之一，同时，谙熟现实的课程生存环境，并预测变革可能的情势。这一特征意味着课程研究的长期性、常规性、潜伏性，也意味着对课程研究者文化储备要求的多元性。因为实际的课程活动，是在完整的情境之中的，而任何理论的来源都是有限的，课程判断与行动将要运用复杂的研究

---

① SHORT E C. Shift paradigms：implications for curriculum research and practice/paradigms debate in curriculum and supervision：modern and postmodern perspectives [M]. Jeffery Gland，Linda S，Behar Hohenstein，2000.

方式，知识、理论、原理都是信息的来源①。审议过程中我们看到由于课程设计者间文化差异而带来的相互认同的困境，究其原因，包含着社会情境的相对性和真理的超验性之间的悖论，有不同知识结构间"通约"的艰难。其实，这种文化认同中的分裂，有时甚至表现为个体的自我认同的矛盾，它来自知识分子"所受教育本身的双重性，或者所受教育与本土经验本身的背离"②，需要审议者在长期的、常规的、理论与实践互动的课程研究中实现心理重建。

（六）审议注定课程设计是预成性与生成性的有机统一

预成性表现为既成的课程文化对人的设计活动的塑造和制约。除此之外，课程审议团体对课程理论知识、实践知识的了解有限，审议资源（主要是时间与资金）匮乏，再一种挑战是审议本身的能力的挑战，这种能力指的是执行审议结果的权力，当审议团体缺乏决策与执行权力的时候，审议获得的观点仅仅能在一定程度上影响课程执行者。当然，另一方面，如果审议无视课程决策者的愿望，也会使审议浪费时间③，这些都会成为审议过程难以剥离的影响因素。生成性则表现为人的创造性对新课程的重构。审议中决策的产生不是单向度的线性决定关系，而是双向的、多元互动的线索，没有人能够也没有权力预设既定的结果，在多种可能的选择方案中权衡创造，这是审议的本质，也是审议的意义。

［原文刊载于《教育研究》2005 年第 2 期（吕立杰　马云鹏）］

① ILENE HARRIS. Deliberative inquiry：the arts of planning ［M］. E. C. Short，Forms of Curriculum Inquiry，State University of New York Press，1990：285-303.
② 陶东风. 社会转型与当代知识分子 ［M］. 上海：上海三联书店，1999：39.
③ DECKER F. WALKER. Fundamentals of curriculum passion and professionalism ［M］. Mahwah，New Jersey：Lawrence Erlbaum Associates，2003：217-239.

5　校本课程开发中的课程组织逻辑

新课程改革十余年以来，很多学校都开发了多门校本课程，但在众多的校本课程开发过程中存在一个普遍的问题，学校在课程内容上容易简单堆砌，具有很大的随意性，进而影响整个课程的价值效果。事实上，在校本课程开发过程中，对课程的内容元素进行合理排列和组合十分关键，而这正是课程组织需要完成的任务。

一、校本课程组织的理解

（一）校本课程组织的界定

课程组织的含义一定以课程组织的功能为切入点。现代课程理论之父泰勒在1949年指出课程开发中的四个基本问题，简单说来就是设定目标、选择经验、组织经验和课程评价，课程组织被认为是课程开发中的经典步骤。泰勒指出："为了使教育经验产生积累效应，就必须将他们组织起来，使之互相强化……课程组织就是将学习经验组织成单元、学程和教学计划的过程。"[①] 一门课程，有明确的设计目标，有丰富的课程元素，还要把这些课程元素"编织"起来，编织的方式不同，课程呈现形态不一样，课程所实现的育人功能也不一样。如同现代系统论的观点，整体是由部分构成，但非各部分机械相加，当要素不变的情况下，要素结构决定系统功能；在结构合理的情况下，整体的功能应该大于各部分相加的总和。[②] 课程组织就是系统的结构，适当的课程组织才能将课程各部分紧密联系起来，并形成一定的秩序，提高整个课程的质量。

课程组织也是一个多层次的概念，很多课程研究者，比如斯基尔贝克[③]、古德莱德[④]等试图从不同层次上定义课程组织，或者为课程组织划

---

① 泰勒. 课程与教学的基本原理 ［M］. 北京：中国轻工业出版社，2008：73.
② 李金松. 系统论、信息论、控制论与教育改革 ［M］. 武汉：湖北教育出版社，1989：21.
③ SKILBECK M. Curriculum organization in A. Lewy. international encyclopedia of curriculum ［M］. Oxford：Pergamon Press，1991：342-346.
④ 林智中，等. 课程组织 ［M］. 北京：教育科学出版社，2006：2.

分层次。波斯纳认为，课程组织的宏观含义是学段间（比如小学与中学）、不同类型教育间（比如职业教育与普通教育）的课程关系；微观含义是指具体的课中概念、事实、技能等元素间的关系。在宏观与微观间有很多不同层次的课程组织。[①] 在学校层面的课程组织主要涉及三个层面：一是学校整个课程体系的组织，二是具体一门课的组织，三是某节课中课程元素的组织。校本课程开发在三个层面上都要考虑课程组织的问题。在本文中，笔者主要是在第二个层面上讨论校本课程的组织问题，即在开发某门课程中对课程要素的组织，也就是在某门课程中如何组织主题或概念、知识、通则、技能、价值。

（二）课程组织的原则与方式

课程研究者对于课程组织的标准与方式的观点似乎更具一致性。关于课程组织的共同原则，泰勒称之为有效组织的标准，他最早提出了连续性、顺序性、整合性的观点。之后研究者不断丰富课程组织的原则标准，我国学者林智中教授将其总结为范畴、顺序性、继续性、统整性、均衡性、衔接性以及学习脉络。[②] 总的来说，课程组织要观照学科自身的逻辑，也要考虑学习者的认知特征、兴趣需要以及环境中课程资源的可能性。

对于课程组织的方式，大体上可以分为垂直组织和水平组织。赫莫、波斯纳、林智中等人认为，在垂直组织中，根据内容间的逻辑关系可以有分割、分层、单线、螺旋等样态的组织方式。[③]（见图1-4）

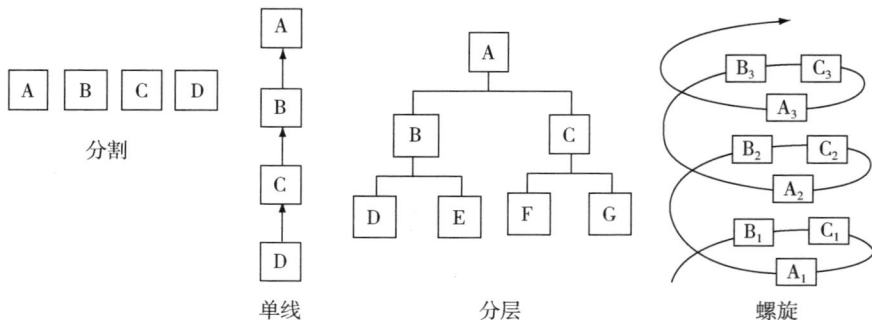

图 1-4　课程垂直组织方式

① 波斯纳. 课程分析 [M]. 西安：陕西师范大学出版社，2005：128.
② 林智中，等. 课程组织 [M]. 北京：教育科学出版社，2006：8-18.
③ 波斯纳. 课程分析 [M]. 西安：陕西师范大学出版社，2005：133.

　　水平组织表现为不同程度的统整课程。在课程的统整组织中，组织的形态更为丰富，德雷克和伯恩斯根据研究经验中人们从不同基础、不同起点来综合课程，将综合的课程组织的方法定义为——多学科、跨学科和超学科三种。[1] 显然，课程统整的方法是多种多样的，很多研究者都将统整理解为一个连续的概念。雅可布斯[2]、瓦尔[3]、埃里克森[4]及德雷克[5]等都试图把一系列课程统整方法按照一定逻辑顺序排列，形成一个连续的、综合程度不断加深的课程统整过程。例如，福格蒂用各种镜面作为比喻，以潜望镜、歌剧眼镜、3D眼镜、普通眼镜、双筒望远镜、望远镜、放大镜、万花筒、显微镜和棱镜，分别代表十种逐渐趋向综合的课程组织方式。[6]具体指：学科分立零散组织、学科内部主题并列、关注学科中多方面知识技能、不同学科中一致概念安排、不同学科共制教学计划、围绕主题广泛组织要素、以更大概念串联要素、科际整合形成新模式、以学习者的经验兴趣过滤学科内容、以学习者学业视域建立经验间及学科间的内在联系。（见图1-5）

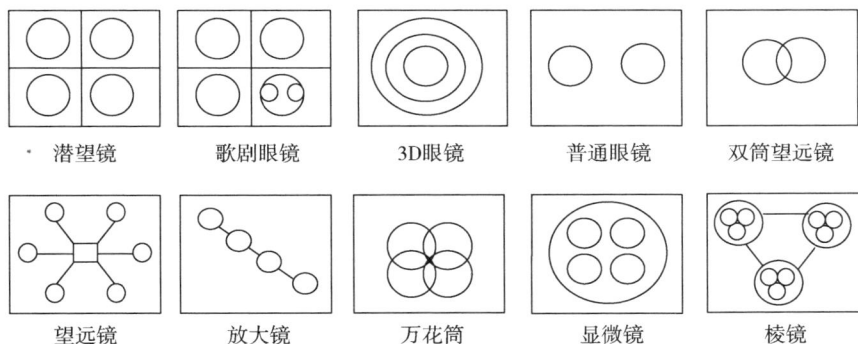

| 潜望镜 | 歌剧眼镜 | 3D眼镜 | 普通眼镜 | 双筒望远镜 |
| 望远镜 | 放大镜 | 万花筒 | 显微镜 | 棱镜 |

图1-5　福格蒂的十种逐渐趋向综合的课程组织方式

---

① 德雷克，伯恩斯. 综合课程的开发 [M]. 廖珊，黄晶慧，潘雯，译. 北京：中国轻工业出版社，2007：9.

② 林智中，等. 课程组织 [M]. 北京：教育科学出版社，2006：106-107.

③ 林智中，等. 课程组织 [M]. 北京：教育科学出版社，2006：108.

④ DRAKE S. Creating standards-based integrated curriculum：aligning curriculum，content，assessment，and instruction [M]. Thousand Oaks，California：Corwin Press，2007：27.

⑤ 同上.

⑥ FOGARTY R. Ten ways to integrate curriculum [J]. Educational Leadership，1991（2）.

二、两门校本课程开发中的"组织"实践

U—S 合作是大学（university）与中小学（school）合作共同改进中小学校，大学研究者借助自身的理论优势与专业背景帮助中小学校凝练办学理念、改进课程与教学、促进教师专业发展等。笔者作为大学人员在与 N 小学和 F 小学的合作中，经历了两次完整的校本课程开发，通过与学校校长和教师共同构建、开发学校的校本课程，发现在课程组织环节，大学研究者、教师需要发挥自身独特的角色和价值。N 小学和 F 小学开发校本课程的初衷都是为实现自己的学校办学理念和特色文化，虽然两所学校校本课程的组织方式不相同，却都表现出课程内容的有效排列、整合对该门课程目标的实现、实施的可行性及资源的可利用性的重要意义。

（一）同心圆式——N 小学《中国符号》校本课程的组织

N 小学是长春市一所普通小学。新课程改革之后，学校自主开设了一些兴趣特长类校本课程，比如围棋、旱冰及器乐类选修课程。2005 年开始，学校开设了国学课程，并希望把该课程作为学校的特色课程。2008 年，利用当地教育局的财政拨款，学校新建了校舍，基于全新的教育环境，学校进一步规划办学方向，把"培养学生的中国情怀"作为自己的办学理念和特色。为了在学校文化中凸显这一特色，新教学楼走廊的墙壁上挂上了很多漂亮的木版画，主题都是"中国符号"，有文房四宝、算盘、指南针、兵马俑等元素。学校物理空间中的中国符号怎样变成学生认同并拥有的素养？校长希望每个班级的同学都研究一下自己教室外面悬挂的"中国符号"。由此，在与教师的讨论中我们提出将平时零散的"中国符号"观察、探究活动，变成学校系统开设的一门研究性学习校本课程。在第一轮的讨论中，学校要求每个班级申报本班师生所选择研究的一幅"中国符号"作为研究主题，形成了一个初步的课程内容结构。（见表 1 - 1）

表 1 - 1　N 小学教师第一轮设计的课程内容结构

1.1	鼓	2.1	灯笼	3.1	中国书法	4.1	文房四宝	5.1	方孔钱	6.1	青铜器
1.2	算盘	2.2	扇子	3.2	景泰蓝	4.2	石狮	5.2	玉	6.2	兵马俑
1.3	中国结	2.3	舞狮	3.3	二胡	4.3	景泰蓝	5.3	丝绸	6.3	古锁
1.4	剪纸	2.4	京剧	3.4	京剧	4.4	玉佩	5.4	玉佩	6.4	鼎

我们针对这个方案与 N 小学课程开发团队讨论，认为这个内容虽然考虑了师生的意愿，切合学校的物理空间，但 24 个符号构成的课程内容缺乏顺序性和逻辑性，重复的内容也会导致课程实施难以有连续性。于是，我们结合师生意愿对课程内容进行结构化处理，在垂直方向上，内容之间是一种层级式的关系，中国符号大主题下设适应六个年级的六个研究主题，每个研究主题下又设小主题，供各班研究；在水平组织方面上，以一种超学科观点统整内容，强调根据儿童的生活情境设计并展开内容，从福格蒂的"放大镜"的视角用较大主题概念将各相关要素连接起来，最终设计为六大主题 24 个中国符号元素。（见表 1 - 2）

表 1 - 2　第二轮设计的课程内容结构

传统饮食		传统民俗		中国书法		国粹京剧		丝绸之路		古代文明	
1.1	饺子	2.1	灯笼	3.1	文房四宝	4.1	二胡	5.1	茶	6.1	青铜器
1.2	月饼	2.2	中国结	3.2	书法名人	4.2	鼓	5.2	玉	6.2	兵马俑
1.3	元宵	2.3	舞狮	3.3	书法流派	4.3	脸谱	5.3	丝绸	6.3	方孔钱
1.4	粽子	2.4	剪纸	3.4	书法名作	4.4	行当	5.4	瓷器	6.4	鼎

对《中国符号》课程组织规划主要基于如下思考：

1. 课程组织的前提是对课程目标的考量及内容的斟酌

这门校本课程的目标定位及内容选择相对比较清晰，容易操作。课程内容明显服务于"培养有中国情怀"的办学特色，以此为指向，确立课程总目标，内容主题选择主要围绕极富代表性的中国元素，考虑其与现实生活的关联性，让学生基于今天的生活，看到中国文化的过去及未来，事实上可选的内容相对比较丰富。

2. 考虑儿童的认知水平，形成顺序性的认知路径

课程内容不可能涵盖中国传统文化的方方面面，但要做到有代表性。这种"代表性"的内容用儿童认知水平作为串联的标准，形成六个年级的六个主题：传统饮食、传统民俗、中国书法、国粹京剧、丝绸之路及古代文明。六个主题对应六个年级的儿童，伴随他们生活视界扩展，成为其了解中国文化的代表性的"符号"。从低年级家庭生活、节日活动中接触的饮食、民俗游戏活动，到中年级学段在学校学习中了解到的中国书法以及在公共媒体中常见的国粹艺术，直到小学高年级从历史中获知的古代文明，伴随儿童视界的扩展，由近及远，课程内容层层展开，形成一个稳定的课程梯度，贯穿始终的是中国代表性的元素。（见图 1 - 6）

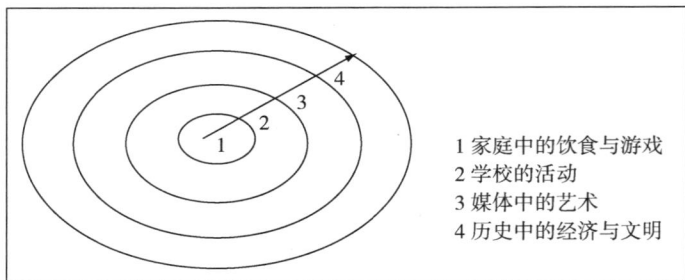

1 家庭中的饮食与游戏
2 学校的活动
3 媒体中的艺术
4 历史中的经济与文明

图 1 - 6 同心圆式校本课程的编排次序

3. 认知、体验与情感互为目的与手段，形成儿童发展结构

课程梯度中包含实施方式的多元性。比如，一年级以中国饮食作为研究主题，这与儿童家庭饮食生活息息相关，是儿童"乐于"从事、能够分享的活动，课程实施以体验为主，请家长来一起包饺子、中秋过后带月饼与同学分享、分小组讲故事等都是可选取的活动方式；二年级以中国的传统民俗为研究主题——灯笼、中国结、舞狮、剪纸，学生通过画一画、剪一剪等活动，就可从中感受和初步欣赏这些民俗文化；三年级、四年级，则需要通过网络等手段，查找文本、照片等资料，整理信息，并在班级交流、发表；五年级、六年级，则要体验完整的研究性学习过程，通过学生提出问题，确定选题，拟定研究计划，资料收集、整理、展示等研究环节，"研究"中国元素。这个过程中，有儿童对中国文化的认知，有对中国文化的体验，也有在认知与体验中的情感升华，认知、体验、情感唤起与升华既是课程的目标，也是实现课程目标的手段，三者间又互为目的与手段，共同在儿童素养的变化中发挥作用。

4. 各年级主题与国家课程相互照应，形成"相关性课程"

在国家义务教育阶段的课程计划中，小学一年级、二年级是没有综合实践活动（包括研究性学习）课时的，那么，一年级的传统饮食可以结合品德与生活课程开设，二年级可以将美术课程进行校本化处理，将内容融入美术课程中。从三年级开始，《中国符号》就可以直接以综合实践活动课为依托，与学校开设的书法课相照应；四年级的音乐课中也可加入京剧欣赏与学唱；五年级、六年级的丝绸之路与古代文明在品德与社会以及语文课中也有相关内容与之照应。

在《中国符号》校本课程实施两轮后，我们与教师座谈，他们认为这门课学生喜欢，教师也很有"劲头"，但每个班的研究主题都不同，同年级教师不能资源共享，增加了教师的工作量，也不利于同年级展示、交流成果；此外，在实施中教师发现，学生对一些研究内容表现出很高的研究热情，对于另一些内容则集体冷淡。基于此，学校课程开发小组共同商定，对中国符号校本课程内容结构进行进一步的规划设计，形成了每个年级一个研究主题、两个具体研究内容的课程结构模式。（见表1-3）

表1-3 第三轮设计的课程内容结构

年　级	主　题	内　容	学科设置	
			主要学科	辅助学科
一年级	中国饮食	饺子、月饼	品德与生活	语文
二年级	传统民俗	灯笼、剪纸	美术	语文
三年级	书法艺术	诗词、书法	综合实践活动	书法、美术
四年级	京剧文化	京剧名家、脸谱	综合实践活动	音乐、美术
五年级	丝绸之路	茶、玉器	综合实践活动	语文、品德与社会
六年级	古代文明	青铜器、兵马俑	综合实践活动	语文、品德与社会

目前，N小学《中国符号》校本课程已经实施多轮，教师已经探索出各年级课程实施的方式，以及同一主题不同研究阶段的几种学生研究方法与教师指导方式。可见，经历了课程设计过程的规范化、结构化尝试，教师团队开始系统思考课程问题，课程本身的专业化水平在提升。

（二）螺旋上升式——F小学《棋文化》校本课程的组织

F小学是鞍山市一所普通小学。学校于2002年起开展了"棋类教育"特色活动，历经十多年，该校棋类活动已经在市里很有影响，竞技成绩也名列前茅。学校一直以来为学生开设棋课（技法类），一年级、二年级开设普及型课程，全体学生都上棋课；三年级以后，针对棋技好并喜欢下棋的孩子开设选修课。在研讨中，我们与学校共同提炼出为了儿童的"幸福生活、智慧人生"的办学理念。其含义，一方面是在棋类教育特色中，一年级、二年级普及棋类教育，培养每个孩子学会三棋（象棋、围棋、国际象棋）的常识性技法，培养对棋的兴趣，使之成为将来的生活情趣——"幸福生活"；三年级以后，喜欢下棋且有特长天分的孩子在提高培养中，感悟棋道，运筹帷幄——"智慧人生"。另一方面，学校开设的所有课程，做的所有工作，都是为了学生的"幸福生活、智慧人生"。在理念观照下，校长和教师反思：儿童在棋的生活中，正在走向幸福与智慧吗？似乎孩子们在棋类生活中有一些缺失，比如，现在的孩子太在意名次，又不愿意认输，因为悔棋经常吵架，甚至在比赛中，观战的家长也参与进来一起吵吵闹闹为孩子争名次。看来，仅有棋的技法，孩子并不能"幸福"与"智慧"。校长决定由我们与教师一起共同开发《棋文化》校本课程，让学生了解中国棋文化的历史以及棋文化所蕴含的文明，用棋文化陶冶心性。

《棋文化》校本课程应该包含什么内容呢？与校长、教师多次头脑风暴后，大家认为有三类内容一定要在课程中体现：一是棋中蕴含的博大精深的中国文字与文学，如与棋有关的诗词、谚语、楹联、成语等；二是棋文化中的礼仪与道德修养，如落子无悔、遵循规范等；三是儿童的心理品质的问题，坚强、抗挫折、正确对待成败、不急躁等，这些也是现在儿童普遍需要的心理品质。这样形成了《棋文化》课程内容的基本雏形。（见表1-4）

从水平统整角度来说，该门课程采用"望远镜"式的统整方式，围绕棋文化这一主题，联系语文、品德、心理等学科中的相关的内容，广泛组织各内容要素。那么，这些内容在垂直方向上应该按照怎样的顺序展现出来呢？我们的建议是以螺旋上升的方式呈现内容的顺序，在低中高三个年段加入文字、文学、礼仪道德、心理品质等方面的内容，每一个年段内容的深度与广度逐级扩展。（见图1-7）

表1-4 《棋文化》课程内容结构雏形

一级概念	二级概念	执行人
A. 棋中的文字与文学	诗词、谚语、楹联、成语、名言、故事	语文老师
B. 棋中的礼仪、道德修养	落子无悔、实事求是、遵循规范、观棋不语	品德老师
C. 棋中的心理品质	坚强、抗挫、应变、荣辱不惊、不急躁、不优柔寡断	心理老师

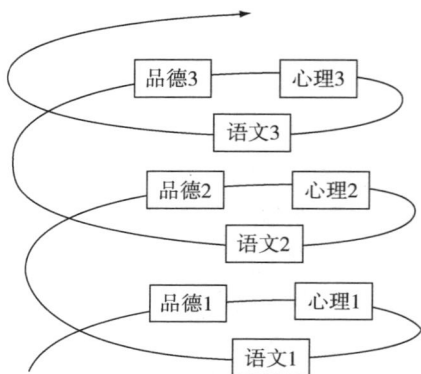

图1-7

在这样的结构思路下，F 小学教师开始选择、编排课程内容。但新的问题又出现了，教师找来了很多资料，怎样编排才会有螺旋上升的效果？按照课程内容教师进行分工，之后又怎样将内容统筹到一起？经过与校长、教师讨论，我们形成了一个内容结构与课时结构相统一的结构图，将内容的一级概念扩展为历史故事、礼仪修养、文字、文学等 7 个领域，同时，确定《棋文化》在一年级、二年级为必选课，每学期 6 次课，三年级至六年级为任选课，每学期 8 次课，将内容领域与课时分配结合成一个二维矩阵图。课程开发组的教师根据自己的学科特长及所在年级分工，2～3位教师负责一个内容领域，根据结构图中的内容量及内容对应的年级整理、改写、编辑课程内容，最后再将每个人的工作整合到一起。（见表 1-5）

表 1-5 《棋文化》校本课程的概念结构与时间结构

内容领域	一年级	二年级	三年级	四年级	五年级	六年级
	沁润素养（必选）		提升智慧（任选）			
历史故事	＋	＋	＋			
礼仪修养	＋	＋	＋＋	＋	＋	＋
文字	＋＋＋	＋＋				
文学		＋	＋＋	＋	＋	＋
谋略			＋	＋＋	＋＋	＋＋
人物轶事			＋	＋＋	＋＋	＋＋
心灵成长	＋		＋	＋＋	＋＋	＋＋
课时合计	6	6	8	8	8	8

《棋文化》课程设计相对比较艰难，因为这门课程内容背后并不依托某一个确定的学科，不能直接借用学科自身的逻辑体系，需要从课程目标出发，创造性地选择内容、组织内容；很多跟棋有关的知识元素，需要由设计者辨析其适应的学习者年龄阶段，或者需要设计者去改写，改写的同时还要考虑实施方式、课程资源等因素。这些都对课程开发组的老师们提出很大的挑战。

三、校本课程设计中的组织问题思考

（一）教师仍然是校本课程"组织"的主体

教师是校本课程开发的主体，即便是在大学与中小学校合作开发校本课程的体制中，这种主体性仍然具有现实必然性与价值的应然性。校本课程是为了学校中的学生、在学校中产生的课程，也只有教师最能把握课程的所有复杂因素。校本课程设计过程中，"组织"环节是常被教师忽略的技术性环节，而大学理论研究者的介入是有效的。但介入的作用是提供思考框架，而不是也不可能替代教师完成校本课程的开发，教师要因循课程结构的框架提升、整理、完善课程内容，并获得具有理论含量的课程开发经验。在这一过程中，需要双方的实践智慧。一方面大学人员要听懂学校课程的诉求，看到自己行为的着力点；另一方面，学校教师要理解理论的可用之处，在理论框架与现实资源之间找到可行又不悖规范的行动路径。

（二）课程意识决定教师对课程组织的关注程度

在校本课程开发中，忽略组织环节的主要原因，是教师课程意识的潜在偏向，教师在作为课程设计者的时候往往会从课程内容出发，选择认为对学生有价值的课程内容，尽管这些内容对学生的确是有效的，但效果有可能是局部、零散的。因此，教师需要从课程对儿童发展的整体功能出发，理解课程结构体系会对学生产生什么价值，一门校门课程在结构中担负什么样的功能，怎样才能实现这样的功能。在这样的思考框架下，才可能把内容的逻辑、儿童的状况与实施方式、可能的资源等问题综合在一起筹划。

（三）不断校正课程组织的前提——课程目标

泰勒原理清晰地论述了基于目标设计课程的一般思路，这一基本思路同样可以表征校本课程开发过程的逻辑。校本课程组织要基于课程目标以及可能的课程元素。校本课程的目标需要针对学校的理念及办学特色，要因应学生的兴趣与需求以及社会发展的时代需要。其中学生的兴趣的确是校本课程开发的逻辑前提，但这种前提也应该是一种底线前提，或者叫基本前提，必要但不充分的前提。儿童兴趣广泛、多元、变动性强，同样的问题在不同的情境条件、方式条件中也可以产生或消除兴趣，因此，在确定校本课程目标与内容的时候，儿童的需要也应该是值得强调的前提性因素。儿童的需求如何考量，泰勒给出了答案，"学习者目前的状况与公认常模之间的差异"[①]，即"需要"，也就是说儿童的"需要"即儿童目前的缺失，缺失是需要课程设计者判断的。当然，对儿童兴趣与需要的认识，需要在校本课程实施之后不断完善，实施者——教师会对课程是否满足了儿童的兴趣与需要有更深刻的体会，课程内容的选择与组织自然应该在课程实施、课程评价之后不断完善。

（四）校本课程的组织需要在多元组织群落中权衡

仅就某一门校本课程的组织来讲，内容元素中的知识、信息、活动等如何排列成连续的、顺序的体系，除了要考虑内容元素自身的逻辑顺序，还需要考虑几个相关的结构。（见图 1 - 8）

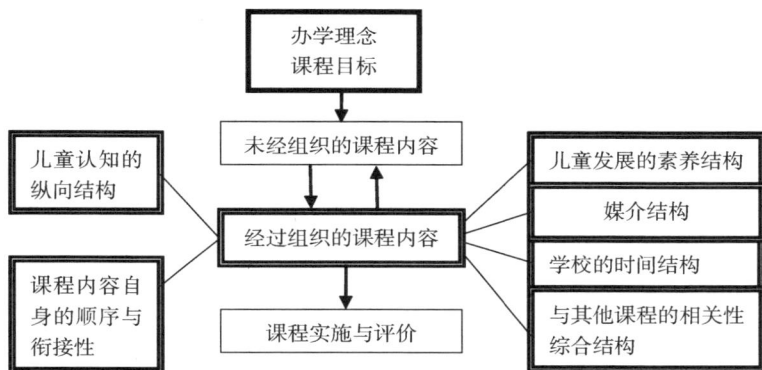

图 1 - 8　校本课程内容体系的多元组织结构

第一，儿童认知能力、认知特征的纵向结构。课程内容的深度与广度要符合儿童认知的可能性。第二，儿童发展的素养结构。任何一门课程的目标都不是仅仅增加儿童的知识，或仅仅提升儿童的某种技能，所以，课程元素的排列要考虑学生知识、技能、情感、能力等素养结构的改善与发展。第三，媒介结构。所谓媒介结构就是这门课程要通过什么教学方式、利用什么资源实施出来。不同的教学方式、课程资源直接作用于儿童发展的素养结构，因此，媒介结构需要多元化，需要自成结构，它影响课程内容的取舍与排列。第四，课程的时间结构。创编一门校本课程，要考虑学校的时间资源，以及各年级的恰当的课程时间，所以，课程元素的排列要

纳入课程的时间结构中。最后是与学校其他课程的相关性综合结构。在我国基础教育的课程体系中，国家课程仍然是学校课程的主体，校本课程的性质是辅助国家课程实现育人目标，实现办学理念，校本课程的内容如果能够与国家课程相配合，形成课程间的相关性，必然产生综合效应，集约时间，给学生一个整体的认知。

［原文刊载于《教育研究》2014 年第 9 期（吕立杰　袁秋红）］

第二专题

素养目标的课程转化

6 人才培养目标的课程转化路径探析

今天的教育如何面对未来社会发展对人才的需求与新时代挑战，是当今世界发达国家与国际组织推动教育变革的着力点。人才培养目标系统、有机、连续、完整地渗透融入课程，是人才培养实现的战略方针。人才培养目标在课程中的落实就是课程转化问题。课程转化是指课程改革理想在各课程层级间的形态变化、传递线索、落实程度。国家人才培养目标在课程标准、教材、课堂中层层落实的过程就是课程转化的过程。[①] 课程标准、教材是课程的重要载体，课程标准设计、教材设计就是培养目标的课程转化的重要环节。培养目标需要落实到课程中，通过课程标准、教材这些载体体现出来，并在学校教育教学活动中得以实现。课程标准、教材是培养目标与教育教学活动的中介桥梁，课程标准、教材能否承载培养目标的指向，是否具备育人功能，关系教育教学实践的方向以及未来人才的规格与质量。课程标准、教材要坚持立德树人这一根本任务，积极探索新时代人才培养目标在课程中的转化。

一、人才培养目标的新时代命题

今天的教育，要面向人类社会发展的挑战。习近平总书记在全国教育大会上强调，"着力提高学生的综合素质，培养能适应新时代发展的创新型、复合型和应用型人才"，明示了德智体美劳全面发展的社会主义建设者和接班人的基本素养。习近平总书记提出，全面贯彻党的教育方针，要在坚定理想信念上下功夫，要在厚植爱国主义情怀上下功夫，要在加强品德修养上下功夫，要在增长知识见识上下功夫，要在培养奋斗精神上下功夫，要在增强综合素质上下功夫，要树立健康第一的教育理念，要全面加强和改进学校美育，要在学生中弘扬劳动精神。梳理我国及其他国家或组

[①] 吕立杰，李刚. 核心素养在学校课程转化的层级分析 [J]. 课程·教材·教法，2016 (11)：50-56.

织的人才培养目标，我们归结为价值观教育、基本素养、关键能力以及 21 世纪概念四个方面。

（一）价值观教育

多元文化充斥下的世界格局不再是区域独立发展，而是文化联合共生。然而，融为一家的世界村落却使得部分民族国家出现了民族文化认同危机以及理想信仰认同危机等价值观认同危机，世界公民、普世价值以及超国家认同等观念消解了公民的文化身份与国家凝聚力。这让日本、韩国、法国、丹麦等世界多个国家在人才培养中高度重视公民价值观教育。在我国，党的十九大报告提出要全面贯彻党的教育方针，落实立德树人根本任务，发展素质教育。同时，国家课程也强调社会主义核心价值观教育，进一步突出中华民族优秀传统文化教育及革命传统教育，加强法治教育、国家安全教育、民族团结教育以及生态文明教育等。

（二）基本素养

教育的目的不仅是让今天的人能够接受并战胜来自世界变化的挑战，为即将面对不同社会角色做好准备，也是让个体获得幸福和愉悦，成为积极的、有责任的社会公民。虽然不同角色需求与社会传统下的素养框架呈现多样化特征，但是首先都要考虑当代社会背景下，人生存与生活的基本素养。比如，社会文明的不断传承、多元文化的彼此交融及人类精神世界的日益丰盈，人与文本之间、人与世界之间、人与自我之间的思考、互动与理解更加频繁，基本的文本阅读能力、运算能力仍然是人融入社会的基本前提。再有，通信技术的迅猛发展将人类社会推向了信息时代，现实生活被"互联网＋"技术制造的数字洪流所吞噬，每一个人都成为"数字公民"，数字化已经成为当代生活的基本方式，能够运用数字化工具成为生活的基本能力。此外，高度发达的现代社会虽然让人们远离了无法满足温饱的窘迫，但过于依赖先进的技术使人类肢体退化，各类疾病高发促使人类将视野回归全民体育与公共健康，健康素养成为与生存、生活相关的基本素养。

（三）关键能力

在信息大爆炸时代，知识总量成指数增长，人们已经无法遍历每个领域的发展历程，故而将目光从只关注培养学生专业能力扩大至提升个体共通能力，尤其是共通能力中的关键能力培养上。2017年，中共中央办公厅、国务院办公厅印发的《关于深化教育体制机制改革的意见》明确提出，在培养学生基础知识和基本技能的过程中，强化学生关键能力培养，即认知能力、职业能力、合作能力与创新能力。美国《21世纪学习框架》中的21世纪技能，也是一种高于基本素养的高阶能力，其中包含学习与创新技能，信息、媒介和技术技能，生活与生涯技能等三类。[①] 2018年，经济合作与发展组织发布《教育2030：未来的教育与技能》，强调认知与元认知的技能，如批判思维、创造思维、学会学习、自我调节；社交和情感技能，如同理心、自我效能感、协作能力；实用和物理技能，如使用新的信息和通信技术设备；强调变革社会与塑造未来的能力，如创造新价值、协调矛盾和困境以及承担责任等。[②] 这些关键能力是在基本素养基础上，适应信息时代、知识经济时代社会变迁，并创新、创造的必要能力。

（四）21世纪概念

人工智能、大数据、知识经济、信息社会等已构成人类生活中的新核心问题，在传统的学科课程体系中难以凸显其重要性，成为21世纪人才培养目标中的新内容与新概念。例如，20世纪后期至21世纪以来，人们的生活水平显著提高，居民家庭收入持续增长，生产方式也发生了极大的改变，知识经济快速膨胀彻底改变了人们的财富观念。同时，人们也遭遇了类似2008年全球金融泡沫等人类历史上重大危机的重创。面对人类历史上所积累的巨大财富，财富的保有已经不能再作为迎接21世纪挑战的筹码，取而代之的应该是财富的创造，21世纪的公民必须要对经济本身有一个清晰的认识，同时意识到经济快速发展并不是依靠原始积累，而是依靠不断流动与创造。美国《21世纪学习框架》提出，要培养学生的财经素养；OECD《学习框架2030》将企业家精神纳入其中；芬兰在《国家基础教育核心课程》中更是提出，要培养学生的职业能力与创业素养等。[③]

二、人才培养目标体系的隐喻特征

深入考查人才培养目标所蕴含的时代隐喻特征，是更好地把握课程转

---

① 张华. 论核心素养的内涵 [J]. 全球教育展望，2016 (4)：10-24.
② 孟鸿伟. OECD 学习框架 2030 [J]. 开放学习研究，2018 (6)：9-12.
③ Finnish National Board of Education. National core curriculum for basic education 2014 [M]. Porvoon Kirjakeskus, Helsinki，2016：32-44.

化方向的重要规尺。

（一）冰山隐喻——人才培养目标的整体性特征

冰山隐喻直观形象地指出，人的能力素质由知识、技能等浮在水面上的可见部分和态度、认知等隐匿在水面下的不可见部分组成。培养目标也具有类似冰山的特征，具有表面可见的知识技能等培养目标内容，也有内隐不可见的态度、认知等培养目标内容，二者不可偏废，共同构成人才培养目标的全部内容。为了应对日新月异的世界变化，新时代人才培养目标指向的是全面发展的人，要兼顾德智体美劳等多方面能力素质的培养，重视形成包括知识深度、能力宽度及认知远度三个方面的完整培养目标定位体系。新时代人才培养目标的整体性特征强调，学生所习得的内容不能仅限于掌握知识与观察现象等可见性的培养目标完成，同时要实现学生认识世界与改造世界的价值观与方法论等不可见性的培养目标获得。

（二）驾驶隐喻——人才培养目标的情境性特征

人才培养目标的驾驶隐喻指的是，人才培养目标达成过程的特征，需要在教育过程中创设情境，让学生在体验、探究、应用中获得能力的提升。驾驶汽车需要考取对应车型的驾驶证才可以开车上路。在通过理论知识考试及场地驾驶考试后，考生需要进行道路驾驶考试，即在多种现实道路情境中进行驾驶技能考核，真正驾驶汽车的时候，除了这些知识、技能，还需要有复杂环境中判断方向、速度的能力，以及"礼貌行车的必备品格，尊重生命的价值观念"。[①]

前面提到的很多人才培养目标是知识、技能基础上的高阶观念、能力、素养，学生需要在创设的情境中，在经历、感悟、磨炼中综合使用知识、技能，自主建构观念、能力、素养。达成人才培养目标不能只是灌输与堆积，而是领悟、启迪与对话，让学生获得带得走的能力而不是背不动的书包，使其在面对真实生活的现实世界时适应情境变化，能够及时调整与应对。

（三）涟漪隐喻——人才培养目标的召唤性特征

自然界中的涟漪是指石子等物体落入水中后，水波不断向四周扩散的

---

① 崔允漷. 试论核心素养的课程意义 [J]. 全球教育展望，2017 (10)：24-33.

现象。新时代人才培养目标就如同这投入水中的石子，激起不断向外扩散的、面积数倍、数十倍于石子大小的涟漪，而这涟漪则是培养目标所召唤出来的、学生不断发展和组织起来的，比人才培养目标自身更为广泛的适应个体发展和社会发展的生活本领。① 人才培养目标本身并不是万能钥匙，而是能够制造匹配锁芯所需钥匙的初始工具。

人才培养目标是学生所应具备的关键能力与必备品格，其关键性与必备性在于学生基于该目标所生发出来的召唤结构，不同的学生依据不同的组合能够召唤出不同的知识、能力及情感态度，继而构筑自身的开放性素养结构，使得学生能够顺利解决所遇到的各种问题，逐渐建构起发展的、完整的、幸福的人生大厦。

三、人才培养目标的课程转化方式

（一）人才培养目标在课程标准中的转化

课程标准是依据人才培养的时代命题、体现国家意志、凸显学科理念、凝练学科体系的政策性文本，是国家育人方针的学科化表达。学科课程体系不同于学科体系，构建学科课程体系，除了要考虑学科自身逻辑，还要考虑社会发展的需求、儿童成长的规律等。学科课程的功能不仅是传递学科知识，更重要的价值在于培养人。因此，通过学科课程培养人的哪些品质、观念、能力、技能等，需要统筹规划，以形成学科间的合力、学段间的合力，课程标准的价值就在于此。首先，课程标准是培养目标的学科化分解，教材编写、教师课堂教学依据课程标准的理念与内容，可进一步落实培养目标的总体要求，让师生在学科知识的传递中对国家意志、社会价值观念、关键能力精准内化，以学科自身的方式践行立德树人。其次，课程标准统筹规划了 9 年乃至 12 年学科课程发展思路。多版本教材依据课程标准中的学科课程理念与性质，选择、设计学科内容，保证不同版本风格各异但目标指向相同。同版本各学段教材间以课程标准中学科素养贯穿主线，保证教材整体有序、逻辑衔接、梯度进阶。

1. 结构化的分解与综合

人才培养目标需要科学合理地渗透到课程标准中，连续性、顺序性、

---

① 成尚荣. 核心素养的中国表达［N］. 中国教育报，2016-09-19.

整合性是培养目标在课程标准中转化的线索密码。泰勒基于美国"八年研究"[①]课程改革经验提出的课程编制原则给半个多世纪的课程、教材研制以重要启示。课程标准中的培养目标不是散点的聚合，而是有序、有机的组织，相互之间存在一定的结构关系。一方面，学习的循序渐进性、成长的阶段性要求培养目标在不同的学习时期持续、连续地引领课程内容的选择。换句话说，每一项目标的达成，每一项能力的培养都需要在每个学段的课程标准中由浅入深地、连续地体现出来，以实现对学生的影响。另一方面，这条线索并不意味着目标、能力在课程标准中只是单一线性地呈现，人发展的综合性、复杂性也要求超越学科体系的边界，在不同学科间形成扩散与延展的网状结构，不同学科因应不同的学科特性相互配合、形成合力，给学生以整合的影响。课程标准设计过程，可以是结合不同学科性质功能，将人才培养目标分解成相对应学科的小初高各个阶段的学段目标及学科目标，也可以是不同学段、不同学科依据内容特征、学习重点"认领"培养目标，形成纵横交错、连接互构的目标结构。

2. 内容负载

课程标准是教师设计教学的依据，是学业评价的依据，也是教材编写的依据。人才培养目标在课程标准的转化，不仅体现在目标体系中，更应体现在内容体系中。课程标准中的内容不是知识点的聚合，而是承载着育人指向的载体，不同的内容究竟可以培养学生哪方面的能力、观念、素养，在课程标准这样的指导性文件中应有设计与提示。对于设计教学的教师、教材编写人员、评价命题人员，不可回避的课程元素是课程内容，如果没有纲领性的文件直接规范、提示与内容相对应的育人目标，就需要这些课程标准的使用者在各自的工作过程中自觉地去规定内容的目标功能，不同人员的理解偏差将带来课程实施的成效衰减。抑或是，课程的使用者没有自觉、系统地反思教育目的，则人才培养目标形同虚设，教学、考试过程沦为教知识、记知识、考知识的过程。课程标准系统思考并建立负载了人才培养目标的内容，才有可能使目标在教学、评价过程中得到落实。

（二）人才培养目标在教材中的转化

教材是教师进行教学设计、组织课堂教学的主要依据，教材的设计要为教师的"教"提供适切的依托。首先，教材选择的概念、命题、原理是

---

① 泰勒. 课程与教学的基本原理［M］. 北京：中国轻工业出版社，2008：1.

课堂上师生互动的媒介，教材中提供的练习、实验、情境，为教师设计课堂中的练习活动、实验活动、讨论活动、探究活动等提供了素材。其次，针对如何使教师更好地组织课堂活动，教材要对教学活动过程给予指导性提示，即教材设计者对思维过程、活动过程、探究过程恰当分解并呈现，能帮助教师获得相应的教学策略。最后，教材作为"育"的媒介，需要有综合育人的潜在功能，要能够帮助教师体会、挖掘学科知识背后的思想价值，提供跨学科能力培养的素材。

教材的编写要体现学习过程的阶段性，为学习的发生提供支架，为深度学习提供助力。首先，教材编写的基本逻辑应与学生认知发展规律具有内在一致性，要依据儿童认知发展的阶段性特征，或进阶或螺旋上升地排列教材内容。儿童的认知特点、阅读习惯和审美需求决定各学段教材有不同的呈现方式与风格特征。其次，教材编写要考虑学习得以发生的情境脉络。学习的发生过程是在情境中，是经验延伸、扩展及内化新知的过程。教材提供的情境能与学习者过去的知识串联起来，调动学习者的前概念，让学习者在情境中将新知的迷思与过去的经验"对质"。最后，教材应成为学生探究活动的指导。围绕新知，教材设计者可设计大量有深度、有广度的探究活动，教材中呈现的是探究活动的素材及关键步骤的要求，并为每一步行动的结果留白，让学习者在与教材文本的互动过程中，产生有深度、有广度、有指导性的探究学习。教材承载人才培养目标的要求有必要进行系统的转化。

1. 人才培养目标在教材中的中介性转化

教材是课堂上教师设计教学活动的依据，是学生展开探索活动的地图，教材要承载、体现培养目标，但并非直接陈述这些目标意图。人才培养目标是抽象的，需要通过各种内容要素的配合体现出来，指导课堂活动、学生学习活动，最终实现目标。例如，思想的培养、价值观的养成是观念认知、情感共鸣、行动后体悟的共同作用结果，教材的作用在于呈现可以承载认知、共鸣、体悟的素材，这个素材就是中介，故事就可以是这样的中介。这个故事应是学生熟悉的、生活中普遍存在的，同时故事情节可以引发明确的某一思想或对道德信条的思考，而结论的判断则具有两难性。教材的编写不在于如何直接表述这些目标性道德条目，而是挑选、撰写出这样有承载力的故事。借由这些素材，学生在教师的帮助下，辨析熟悉的生活事件，对比不同价值主体的诉求，从而厘清自己的价值观，学习价值建立的过程。再如，合作能力的形成不是简单地提出合作的要求就可以实现的，合作的前提是有目的的群体活动，是明确的分工，探究活动是形成合作能力的中介。依据单元内容设计探究活动，编写者应预设完整的探究过程，活动中处理的问题是单元内容的认知关键点，通过教材中的提示与留白，小组内分工收集资料、对比资料、行动记录，让文本引领学生的活动，在活动中合作，在合作中获得结论，在研讨、反思中建构新知。在这一过程中，学生学会探究方法，养成思维习惯，同时形成合作能力。

2. 人才培养目标在教材中的多形态转化

不同学科可以有同样的培养目标，但因为学科特质不同，每个学科对某种能力的表现力不同，对某种思想、观念的呈现力也不一样。可以把人才培育目标作为学习内容的背景呈现，可以是散点状渗透，可以是连贯的线状系统呈现，也可以是知识与行为体验的相互交错的立体形态等，形成对学生认知、情感、行为意向等的不同影响。简单来讲，同样的人才培养目标，在教材中可以有多形态的表现。例如，弘扬中华优秀传统文化这一培养目标，在教材中的转化方式可以有多种形态。既可以替换数学例题中的情境，用中国传统数学的鸡兔同笼、以绳测井，将文化元素作为学习内容的背景呈现，也可以不改变主题内容，在语文、地理等教材的正文中提及中国古代四大发明、历史名人等名词，形成文化元素的散点状呈现。可以将唐诗、宋词、元曲、明清小说等不同时期的中国文学成就以教材内容主体之一的形式贯穿始终，形成文化元素的线状呈现形态；还可以在地理教材的练习中，要求学生收集自己曾游览过的中国各地名胜古迹的照片、图片、相关故事，展示、交流，感受、体验中华文化的厚重与丰富，形成与地理学科内容之间的相互交错立体形态。

3. 人才培养目标在教材中的聚焦式转化

近些年，在科学教育领域提出的大概念（big idea，也有人翻译成大观念），是人才培养目标在教材中转化的一种聚焦式思路。就是期望用科学观念的大伞，将该科学观念得以产生的信息、知识、技能等内容进行体系化覆盖与统整式处理。大概念（大观念）是联结培养目标与教材之间的桥梁，是将宏大的目标能力聚焦在教材中的锚点。首先，它是素养的一种具体表征，是以事实、知识为基础的，态度、价值观、思维方式参与其中的高阶认知。[①] 其次，大概念下有明确的知识、技能等内容体系，可以借

---

① WIGGINS G，MCTIGHE J，ALEXANDRIA V. Understanding by design ［M］. Association for Supervision&amp：Curriculum Development，2005：66-78.

助相关学科的内容范畴及逻辑顺序，选择、编辑、有机组织，统整学习历程。在教材设计中引入大概念理念，有助于学生通过对大概念的理解和运用把握该学科的关键脉络，同时简化内容体系中烦琐的知识点，降低内容量，纠正繁难、偏颇、陈旧等课程顽疾。以大概念思想促进培养目标的聚焦构建，明晰了教材体系设计的总体思路，借助大概念群所组成的教材内容网络形成科学观念的联结体系。例如，以科学教育中的生命周期为例，学生在学习过程中可能会十分了解蝴蝶这一特定生物体四个发育阶段的具体内容，当父母问孩子们在学习什么的时候，其可能只会回答说在学习蝴蝶的发育阶段，却没有意识到所有的生物都有一个由出生、生长、繁荣和死亡组成的生命周期这一科学大概念。烦冗的知识碎片掩盖了整个科学学习历程中的关键点，而使用大概念聚焦教材中的培养目标，可以避免相关内容繁复，重新构建学生达成培养目标的进程。

4. 人才培养目标在教材中的多层次转化

学生真实生活的世界是复杂与多元的。与之相应，人才培养目标也是综合与丰富的，包括知识、技能及价值等多方面的指向。因此，教材要提供可能性，让学习者与文本多层次互动。对于同样的单元内容可以有多层次目标的设计。首先，教材要对学科内容清晰表达，任何一个人才培养目标的起点都基于基础性的概念、知识与技能，技能须通过练习、实践习得，这些都是教材可呈现的工具性层面。其次，同样的学科内容，可以通过资料阅读、探究活动、研讨活动等设计，培养学科思维与跨学科能力。此外，阅读、活动之后的体验、反思可以获得个体价值、社会价值、历史价值的思考。这些都应成为教材中有设计、有意图的"潜在课程"。例如，德国小学数学教材中的统计这一部分，先通过比萨饼的情境，回顾分数的含义，进行基础运算的练习，之后是活动设计，学生分组在全班进行调查，在班级生活中发现数学问题、收集信息、制作问卷、记录信息、资料整理。获得资料后，借由调查活动的结果，学习本单元核心数学知识：如何制作划记表、统计频率、制作多种统计图。接下来是数学知识的应用，应用的情境非常广泛，在地理、经济、天文等与科技、生活相关的领域使用习得的统计知识，最后是分层次水平测试。从教材的设计中，不难看到数学统计知识被统整在一个多层次的目标范畴中，问题解决、合作能力、财经素养等贯穿在数学知识、技能的形成与训练中。同时，在数学应用练习中，真实、复杂、有难度的素材，使学生练习新知的同时，深切体会数学知识对科技与生活的价值，领悟新知的意义，甚至数学的意义。不难看出，教材设计者的设计目标层次清晰、丰富、多元。

　　保障教材质量，保证教材的方向性、科学性、适切性等是教材建设的核心议题。在教材编写过程中，应吸收新时代人才培养目标的新要求、新结构，探索人才培养目标在教材中系统、科学的落地、转化的方式。教材建设的管理者要统筹规划，保证各学段、各学科教材能系统、有层次、整合地体现培养目标。对于教材编写者，不仅要有明确的思想方向，有对学科本身高屋建瓴的把握，还需要研究教材编写的规律，尤其是为青少年儿童编写的教材应尊重其年龄阶段特有的成长规律。这是提升教材质量、实现人才培养目标最根本的专业化保障。

［原文刊载于《教育研究》2018 年第 12 期（吕立杰　李刚）］

7　学科核心素养培养：课程实施的价值诉求

2014 年《教育部关于全面深化课程改革落实立德树人根本任务的意见》指出："把核心素养落实到学科教学中，促进学生全面而有个性的发展。"自此以后，核心素养就成为教育改革尤其是课程改革中热议的话题之一，学科核心素养成为课程实施的主要价值诉求。因此，本文拟解决现实课程实施场域中的以下追问：什么是培养学科核心素养的教学样态？这种教学背后暗含的学理是什么？

一、学科核心素养：培养目标与课程实施的链接点

（一）学科核心素养：培养目标的分解

核心素养是当前基础教育的育人目标和方向，2016 年 9 月教育部正式发布的《中国学生发展核心素养》成为我国各学段人才培养目标的总参照。核心素养作为关注人的全面发展的培养目标，强调基础性、普适性、同一性和跨学科性，是一种较为抽象的上位概念。为消解顶层培养目标与底层课程实施间的疏离，学科核心素养的研究应运而生，每个学科都单列出了该学科的核心素养构成要素。例如，数学的学科核心素养可以分为数学抽象、逻辑推理、数学建模、直观想象、数学运算、数据分析；物理分为物理观念、科学思维、实验探究、科学态度与责任等。学科核心素养是人才培养所应达到的质量标准在学科层面的独特性表达，其源于对学科本质的提取和凝练，旨在使学生通过特定学科知识、技能的学习，思想、价值的领悟，方法的习得，态度、情感的熏染而获得面对自我、他者以及世界所应具备的重要思维品质、观念和能力。有学者认为，核心素养与学科核心素养之间的关系是全局与局部，共性与个性，抽象与具象的关系。①与核心素养不同，学科核心素养强调学科性、独特性，是基于核心素养在学科层面和实践层面的具体表述和要求，也是核心素养进入课程实施环节

---

① 钟启泉. 基于核心素养的课程发展：挑战与课题［J］. 全球教育展望，2016（12）：3-25.

的一个过渡桥梁。

（二）学科核心素养：课程实施的指向

学科核心素养作为学生发展核心素养的分解，于上承接着培养目标的要求，于下指引着课程实施的走向，是培养目标与课程实施的重要链接点。如果说学生发展核心素养需要在学校教育过程中体现与实现，那么学科核心素养就需要在课程实施的过程（具体为课堂教学）中体现出来。

那么，指向学科核心素养的课程实施的核心点在哪里？美国《21世纪学习框架》中写道："21世纪的教育要建立在核心知识基础之上，但这里的学科知识不是指存储一堆事实，而是指学科观念和思维方式，其目的在于让学生像学科专家那样去思考。"[①] 显然，这里的21世纪教育主要是指称学科教育、教学，其目标指向与我们倡导的学科核心素养是一致的。共同的价值追求都是认为学科教学要超越对知识与技能的简单传授，关注知识的源起、发展、价值和意义以及学科的内在本质和规律，引导学生从学科的视角理解世界和分析问题，形成学科意识和思维习惯。指向学科核心素养的课程实施源于学科知识又超越学科知识，是学生在学习学科课程的过程中，形成的对学科的本质与规律的深刻认识和把握，具有持久性和可迁移性的特点，它能够引领学生将习得的学科知识和技能应用到日常生活中去，帮助学生站在学科的角度思考和处理问题。

回归到现实场域中，指向学科核心素养的课程实施是什么样态的？怎样才能在这一过程中让学生像学科专家那样思考？其背后潜藏的学理是什么？本研究以一次同课异构中三位教师的教学为案例，试图分析和探讨这些话题。

二、辨伪寻真：什么样的教学可实现学科核心素养"落地"？

基于学科核心素养的教学究竟是什么样态？本研究以一次初中数学同课异构为例，分析培养学生学科核心素养的教学是什么样态与不是什么样态。案例中的教学内容是初二数学二元一次方程组的学习，三位教师做同课异构，引导学生学习。三位教师教学的第一环节都是借助教材中的"鸡兔同笼"问题，引导学生进入二元一次方程组的学习，但教学的起点、关注的重点以及指向目标却截然不同。其对待同一例题的三种教学处理方式，代表了比较典型的对教学意义理解的三种境界。从学科核心素养的教

---

① 张华. 论核心素养的内涵 [J]. 全球教育展望，2016（4）：10-14.

学转化角度分析，这三堂课也是在表征指向学科核心素养的教学样态的不是与是。为叙述方便，暂将三位教师分别编号为 A、B、C。

（一）指向解题技能的教学

教师 A 选择的教学起点是例题中的条件与问题，教学过程遵循解答的逻辑步骤，学生获得的是固定的计算方式以及运算技能。在教师 A 的意识里，教学最重要的目标是怎样"解"出这个问题。不管什么问题，学习者要做的是迅速找到已知量，记住公式，列出式子，熟练算法，获得答案，这样也就完成了学习过程。在这种教学观主导下的教学，学习内容被"精简"为定理知识和算法技能，学生体验的是通过例题学会一种解法，再通过更多的习题学更多的解法。显然，教与学的过程缺少兴趣与真正的思考，教学目标仅停留在解题技能的习得层面，学生获得的也只是应付考试的方法。

（二）指向知识运用的教学

教师 B 的教学分析需要从三个方面考虑。首先，教师 B 的教学设计体现了对学生兴趣的关照。在导课环节，教师 B 引入有趣的电视节目，课堂气氛马上变得活跃起来。但是，进一步分析这段视频的内容以及使用视频的方式，不难发现，教师 B 只是借助它引出了话题，后面所有开展的学习内容逻辑与视频内容没有实质的关联，或者说视频并没有为学习者带来思考，仅仅起到了活跃气氛的作用。

其次，教师 B 在教学方式的运用上吸收改革的新主张，出示问题后要求学生用两种方式解题，再通过讨论、展示去比较、思考两种方法的特征，留给学生一定的思考张力，学生对新内容——二元一次方程组的作用与功能有了更全面的体验与感悟。这种从学生学的角度设计教学方法的思路是值得肯定的。

最后，这位教师虽然是引导学生自主思考，但如果深度探究这堂课学生究竟在思考什么，不难发现，学生思考的还是停留在方程组方法的运用方面，而对方程是如何而来，又到何处去，与现实生活有何联系缺乏真正的了解。

（三）指向学科核心素养的教学

教师 C 在引导学生理解题目中的数学含义，即寻找等量关系的环节"大费周章"，先是启发学生用文字描绘法、图案法表示题中要素关系，接着用算数法、一元一次方程法与重点学习的二元一次方程组法去解题并类比，同样是比较二元一次方程组的算法价值，最后，教师又把这个问题的解法延伸为数学模型。从寻找等量关系到串联起所有可能的数学方法，再到将方法模型化，教师 C 的教学隐含着这样的思维逻辑：

首先，教师 C 处理例题的教学起点是这个故事本身包含的数学元素、数学关系，即在故事中发现数学问题并思考怎样解决数学问题。教师 C 设计的思考活动是用自然语言或半符号语言（图形）表述现实情境中的等量关系，让学生通晓方程的本质是为了求未知数而在未知数与已知数之间建立起来的一种等式关系。学生在直观的抽象过程与方程的学习之间建立了联系，明了二元一次方程组与一元一次方程的差别并非本质的，只是算法上复杂了。

其次，当学生再回头审视几种自己使用、掌握的方法时，教师 C 又把这些方法的梳理解释为数学对解决生活问题的意义，且意义还可以生成更普遍的形态，就是对一类问题都可以用方程的方法解决，这种普遍的形态即符号表达。学生通过意义的理解完成方程建模的第二次抽象。

最后，帮助学生建立学科思想。一边是生活中的问题，一边是能够解决问题的一系列方法系统以及方法的一般模型，该教学的起点与终点之间有跨度，更有连接，学生有序地体验了数学抽象思想、划归思想、模型思想，体会了数学发展对现实生活的意义。这种触及学科本质的学习体验若继续累积将进一步内化为学生的学科观念，引领学生以学科的视角看待周围世界和分析问题。

所以，什么是指向学科核心素养培养的教学？从前文的分析可知，学科核心素养是学科知识与经验累积后形成的对学科本质、特征、规律、价值的认识，以及与之相关的对世界的一般看法。指向学科核心素养培养的教学不是窄化教学目标，不是将教学精简为例题的解答，不是将学生的学习简化为机械模仿与记忆，不是形式上关照学生的兴趣，不是"把不可口的东西包裹上了糖衣，让学生囫囵吞下"[①]。指向学科核心素养培养的教学，其目标定位在体验知识的发现过程和领悟知识的意义，其教学过程是通过调取原有经验将新旧知识前后贯通，自主思考或探究获得学习经验的过程，是学科经验累积进阶后归纳提升获得的关于学科价值、自然规律、社会问题的一般看法的过程。

---

① 杜威. 民主主义与教育［M］. 王承绪，译. 北京：人民教育出版社，2001：64.

三、深度聚焦：什么样的学理蕴藏着培养学科核心素养的教学？

（一）教的起点：与经验的内在关联

在教的起点上，唤起儿童的兴趣是必要的，"个人的主动、热情、参与、疑问难以融入学习之中，他们的学习兴趣和学习动机会在枯燥的、单调的课堂学习中泯灭，他们的怀疑意识和批判精神被信奉、追随、信仰的意念荡涤得无影无踪。"① 而更重要的是兴趣与新知的联系。每个儿童心中都有一个世界图景，所有的学习与发展都是这个世界图景的扩展、延伸与改造。教学的起点是儿童的生活经验或者认知经验，这句话似乎是我们经常重复的话语，但是这个起点究竟对学习有什么意义？当代学习研究者认为，"在进行概念和方法学习时，一个新信息很少会插入已掌握知识的行列。已有知识会排斥一切与其不能形成共振的观念……当接收到的信息严重动摇了他对世界的感知时，他宁可放弃它。学习者还可能录入这一信息，但永远不去调用"②。因此，教学起点对于学生的经验来说，教学之初不仅引起学生的兴趣产生关注，还要唤起学生的联想，要使过去的经验结构与新知的结构产生关联，也就是空泛的联想是没有实质意义的，为了学习新知，必须找到学生现有的知识行列或概念体系。有效的教学不仅是教师建立了"关联"，更需要让学生感受到这种关联，让解决问题的老办法与新办法之间，让新的概念和眼前的现象之间产生关联，只有建立了这个"关联"，"才能让个人的想法同客体或经验或其他学习者的先有概念进行直接对质"③。而对质的过程就是原有概念解构的过程，也就是新知增长的过程。

在上面的案例中，教师 C 让学生用语言梳理例题中的等量关系，再抽象成图形画出等量关系，这个过程是"调取"了学生认知结构中的相关常识体系、概念体系，这个体系是学习新知的必要的关联。因此，学生的学习起点，不仅要设置恰当的情境，唤起学生的经验，还要调取经验中的知识体系，这样才有可能产生深刻的学习。

（二）教的依托：与文本的深层互动

在教学设计中，教师对教材不同的使用方式，透视出其不同的教材

---

① PAUL ERNEST. 数学教育哲学［M］. 齐建华，张松枝，译. 上海：上海教育出版社，1998：203-217.

② 焦耳当. 学习的本质［M］. 杭零，译. 上海：华东师范大学出版社，2015.

③ 杜威. 学校与社会·儿童与课程［M］. 台北：五南图书出版公司，1989：119.

观。教师对课程内容、教材内容的理解不同，就会对教学有不同的规划。有的教师对教材的使用方式是完全依赖教材，把教材内容全部复制为教学内容，简单地将文本内容转化成有声内容，如此，学生依然只会凭借自己的认知水平理解教材内容；有的教师依托教材增减内容，或者调整顺序，将教材生动地表征出来，将固态的文本激活，变成学生生动鲜活的经验；有的教师超越教材文本的浅层表达，与文本开展"深层互动"，以学科专家的立场思考文本承载的深意。这样的教师会借助文本中的素材，串联起学生的经验，引导学生体会、挖掘素材背后的思想，进而将这些鲜活的体验、经验启迪成为沉思的智慧，表现为前后原理的融会贯通，使学生获得从观察现象到顿悟一般规则的通达。

本研究中的案例恰好体现了不同教材观主导下的教师使用教材的不同方式。简单地读例题，学生学会的是当前例题的解答样例；将例题"推广"为一类问题，学生学会的是同类问题的解答办法；以例题为例，前后贯通，建立等量关系的思考，学生学会的是整个方程思想的核心，这一视角已然触及学科本质，学生据此可对问题进行更宽广的迁移，这种学习的意义是深远的。

（三）教的方式：与世界的积极探险

杜威把教材内容比喻成地图，"地图是一种摘要，是一种先前经验的有序安排，可作为未来经验的指引"[①]，地图虽然便于"记忆"，便于"观察"，但地图脱离了原先发现时的各种情况，而真正的学习是参照地图的探险。因此，教师在教学中要有意识地引导学生依托"地图"开展对未知世界的积极探险。

案例中教师 A 照本宣科式地讲授例题，学生只是辨别例题中的逻辑关系，记住其中的知识点，并在之后的练习中不断重复这种固定的、有限的逻辑关系，加深对知识点的记忆。这样的学习过程，学生难以实现对知识的迁移，无法用所学的知识解释、解决问题。为此，教师 A 让学生做大量的练习题以应对不能迁移的问题，这使学生得以在练习中自发地建构知识体系，以应对不同的考题。

教师 B 在教学过程中清晰表征了例题所代表的一类问题的特征，选择方法的缘由以及解决技巧，相当于为学生呈现了完整的"地图"，学生理解了"地图"的全貌，学会了使用"地图"，但学生的思维仍然局限在

---

① 杜威. 学校与社会·儿童与课程 [M]. 台北：五南图书出版公司，1989：119.

"地图"上这些被抽象出来的结果，实际上，学生只是进行了表面的"通透"的学习。

教师 C 引导学生围绕问题，一一体验所有解决问题的方式，在前后贯通的思维脉络中让学生体会、反思方法的连续性与跃迁性，感悟面对问题的思考空间和张力。此外，教师 C 将教学的重点定位在找到等量关系这一方程思想的核心上，如此，学生便超越了"地图"的摘要元素，集中地体会了绘制"地图"过程的探险经历，学生自己绘制了关于方程问题的"地图"，这一过程是产生学科核心素养的过程，素养何以产生，不仅要有思想本身，还要建立对这些思想的认识。

（四）教的归宿：与知识本质和意义的相遇

学科核心素养是学科教学的目标。超越简单的知识灌输、技能训练，建立学科观念与学科思维，是当前课程变革强调达成的教学目标。学科知识上升到学科核心素养，对学生而言就是要把知识置于历史、当下和未来生活中，用联系的、发展的思维去认识、理解、把握、体验和应用，也就是要与知识的本质与意义相遇。同时，还要能够用系统的知识解释大千世界，由此建立一种对待自然、社会以及他人的态度。因此，学科核心素养关乎知识本身、关乎知识的逻辑，也关乎知识的意义。

首先，教学设计要建立学生已有认知与新知间的连接，要思考基于已有认知，学习者会接纳什么样的新知，因为新知是更广阔的世界图景，是那些与自我相关的自然、社会及他人，是学生需要认识的，也应该是想要认识的。学习者感受到新知对自我的意义而想要探寻新知，所以怀特海说："学习者想要接受一种新知，不是证明正确，而是证明价值。"

其次，教学的归宿在于引导学生对知识的来龙去脉，知识的本质、规律、价值和意义的全然认识，帮助学生建立知识与历史、当下及未来生活的联系，让学生感受到如何在生活中灵活地运用知识来解决实际问题。"不能加以利用的知识是相当有害的……相互关联的知识要从整体上加以利用，各种各样的命题按不同顺序可反复使用……儿童在证明和利用某个知识的时候，应该毫不怀疑地知道什么时候是在证明，什么时候是在利用。"[1]

案例中教师 B 的课堂使学生学习了方程的解法，但学会解法的意义仍局限在能够解答别人设计好的问题上。教师 C 将图形法、算数法、一元一

---

[1] 怀特海. 教育的目的 [M]. 庄莲平，王立中，译. 上海：文汇出版社，2012：6-7.

次方程、二元一次方程联系起来，让学生体会二元一次方程与其他方法，尤其是算数法的差别，感受方法的每一次发展转换会带来思维的什么改变，从而体悟到方程思想甚至数学思想的价值和应用。如此，新知被放在一个前后贯通的思想脉络之中，学生站在一个审视者的高度，像专家一样看到了以前的学习方法与当前新知的方法之间的关联及意义，甚至还可以为将来的学习预留认知的结构空间。学生不仅体会到了新知在解决当前情境问题中的意义，而且建立了更深远的看待世界的方法和观念。

（五）教的挑战：与要素间关系的"适度博弈"

怀特海将如何选择教学方式比喻成教学的"节奏"，节奏包含着教学中各种方式、方法、活动安排的顺序、时间、频率，也包含着方式、方法、活动使用的艺术性，也就是它们是在什么节点上产生，与内容是否契合，与教师的风格是否一致，与学生的需求是否契合。

1. 知识与思维能力

知识与思维能力哪一个更重要，在教育领域并不是一个新的争议问题，二者的关联性以及相互构成性，决定了二者在教育、教学中都应成为中心目的。在怀特海看来，一方面学生的心智不是一个可以被人无情地塞满各种陌生概念的"匣子"；另一方面，有序地获取知识，对学生正在发育的心智来说，则是天然的"食品"。学生获得知识很重要，那是充实心智的天然"食品"，但学生不是简单地收纳各种食品的"匣子"。怀特海将智力教育的主要目的表述为传授知识和发展智慧，"智慧是掌握知识的方法"，涉及知识的处理、选择和运用。即学生获得"食品"固然重要，但更要习得"智慧"。进而，怀特海又将智慧与知识的获得比喻成自由和训练，"通往智慧的唯一途径是在知识面前享有绝对的自由；但是通往知识的唯一途径是在获取有条理的事实方面的训练"[①]，他认为这是教育的两个要素，教育的节奏就是对自由和训练的调节，"自由和训练，这两个原则并不对立，应该在孩子的生活中得到调节，使之适应其个性发展自然变化"[②]。

因此，自由与训练，也就是教学中发展思维能力与夯实知识都是必要的，"在一个完美的具有理想结构的教育体系中，其目的应该是使训练成为自由选择的自发的结果，自由则因为训练而得到丰富的机会"。自由与

---

① 怀特海. 教育的目的 ［M］. 庄莲平，王立中，译. 上海：文汇出版社，2012：43.
② 杜威. 儿童与课程 ［M］. 林宝山，康春枝，译. 台北：五南图书出版公司，1990：112.

训练包容在同一教学活动中，没有对问题本质的探寻，就不可能夯实知识，不面对知识的本质属性也就无从训练思维。如同我们谈到的三维目标，不是一节课中先训练知识与技能，再强调过程与方法，下课前五分钟烘托情感态度形成价值观，而是同样的教学活动已经包含着不同维度的目标指向。

2. 学科本质与学习者中心

当前课堂变革强调从"教"向"学"的转型，这一理念是有其合理性和进步性的。从广义上讲，教学过程其实也是学生在教师计划、指导下有序的学习过程的一部分。这一过程需要教师按照学生学习的心理逻辑安排课堂中的学习内容并选择合适的学习方式。然而，为响应变革的号召，当前很多学校的教学改革都强调学生的自主学习、合作学习，一味地弱化教师的讲解。有些学校甚至要求教师尽量少讲授，而让学生多讨论，教师的讲授一定要在学生的讨论之后发生，一定是对学生自主学习的总结。这些做法确实对改变根深蒂固的灌输式教学习惯有一定的作用，但这是不是理想的课堂学习样态？

从理念上讲，教师的教学是在帮助学生建构自我的知识结构。教师自身完美的演绎不等于学生就会有良好的学习效果，但打破教师演绎的完整性，就一定能保证学生学习的优质高效吗？这样的命题当然也是不合理的。课堂上可以安排大量的时间让学生自主学习、合作讨论，但前提要了解学生在学习什么，讨论什么——是不是知识的本质问题？学生建构的新知是否指向了学科观念？是否使用了学科特有的思维方式？

学科本质与学习者中心都是教师设计教学的时候应该考虑的，二者的关系如同杜威所说的，"儿童与课程仅是教育历程之两极，而在两点之间可有一条直线。有儿童目前的程度或立足点及学科中的事实及真理便可以决定教学法了"。课堂的转型是从"教为中心"向"学为中心"的转型，并非从学科中心向学生中心的转变，教学的核心是学生的学习，目的是学生核心素养的增长，但学习与增长不是空洞的，也不可以是表面肤浅的。学科本质与学习者中心不是谁决定谁的问题，也不是谁为先谁为后的问题，而只是在教学中统一起来的问题。

［原文刊载于《课程·教材·教法》2017年第9期（吕立杰　韩继伟　张晓娟）］

8 核心素养在学校课程转化的层级分析

基于学生核心素养推动课程改革已成为国际趋势，欧盟等国际组织以及世界很多国家和地区均给予其高度关注。2014年，我国颁布《教育部关于全面深化课程改革落实立德树人根本任务的意见》，将核心素养界定为"学生应具备的适应终身发展和社会发展需要的必备品格和关键能力"，学生发展核心素养体系的确立对学校办学方向的把握，对国家课程、学校课程的发展都具有引领价值。核心素养需要通过国家课程，通过学校的办学理念，转化为学校课程，转化为教师的教学理解，转化为个性化的学生发展规划。

一、核心素养与学校办学理念

（一）核心素养的特征

1. 关键性

核心素养是关键素养，是个体终身发展所需众多素养中居最关键、最核心位置的素养。核心素养非全面素养，而是应生活情境需求所不可或缺的素养。核心素养的关键性决定了其同时具有共同性与基础性。核心素养是每个人都必备的共同素养，是个体未来发展的奠基素养。核心素养的关键性不是由个体决定的，而是由整体决定的，是特定时间特定空间对于个体素养要求的集中反映。核心素养虽然是新近提出的概念，但却可以跨越千年的概念，其关键性在不同时代的表征会发生变化。例如，身体健康在农业时代是关键素养，是当时人类生存繁衍的重要素养，但是在信息时代，身体健康只能称之为基础素养，就不能称之为核心素养了。

2. 综合性

核心素养的综合性体现在两方面，一方面是静态的综合性，另一方面是动态的综合性。核心素养静态综合性是指核心素养是对学生知识、技能、情感、态度、价值观等多方面要求的综合表现。核心素养指向的不是独立知识，也不是独立能力和独立思想，而是几者的综合。核心素养不再是三维目标的肢解，而是矫正以往重知识、轻能力、忽略情感态度价值观的教育偏失，更加注重一体化、连续性培养。核心素养动态综合性是指核心素养在个体行动与情境中表现出一定的综合性。任何核心素养单体不能独立解决问题，为了达成某一目标，核心素养之间交叉综合，按照一定的逻辑顺序形成问题解决策略与解决方案。

3. 关联性

核心素养兼具个体发展与社会发展，连接个体价值与社会价值。在个体方面，核心素养的获得能够使个体更好地实现自身价值，更好地适应未来社会的发展变化。在社会方面，核心素养是社会发展的产物，同时是社会发展的基石，社会良性发展离不开个体素质的提高。核心素养体现了个体发展对自身的要求，体现了社会发展对个体的要求，其双重内涵赋予了核心素养的重要地位与重要作用。核心素养的这种关联性，对个体与社会都具有积极意义。

4. 生成性

在一段时间内，核心素养是稳定性素养，而在一段时期内，核心素养是生成性素养。核心素养的生成性包含两个方面：核心素养的累积生成性与核心素养的跃迁生成性。核心素养的累积生成性是指对于某种核心素养，其形成是阶段性的，而不是一蹴而就的，是需要不断发展与完善的，是在学生不同发展水平体现出不同发展层次的。核心素养的跃迁生成性是指应时代发展需求所要求的、以往没有的、被认识到后纳入学生发展体系的核心素养。

（二）学校办学理念体系中的学生素养

每所学校应该有自己的办学理念，办学理念是学校的教育主体——校长以及全体教师对教育的价值追求。办学理念具有独特性，是特定的教育主体对共同的教育方针个性化的理解或者对教育意义个性化的价值期待，会以特定群体特色文化的形式表现出来。人群长期稳定聚集的地方，一定会有社会结构，产生社会交往，人的社会性交往中，自然形成对人、对事的标准、惯例、价值取向，不同的学校会有不同的特色文化、不同的办学理念，它潜在并有力地支配着学校教育者的教育行为，甚至形成明确而独特的对教育意义的追求。

近些年，我国很多学校都在有意识地反思并明确提出自己的办学理念。本研究搜索了全国 20 所示范性高中的网站，分析其提供的学校发展规划。可以发现，学校在拟定自身发展方向的时候，往往存在两个层面的表述：宏观的育人目标和具体的预期的学生样态。在第一个层面中，宏观的育人目标以办学理念形式被提出来，是对理想的人的总体描述，最常见的表述方式是"全面发展""个性发展""和谐发展""多元发展"等。学校理念提出了学生培养的方向，包含了学校对学生发展独特性的价值追求。学校理念是学校育人工作的根本指导方针，是学校课程规划、校本课程开发的取向与依据。在第二个层面中，是将宏观的育人方向分解，描绘成试图通过学校教育塑造的学生品格与能力，是学校希望通过自身的教育过程获得的教育结果。从这 20 所示范高中的学校规划来看，各所学校或清晰或隐含地表述了这种诉求，只是有的学校把这种诉求直接称为要培养的学生素养，有的把这种诉求隐含在学校总体课程目标之中，有的隐含在育人目标之中，有的关注素养的内容，比如"学会关心、学会创造、领袖资质、健全人格、民族情怀、国际规范、创新能力"等，有的关注素养的品质，例如"资优""潜能""个性充分发展"等。

（三）学校追求的学生素养是个性化的核心素养

学校的办学理念承载着国家的教育方针、培养目标，也体现着学校自身发展需求与特色，学校理念是国家办学方针的特色化表现。每所学校提出的学生素养诉求应该是学校办学理念的分解，同时是学生核心素养特色化、个性化表述。也就是说，在国家提出核心素养之前，很多学校已经开始自觉地探索学生共同素养、核心素养等问题，国家核心素养的提出不是教育目标的更改，而是进一步明晰，学校提出的学生素养是在承诺依据国家教育目标，培养学生共通素养、核心素养的基础上，依据学段差异、学校特色、学生需求而提出的个性化、特色化的素养部分。

二、学生素养在学校课程转化中的角色

学校办学理念需要转化成学校的课程体系、课程内容、教学行为，美国学者古德莱德（Goodlad）因应课程的这种层级特性，将课程分为五个层次：理念课程，正式课程，领悟课程，运作课程和经验课程。[①] 此外，

---

① GOODLAD J I. Curriculum inquiry: the study of curriculum practice [M]. New York: McGraw-Hill, 1979: 58-64.

格拉特霍恩（Glatthorn）、布罗菲（Brophy J. E）、波斯纳（Posner）等课程学者也对课程的层级性有自己的划分。如果把办学理念看成是理念的课程，那么每个层级的课程间都存在课程转化的问题，学生核心素养既是课程转化的目的，也是课程转化的中介。

（一）关于课程转化

什么是课程转化（curriculum transformation），我国台湾学者黄政杰认为是指"将具有价值的抽象理念，依据教师教学与学生学习原则，逐步规划成为具体、可行的课程，以供教师有效教学、学生有效学习的过程"①。目前，课程转化有两个重要的探讨焦点，其一是多元文化论或多元教育论课程转化，其二是课程决定层级的课程转化。其中多元文化的课程转化，是指将原来不受重视、不被探讨的问题，比如民族、种族、性别、宗教等内容，引入原有的学校课程体系中，主要采取三种方式实现转化：融入（infusion）、统整（integration）与专题（specialization）。② 融入式课程转化是指将新的课程理念与内容置于原有的课程之中，渗透至课程目标、课程内容、课程文本以及课程评价之中等，从而影响学生学习；统整式课程转化是指将新的理念与现行课程连接起来，合并在一起，但是渗透性不足；专题式课程转化是指针对某种理念开辟特殊主题，让学生深入探讨，有针对性地学习。总体来讲，多元文化课程转化指称的是同一层面的课程变化，是将多元文化的课程元素渗入或加入原有的课程体系之中。层级之间的课程转化是改变课程的存在形态，并保持课程元素在每种课程形态间的内在一致性。将抽象理念转变为具体方案的历程，是将文件课程转变成教师理解与教学行为的过程，是将设计的课程转变为学生经验的课程。在实践中，课程元素在几个层级课程之间会衰减、扭曲、误读，或者扩展、丰富。

（二）学生素养在课程层级之间转化中的角色

课程在层级之间产生的变异，原因是在抽象的理念与具体的计划之间，在宏观与微观之间，在文本与操作之间存在断裂。核心素养的参入可以起到一个中介信使的作用。核心素养是教育目标的具象化、显性化和体

---

① 蔡清田，陈延兴. 国民核心素养之课程转化 [J]. 课程与教学，2013（3）：65.
② 黄政杰. 课程转化整合探究之概念架构研析 [J]. 课程与教学，2013（3）：11.

系化，借助核心素养，课程转化过程可以在两个层级课程间进行转录和翻译，这一隐喻来自生物学中基因代际遗传的启示。

如果我们把办学理念比喻成课程的基因 DNA，核心素养就是传递 DNA 的中介——信使 RNA。信使 RNA 的作用是准确无误地传递 DNA 中的遗传信息，这个传递过程包括两个步骤：一是转录，信使 RNA 把 DNA 中的信息转录成有序列的一条单链，成为一个模板；二是翻译，这个有遗传信息序列的模板携带基因信息指导蛋白质合成，或者说是在新的蛋白质合成时充当模板。转录和翻译便是中介信使 RNA 在传递基因过程中的关键方式。我们把信使 RNA 的基因传递方式作为一个隐喻，描绘核心素养在课程转化过程中的作用，就像传递基因信息的 RNA，核心素养也可以以转录与翻译的方式指导、框定课程的层级之间的衔接与转换。

在学校层面，学校对学生素养的诉求就是学校办学理念的信使 RNA，用于传达学校办学方向思路、取向，学生素养的诉求将理念中蕴含的教育目的以显性的结果的方式表达出来，并且将这些预期的结果罗列出来，清晰地描绘出来，亦即转录出来，使理念显性化、序列化；这个显性的序列携带学校对于教育的理解追求，去指导、框定包括课程教学在内的教育过程，亦即翻译，素养体系以自身的结构集合课程元素，选择其中有价值的元素与素养体系相匹配，并达成与素养的一致性。这种翻译过程既可以指导与框定学校课程规划、课程体系的制定，也可以指导与框定教师理解、领悟现行课程的内涵与意义，以及制定学生发展的个性化的指导方案。以核心素养为中介的课程层级转化过程如图 2-1 所示。

图 2-1　以核心素养为中介的课程层级转化过程

三、学校层面课程转化的三个层级

（一）意向—计划的转化，基于学生素养的学校课程结构

第一个转化是从办学理念到学校课程计划的转化，是从教育理念、育人意向向系统、条理的学校课程体系转化，转化之后要获得的是学校规划的课程结构，也是学校课程图谱。从学生发展素养出发，围绕学生素养的

结构，规划学校的课程结构，这是一个逻辑的思路，是将理念分解为具体实现路径的思路，是让教育手段体现学校办学意图的思路。尽管学校在建立课程体系的时候，会考虑高考的要求，考虑学生申请国外大学的要求，会借助学校传统的仪式、活动课程，但是这些需求应融入学校课程结构主体思路中，从学校教育根本使命出发，从学校教育的价值诉求出发构建课程。高中课程改革至今已经有十余年的时间，很多高中学校都做了努力，开设了很多校本课程，也形成了完整的学校课程计划，但是一些学校在规划学校课程的时候，存在一些问题。

1. 按照课程的现实功能规划课程

很多学校的课程体系是按照现实功能或者课程来源堆砌在一起。例如某校课程体系分为基础课程、拓展课程、德育课程、特长发展课程、大学先修课程，其中基础课程是国家必修课程，拓展课程是围绕高考的选修及强化延伸部分，德育课程是传统的仪式教育以及新开设的生涯规划教育、劳动教育等，特长发展针对艺术体育特长以及竞赛、社团活动等，大学先修课程指为申请国外大学而预修学分的课程。从课程开设的门类来看，内容较为丰富，会对学生全面、特色的发展产生意义，但是这种课程归类与学校办学理念缺乏一贯的思路，看不到学校办学理念如何落实，对学生素养的诉求如何通过教育的途径实现。

2. 按照课程的管理层级规划课程

有的学校的课程是按照国家课程、地方课程、学校课程的层级划分的，或者归为国家课程、地方及学校课程，这种划分能看出学校为课程开发所做的工作，但是还是不能用结构化的方式表明开设课程的思路，预期的功能，为什么要开设这么多的校本课程，是要培养学生的什么知识与能力，哪些课程是为什么类型学生开设等。

3. 根据工作分工规划课程

还有的学校按照校内工作管理的体系规划课程体系，比如将课程划分为国家课程、德育课程、社团课程、教师课程，其中教师课程指的是为学校教师专业发展开设的培训课程。这个课程体系是按照学校管理中的教学管理、德育管理、社团管理、教师管理几个部门的工作划分课程类型，虽然便于与管理者的工作对应，但是课程本身的价值指向不清楚。这个课程计划的问题是：一方面，教师课程不适合纳入学校课程计划中，学校课程计划是学校办学理念、培养目标的实现途径，学校的教育主体是教师、校长，学校的教育对象是学生，课程体系是针对教育对象——学生的发展而言的，所以教师课程应在学校规划中另行安排；另一方面，其他三类课程也会有内容重复的问题。

学校课程规划既要结合现有的课程基础，也要思考办学理念、育人目标的要求，将已经开设并有很好基础的课程融入办学思路的体系中。"运用更系统且能永续的转化型方式尤其重要，那是能将学习经验和课程目标改变的方式"①。因此这个课程体系应该是结构化的，以对学生素养的诉求作为构划课程体系的依据，以学生素养体系作为模板，去集合、整理学校课程结构。本研究认为，至少可以从两个维度来整理、建构学校课程结构。一是旨在达成核心素养的学习的领域。在国家高中课程八个领域的基础上，依据学校诉求的学生素养体系，形成共通加特色的课程内容领域，比如人文素养、科学素养、艺术素养等共通素养，加上生存能力、领导能力等学校特色类课程。此外，学校课程结构还要考虑一个维度，就是课程类型，比如，按照知识、能力的分类与融合的程度分类——延展课程、拓展课程、整合课程、探究体验课程、自主课程。素养尤其是基本素养、核心素养是整合了知识、技能、态度等之后的品格与能力，课程类型不同，素养培养的功能也不同，综合的知识体系，融合了知识、技能、态度的经验能更直接地促成素养的产生。这两个二维可以用二维图表的形式展现出来。这个课程体系在纵向维度上阐明课程指向的学生素养内容类型，在横向维度上，并不截然区分国家课程与校本课程，基础课程中也会有国家课程校本化处理的内容。但是，从左向右学校自主开发的含量逐级递增，同时课程实现的方式逐渐开放、综合，当然有些综合一定是跨内容领域的综合。学校所有的课程划归这样的结构中，有利于学校的教育主体反思自己提供给学生的课程营养是否均衡，是否反映了自己办学的意图，以便改善偏差，增补缺失。同时，对每一个想要了解学校的相关人员，提供一个清晰的课程地图，表明学校课程依据什么，沿着路径，可以培养学生什么素养。

（二）文本—经验的转化，指向学生素养的教学理解

学生的学习是将文本的课程转化成经验课程的过程，这一过程需要教师的引导、教导与帮助。教师对教学的设计就是思考怎样基于学生已有的经验，将物化的文本课程转化成学生经验，这个设计过程包含教师对文本

---

① 黄政杰. 课程转化整合探究之概念架构研析［J］. 课程与教学，2013（3）：11.

课程的领悟，以及教师对领悟课程的执行。

近些年，我国的课堂教学发生了很大变化，出现了一些新的改革模式，但是，仍然存在一些问题。比如，一些教师习惯基于已有的教学经验，或仅根据考纲的要求，将课程内容精简为几个知识点、几个定理的推导、几条规则的应用等，没有触及知识点背后的学科思想、学科方法与内容相关的广泛的社会意义等。即便是一些课堂在教学形式、教学方式上都做了变革更新，但教师对课程内容本身价值的领悟没有变化，这样，一些看似变革的课堂，学生经验的改变依然有很大局限。再如，学生导学案的使用增加了学生学习的目的性、自主性，学生依此预习，在课堂上自主练习，小组探讨，展示发表，但是我们分析导学案的内容，发现一些所谓的导学案就是提前发给学生的练习题，如预习阶段掌握的定理，课堂小组研讨完成的习题，演示发表需要得出的结论等。随着学校标准化建设的落实，学校多媒体设备越来越先进，信息技术被更加广泛地应用，但一些信息技术使用的目的还是为了学生记忆，再现文本课程中已经呈现的知识、定理、规律等。没有恰当的教学方法、教学手段，教学内容无法实现教学目的，学生对问题的理解是不深刻的，如果教师对课程文本的理解窄化，即使使用符合学生学习特征的方法，同样不能实现教学目标。所以，教师在进行领悟、设计、实施的过程中，需要思考，教师基于课程文本，但目的不是指向课程文本，而是指向学生素养，课程文本只是实现学生素养的工具，工具如何使用，有待教师开发。

以教学的目标——学生素养为教学设计的思路模板，需要挖掘课程文本中的育人潜能。素养作为人的品格与能力具有综合性，素养在学生与环境的交互作用中形成，指向学生素养的课程应具有体验性、综合性，需要教师尽量调动学生的全面能力，在学生的体验中将课程从文本形态转化成学生的经验形态。形成学生素养，不仅要在文本课程中分析出学生需要学习的知识内容与知识内容的梯度，还需要分析课程内容可能给学生带来的多维度、多层次经验增长的可能性，并与预期的学生素养模板相匹配。施瓦布将课程中蕴含的可能性称为课程潜能，即"蕴含在学科内容之中，有助于学生成长发展可能的课程"[①]。挖掘、领悟课程潜能是教学设计的前提，只有挖掘课程元素，才可能集合有价值的课程元素，指向学生素养的

---

① SCHWAB J J. The practical 3: translation into curriculum [J]. School Review，1973 (81)：501-522.

培养。教师的教学设计常常是从教材分析开始的。

在教学设计中，教师需要挖掘、组织课程潜能。美国学者本布雷茨[①]认为，和课程设计者从单一视角解释学科内容相比，多个群体从多个视角解释学科内容可以揭示出更多的有用信息。教师作为"使用开发者"，应承担部分课程开发的责任。教师在课程实施中拥有一定的自主权，因此本布雷茨主张，在课程实施过程中，教师不应该只做课程的忠实执行者，他们的作用在于改编课程，使之适应实际的教学情境。她并不赞成教师参与到由施瓦布倡导的实践模式的课程开发中，认为教师不应该脱离课程目标进行独立的课程开发。原因在于这种参与忽视了教师的研究水平、时间与精力。教师对课程的话语权不体现在课程设计环节，而是体现在课程执行和教学设计过程中。通过分析和阐释课程内容的不同用途，教师发现课程潜力，在规定课程中渗透自己的见解和主张。怎样挖掘课程潜能，学者邓宗怡根据课程本文内容的特征，提出了阐释课程潜能的四个线索，分别是探究线索、社会文化线索、心理—认识论线索和教育转化线索[②]。在探究线索下，教师应该澄清课程内容中蕴含的主旨和主题是什么，每个主旨下的核心观念是什么，这些观念如何与其他内容的主旨相联系，有没有其他值得探究的相关的主题；在社会文化线索下，教师要思考的问题是，课程内容中蕴含的主题和观念对学生、社会和世界有什么意义，这些主题如何在不同的社会文化背景下发生，讨论这些主题时，可以采用哪些不同的观点，探讨这些主题能培养怎样的批判精神，能培养什么样的态度和价值观；心理—认识论线索提示教师应该思考，当学生学习这些主题和概念前需要具备什么知识和技能，课程内容中的主题和概念与学生对其他科目的学习或其他课程的体验有什么关联，关于要学习的主题和概念，学生已经知道了什么，怎样让学生利用已有的知识和经历进行新的学习；教育转化关注的问题是哪些教和学的活动能开阔学生视野，为他们提供解决问题、独立学习、跨学科学习和培养批判思维的机会，可以利用什么资源和工具达到教育目的，如何利用评价来促进教学等。这四条线索是教师分析、挖掘课程潜能的思维框架。

运用这些思维框架分析课程潜能可以给教师多层次、多维度分析、思考课程元素的工具。不同学科，甚至不同教学风格的教师都可能有自己的

① BEN-PERETZ M. The concept of curriculum potential [J]. Curriculum Theory Network，1975（2）：151-159.

② DENG Z. Revisiting curriculum potential [J]. Curriculum Inquiry，2011（3）：538-559.

分析课程的路径。但是，教师分析课程的时候，需要有一个共同的目的性指向，就是通过自己的教学要培养的学生素养，学生素养体系在教学设计层面未必能一一对应教学内容与方法，但作为一种目的性指向，它可以帮助教师摆脱窄化课程内容、简化处理教学方式的习惯。

（三）共通—个性的转化，基于学生素养的学生发展规划

核心素养是学生素养中最关键的部分，学校提出的对学生素养的诉求，是学校希望每个学生都应拥有的素养。但这些共通素养不等于每个学生都获得均等水平的素养，同一素养，不同的学生也会有不同的实现途径。学校课程价值还在于将共通素养转化成适应学生特征与需求的个体素养体系，即共通素养转化成个性化的素养体系。可以关注如下问题：

1. 落实课程的选择性

新课程改革中，高中课程在文理分科的基础上增加了选修模块，以适应不同学生对课程的不同需求。高考制度在调整后，不再分文理科，对于高中学生来讲原则上可以自由组合自己学习的科目，对学生素养倾向性的关照又深入了一步。但是，相比其他国家以及地区的高中课程，我国的应用性课程较少。我国香港地区的新学制课程中，除了传统的科目，如化学、历史等，为了配合不同学生的需要，增加了应用学习课程，包括以下六个学习范畴：创意学习，媒体及传意，商业、管理及法律，服务，应用科学，工程及生产。我国内地的高中学校可以以校本课程的形式为学生提供该类课程。对于高中学生来说，使每个人有不同的课程菜单是满足学生素养倾向性的主要途径，同时即便是相同的素养，不同的学生也可以通过不同的课程达成。

2. 分层次教学

分层次教学不仅仅是指将学生按照学习的水平能力分成班级或小组，施以不同的教学内容，还可以采取的策略是，在教学中针对学生的认知倾向、兴趣特征、经验特征，对同一内容提供不同的表征方式、教学活动形式。可以调整学习任务的顺序、调整学习步调和时间；根据不同科目或不同内容变换学生小组成员；要求、引导学生用多样化方式表达学习、研究的成果；给某部分学生更多的称赞，对不同的学生给予不同的奖励；等等。

3. 提供学生支援系统

随着高中教育的普及，高中教育的功能与特征将会发生变化，会更加

强调教育过程的公平性。社会学家罗尔斯著名的社会公平三原则强调①，在以平等作为第一原则的基础上，同时强调对差异的尊重、对短缺的补偿。高中教育的发展除了关注学生素养类型的差异，还要关注学生素养水平的差异，对于学业困难、发展障碍的学生给予个别化的支援。在我国现有的学校制度中缺少个别课堂这一类型，也缺少特殊指导教师的体制，这种体制的建立需要学校在教师数量及专业性资源丰富的基础上，在师资结构、教学管理上做出相应的调整。

从意向到计划，从文本到经验，从共通到个别，这三种课程转化是三个课程层级的转化。每一层级的转化都可以以学生核心素养为中介模板，去规划、框定众多的课程元素，使新的课程形态的创建过程更具方向性。这个模板使课程层级之间的落差不再是简单的衰减的态势。

[原文刊载于《课程·教材·教法》2016年第11期（吕立杰　李刚）]

---

① 罗尔斯. 正义论 [M]. 何怀宏，何包钢，廖申白，译. 北京：中国社会科学出版社，2009：50-57.

第三专题

课程实施与监测

9　情境教学和小组讨论
——新课程背景下教学策略的观察与思考

在新课程引领下，很多教师对教育的意义做出反思，并在自己的课堂教学中积极践行。作为变革的主体与同盟军，实验教师个性化的尝试为我们对课程实施的研究提供了很好的案例。下面，我们就课改背景下的新课堂教学中的两个常见的"不证自明"的教学现象进行剖析、反思、讨论。

一、情境教学

什么是情境学习？情境学习理论在西方出现于 20 世纪 80 年代以后，其背景是认知心理学及革命式的知识观。这种理论认为：知识是具有情境性的，知识是活动、背景和文化产品的一部分，知识正是在活动中，在其丰富的情境中不断被运用发展的。知识的获得就是个体与环境交互过程中建构的一种交互状态，不是事实。情境学习与传统的学习方式的不同功能在于：1. 促进迁移。情境认知能意识到思维中的疑难困境及产生背景，并能揭示真实的生活情境在学习中的内在意义，而传统学习中的知识背景是简化的或者是理想化的，一般在现实生活中无法兑现。学生对于脱离情境的知识的理解仅仅限于字面上，只懂得用它解决课堂上或是试卷中的问题。2. 真实的理解。传统学习中人为的、简化的"情境"是为固定的认知路径而设计的。这一路径是课程编制者与教师预设的，而且常常被认为是天经地义的、有效的、有序的、科学的，而心理学家的研究表明，在日常环境中人们倾向于采用实用的策略，如：个人在采购食品杂货时，他们基本上是通过杂货店的环境和购货活动建构自己的策略，而不是使问题适应策略。他们将心算、近似值以及物理环境的特征联系起来，以便做出决策。① 3. 主体性的建构。置身情境中的学生很容易产生探究的愿望、解决问题的热情与责任感，这些学习的动力资源促使学生主动寻找、证明、评

---

① 高文. 情境认知中情境与内容的作用：试论情境认知的理论基础与学习环境的设计之一 [J]. 外国教育资料，1997（4）.

价甚至开发信息要素，自主建构认知的路径，这种路径是个性化的、独特的。

【课堂观察实录片段1】小学一年级数学课

授课内容：两位数不进位、不退位加减法

师：同学们，你们了解我们的学校吗？知道我们的学校有多少个班吗？［出示幻灯片（学校全景照片）］

（学生惊讶、议论）

师：看我们的学校多美呀！（板书：一年级6个班；二年级8个班；三年级8个班；四……）谁能告诉老师学校一共有多少个班级？

（一位学生在座位上脱口而出：查窗户。教师未予理睬。开始示意学生举手回答）

……………

（列式、计算）

师：你们知道我们一共有多少位老师吗？（出示照片）

（生惊讶）

师：这是去年教师节我们学校全体教师的合影，同学们先估算一下。

生：（七嘴八舌地）150人、200人、300人……

师：我们如何计算教师人数呢？

一位男生：知道每个班有多少位老师，加在一起就行。

师：这个办法恐怕不行。（板书：数学女教师18人，男教师20人；语文女教师38人，男教师10人）（给出表格：其他科目教师人数）

……………

（与学生共同列出复杂加法并计算）

【课堂观察实录片段2】小学二年级数学课

授课内容：认识钱币

（幻灯片上展示一幅情境图：一个男孩手拿一张纸币与超市收银员对话，身后是一个排队等候的小女孩，手里拿着各种面值的零钱）

师：小明要买一支铅笔，但是收银员阿姨零钱不够，怎么办？

生：去银行换！

师：（示意学生看图片）请大家注意，小明后面的玲玲拿着很多零钱。

……………

在案例中，两位教师都采用了情境教学的策略，两位教师都试图摆脱传统数学教学的讲公式—背公式—练公式的模式，他们都想把数学原理与学生的生活联系起来，都想使数学课堂变得轻松、活泼。通过考查教师备课、授课、课后反思等课程实施过程，我们可以看到他们都做到了对文本课程的再设计，而且可以推断，这两位老师已建立了"教师课程"概念，开始尝试超越过去的"教材的有声翻版"这一角色，试图去建构一个活生生的课堂。另外，他们对情境的选择是非常恰当的，一方面能与数学内容联系起来，另一方面又是在学生真实的、熟悉的生活中进行选择的。由于学生感到亲切，参与性、注意的持久性都超出了传统课堂，这些改变都是我们的课程改革所希望看到的，然而当我们把"情境教学"作为一个有意义的概念，而不仅是一个名称去审视、反思的时候，我们认为案例中的教师对情境的诠释是需要讨论、提示的。

情境教学中，学生作为一个意识的主体置身其中，他们为问题的解决设计方案，寻找有意义的信息，并对信息进行分析、筛选与组织，直到问题的解决。这一过程应是一个开放的过程，个体的意义建构与情境中的信息不断反馈、交流，问题解决的工具、信息要素、方式、思维路径等也都是个性化的。因此，情境教学中应该有几个关键点：学习者寻找、筛选信息要素，学习者自己提取已有的知识信息，学习者自己建构解决问题的策略。在案例1中教师为了创设情境做了很多准备，以"了解我们的学校"作为情境问题，的确是很好的创意，了解学校处在学生能力的"最近发展区"之内，所以很容易激起学生思考与行动的热情，学生很快走入情境，然而当教师提出问题后，却直接给出了各项解决问题的充分、必要条件（如案例1中各科教师的人数，案例2中自然出现的拿着零钱的小女孩），这样一来，学生的思维轨道中又重新导入了既定的信息，学生的思维与设计的情境失去了依存关系。我们可不可以由此推断，在教学实践中，很多教师对情境教学的理解似乎就是把固定的解题思路编进故事中，体现"新"就是渲染编辑好的情节，而解题的过程是不可改变的，那是数学课的"本职"。尽管这两位教师为了情境做了认真的准备，如制作幻灯片、大照片、挂图等声像制品，但我们看到的教学过程，似乎就是教师引领学生解一道大应用题。我们当然不能否认这些精心打造的"情境"要素在吸引小学低年级学生注意力方面的重要意义，但我们在情境中预期的不应该仅仅如此。以案例1为例，我们设想，如果教师布置了情境问题后，利用适当的时间，让学生以小组为单位亲自去调查学校，可以去校长那里询问数据，可以一个楼层一个楼层地数班级，甚至可以一个教研室一个教研室地数教师人数，那么在课堂上不仅可以有多种解题方案，而且学生可以认识到数学，至少是加法的意义……我们认为这种体验会使理解更深刻，更易于知识迁移。

应该提到，我国 20 世纪 80 年代也出现过影响全国的情境教学模式。这种情境教学主要是针对语文教学创设的，通过模拟课文中的情境，营造气氛，去体验文章作者的感受。应该说这一模式在人文学科教学中的作用是得天独厚的，但是很显然数学等其他自然科学的教学不能把情境定位在营造气氛、体验情绪上。我国目前有很多有关教学论的著作也把"创设问题情境"作为一个教学策略来提，但是的问题情境仅指教师举一个相关的、吸引人的例子，而且一般都在导课的环节中，这种情境与上面提到的也并非同一概念，因为这种"问题"不在于求解，而在于"造势"，它不能支持新知识认知过程的思考。对此，在新课程背景下，在课程实施方式、学习方式的变革中，如何真正让学生体验数学的价值，或许 20 世纪 80 年代以来的西方情境学习理论值得我们品味和借鉴。

二、小组讨论

单从概念上讲，讨论是一种很好的学习、探求的方式。如果追根溯源，古代的教学形式就是研讨，比如中国孔子的对问式，古希腊苏格拉底的产婆术。还有岳麓书院、雅典的柏拉图学园等，不仅以其独到的研讨风气闻名于世，也为人类留下了宝贵的文化思想财富。的确，讨论可以超越文本的界限去澄清一种认识，整理自己的思路，集大家的智慧作为自己继续思考的起点和支柱。当人类的教育制度转型为班级授课制后，教育的社会功效显著提高，而提高的原因就是教学形式改变了共同讨论的缓慢节奏，教师以系统的、预设的程序施教。这一转型不仅根植于社会对人才数量、个体知识占有量增加的要求，还在于人们共同默认了人类文化的成熟性、共有性，然而文化继承对于个体而言不能像生理机能一样直接遗传，对既有知识的学习同人类文明早期的探寻一样是艰辛的，是主体的认识不断自我否定的发展过程。因此，当班级授课制盛行二百年后，十九世纪末二十世纪初的欧美，人们在学校里做出改革，比如道尔顿制、文纳特卡制、开放学校等都是试图把一个班级整体拆成若干小组，让学生以探讨的方式学习。当然今天的教育制度、课程内容已经不可能允许教学形式完全复演古代模式，但是这种人类自发产生的教学形式可以作为一种思想有机地融入今天的教学中。

【课堂观察实录】某小学三年级某班数学课

授课内容：面积与周长的练习活动课

师：（与学生共同做了几道巩固练习后）下面我们要进行小组讨论，大家拿出纸片，前后桌 4 个人为一组，我们讨论一下"16 个正方形最多可以拼成几种长方形"。

（有 30% 的学生先表现出迟疑，但很快开始拿出准备好的若干正方形纸片；有 40% 的学生未与他人讨论，自己操作；有 10% 的学生漠不关心、溜号；有 20% 的学生虽有讨论，但未具体申明自己的原因，仍坚持自己的观点）

教师快速巡视前排两组，然后回到讲台整理好下一环节的教具，两分钟后示意结束讨论，请学生举手回答问题（代表自己而不是小组）。

上面所举的例子在现实教学中是常见的，尤其在公开课中，已是教师教学设计的必要环节。我们批判传统教学以教师讲授为主，学生的思维完全受教师牵制，兴趣、奇思异想、创造力在这种教学体制中被磨蚀，课程实施不是体验与感受的过程，而是传导知识的过程，教师关心的是学生有没有关心这些知识，以及接受知识的能力，对于教师自己，重要的是有没有系统地展示知识内容，有没有威力让几十个不安分的学生安静地关注知识。新课程中的教学就在于归还学生在教学中的主体地位。因此，增加学生的课堂发言次数、安排课堂讨论，成为很多教师的首选策略。在这样的教学设计中我们可以感受到教师的确试图在改变自己的讲授习惯，并通过增加学生之间课堂交往来获得多元的教学价值，但是当我们以课堂讨论的理论本质作为出发点去观察现实中的教学存在时，同样感到在这些常见的教学现象中，有一些值得我们厘清的认识。以教师为绝对主体的课堂最明显的标志就是教师一言堂，很容易推导出给学生时间就是改变教学模式的重要标志，然而主体地位与话语数量并非一对绝对相等的概念，其原因在于课堂讨论存在的前提是给学生自主思考、相互交流的机会，而不仅仅在于时间量的简单占有。正如我们观察到的，在案例中大部分的讨论小组并没有出现思想火花的碰撞、激烈的争辩，甚至有的学生还有些许倦怠、懒散。对整个教学过程而言，讨论并没有影响教师思路的走向，或者说它仅起到完成教师既定思路的辅助作用。

小组讨论是在现存教学体制下对学习者认识品质的顺应与尊重。它以承认学生的主体性为前提，学生以主体的地位、主体的身份进入讨论，讨论中消解各自的主体，最后获得个性化、主体化的认识。表面上，案例中教师并没有干涉任何一组的讨论，然而学生确确实实是因为丧失了主体地位而漠视讨论。首先，我们需要辨认的是学生是如何进入讨论的。在观察中讨论的环节是教师设计好的，在教学展开之前，教师已经"预知"了学生的认识有分歧的地方，而且他（她）教授的各个班级的学生都必须在这个地方有疑惑、分歧，所以在课堂上有的学生还没弄明白怎么回事，就开始"讨论"。其次，明确讨论的问题是否值得争议（例题是书上的，结论是现成的，你有别的答案，那是因为你错了）。讨论既然是一种交流，那它就应该是自发产生的，在充分尊重学生思维的课堂上，教师根据学生的行为、态度即时判断，自然产生，它可能在一堂课中出现多次，也可能一次都不出现；可能是讨论课程内容，也可能是讨论某个学生提出的怪诞问题；可能是大家共同澄清了认识，也可能是最后离题千里，没有结果……小组讨论不是服务于教学形式的丰富与多样化，它本身就是一种形式，要服务于我们的教学目的。

三、对新课程实施的思考

本次课程改革是一次全方位的改革，从课程管理模式到课程开发的过程，从课程目标到课程内容，从多元的课程结构到课程实施的形式，这种变革正有力地撼动着人们（首先并主要是教师）根深蒂固的传统教育观。通过新旧课程的对比，我们从教师的行为中看到他们已认同了新课程的意义，并在试图改变自己原有的职业习惯。然而如同任何一项改革的实施都是一项艰苦的历程一样，课程改革的实施也需要我们不断地检视、反思。

1. 课程变革首先是一场深刻的教育观的变革，不经历一次思想的震荡，对新课程只能是形而上学、庸俗化的理解。在实践中潜伏着这样的一些想法：（1）新课程的教学一定要改变形式，变换花样与丰富教学设计。为此，老师们做了大量的努力，如将题中的情景用幻灯片展示，增加提问的次数等。这种改革最后只能演变成两种"课型"，作秀课——以备公开课之用，传统课——日常的教学。教学设计的内容仍然指向知识的系统性与教师的权威性，形式的变化也仅仅是为了给受到批判的传统教学穿上华丽的外衣。形式的变革是必要的，但形式与内容永远是一对不可分割的范畴，形式是为内容服务的。（2）一堂课中全部体现新理念。这种想法也使教师在课堂上"疲于奔命"，一会儿在训练解决问题，一会儿在培养情感态度，一会儿在促进交往……我们认为，课程目标是一个历时态的概念的同时态表达，也就是课程目标是学生整个学习历程最终应该实现的趋向，并把这些所有的趋向同时分类表述出来。在一堂课中按图索骥，寻找所有理念，无异于截流取波，是认识上的僵化。

2. 教师教育生命的张扬、焕发与学生主体的实现，看似相悖，其实前者是后者的前提。课堂上教师、学生是一对相互对应、互为因果的概念，难以分清究竟谁更加"等而上之"。传统教学中教师的绝对中心，我们已无数次地指出它的弊病；而一百多年来，世界上所有有生命力的教育改革都无法取消、轻视教师在课堂上的作用。教师、学生在课堂上的权利应形成一种微妙的平衡，对教师而言，这个平衡的掌握远比做一个至高无上的课堂指挥官难。它需要深厚的学养的积淀、真实的教育责任感、持久的热情以及审时度势的教育机智。

3. 观念的突变性与行为的渐变性是变革的特征。新课程实施后，教师表现出的观念上的认同与行为的滞后是一个较普遍的悖谬现象。这正是：感知的事物未必理解，只有理解的才会深刻感知。已有的教学行为如同生活习惯一样缓慢形成、逐渐改变，或者说教学本身就是教师的职业生活，无法刻意伪装，教学行为就是他（她）所有教育素质的自然表露，教师真实的教育角色不可能瞬间脱胎换骨，他要在每天的体验中回味、反思、感悟，再以自己独到的个性化的教育方式表达出来。"变革是一个过程，而不是一个事件"[1]。因此，对新课程实施中的误区，我们既要认真研究，注意克服，又不能因噎废食。

[原文刊载于《教育发展研究》2002 年第 10 期（吕立杰　马云鹏）]

---

[1]　FULLAN M. The meaning of education change ［M］. New York：Teachers College Press，1982：41.

10 变易学习理论视角下"我的邻里关系"主题单元设计研究

本研究选择《品德与社会》中的"我的邻里关系"这一话题，以变易学习理论为教学设计的框架，以学生的审视角度、认知层面等作为切入手段，帮助学生透视社会生活的复杂性，使其学会从不同角度审视人际交往中的矛盾，从多角度思考怎样处事，学会从容、健康、愉快地生活。

《品德与社会》是新课程体系中的一门综合课程，在义务教育阶段的 3～6 年级开设。《品德与社会》以儿童的社会生活为基础，以家庭、学校、家乡（社区）、祖国、世界为线索，逐渐展开他们生活的不同领域，帮助儿童理解这些领域中的社会环境、社会活动、社会关系等主要因素，促进学生形成良好品德，学会生活，学会在社会中生活。《品德与社会》的教材设计以主题单元的形式呈现，每个主题单元一个核心话题。

在很多版本的教材中，都把"我的邻里关系"这样的话题作为儿童走出家庭、学校，认识社会的第一个问题。平时邻里之间发生的各种事情都会在儿童心灵上留下不同的情感体验，这些体验直接影响到他们对人际的看法和促成他们道德观的形成。积极的邻里关系有利于儿童建立健康的人生观，而邻里关系中出现的多样琐碎的问题，如果加以正确的引导，也有利于培养儿童解决生活中实际问题的能力。目前我们看到很多教学设计把这一主题单元的理念定位为"远亲不如近邻"，可现实生活中表现在邻里关系中的人际关系要复杂得多。除了帮助、关怀，还有宽容、理解，对公共利益的尊重、对法律权利的维护等。简单的价值灌输并不能引导儿童认识生活的多面性。如何在主题单元的活动中透过邻里关系的故事，透视社会生活的复杂性，让学生学会从不同角度审视人际交往中的矛盾，从多角度思考怎样处事，学会从容、健康、愉快地生活，如何引导学生学会观察、理解社会，学会解决生活中纷纷扰扰的问题，是《品德与社会》课应该着重解决的问题。课程设计的目的就是通过设计主题单元，回避简单、表面的价值灌输，提高学生的认知品质，实现课程目标。课题组拟定借助变易学习理论作为主题单元设计的框架依据。

一、一种理论的启示

变易学习理论（theory of variation）是由瑞典哥德堡大学学者马顿（Ference Marton）所领导的一个研究小组提出的，他们发展了一种名为"现象图式学"（phenomenography）的研究理论，主要探索及描述人们对于世界上的某个特定现象或属性如何做出理解、体验和思考。他们认为，学习是"一种个体与世界的内在的关系"[①]。学校的教学目的是为学生如何面对不断复杂化的未来社会做准备，这样学习的最重要形式是使学生能够以不同的方式看待某个学习对象。马顿进一步指出，学习意味着发展学生看待事物（对象）的一种方式，而这种方式的建立是基于学习对象关键特点（critical aspects）的分辨（discernment）及对这些特点的同时聚焦。正是由变易，我们能够体验与分辨学习对象的关键方面。当不同的变易出现在同一时段时，它们使学习者认识到学习对象的本质与特征。变易学习理论相信，学生作为学习者，只有与学习内容直接接触，才能取得对事物的直观和深刻的认识。教师的角色在于作为学生学习的引导者，指引学生去辨识事物的关键特性和本质。

事实上这种在变化的环境中认识事物不变属性的教学方式在我国由来已久，比如在数学学习领域中的变式教学，与这种变易学习理论在功能、宗旨上是一致的。香港教育学院根据马顿的理论在国语、英语和常识等学科中进行了应用和尝试。他们运用变易学习理论作为指导教学设计的工具，以照顾学生个别差异为宗旨，了解学生在学习上出现困难的关键属性，鉴别学生在理解上有什么差异，然后运用适当的变易图式，设计学习经验来帮助学生聚集于关键属性，达到正确理解学习内容。基于变易学习理论，香港教育学院的研究发展出三个不同层面的变易[②]。

第一层面的变易："学生对学习内容的理解的变易"。它强调教师必须从学生的不同理解出发，找出学生学习难点，并以此作为教学设计的依据。

第二层面的变易："教师处理学习内容上的变易"。不同教师对同样学习内容会有不同的处理方式，分享这些不同的方式，也可以带来教学设计

① 卢敏玲，庞永欣，植佩敏. 课堂学习研究：如何照顾学生个别差异 [M]. 李树英，郭永贤，译. 北京：教育科学出版社，2006：10.
② 卢敏玲，庞永欣，植佩敏. 课堂学习研究：如何照顾学生个别差异 [M]. 李树英，郭永贤，译. 北京：教育科学出版社，2006：27.

的变易。

第三层面的变易："利用适切的变易作为指导学习设计的工具"。针对学习内容思考，应聚焦于事物的哪些属性，哪些属性应同步进行变易，哪些属性应保持不变，以达到学生对问题的深入理解。

邻里关系作为社会人际关系的一个缩影，对儿童来讲是一个复杂问题，聚焦问题的关键点，多角度、多层面地理解、评价，处理关键事件的关键点，是帮助他们提高理解能力，增加教学有效性的途径。因此，教学设计的关键是基于学生对问题的现有理解，尽量挖掘不同的审视角度，帮助学生提高对事物认知的品质，进而培养处理问题的能力和建构健康的道德观。

二、变易学习理论指导下的主题单元设计与实施

通过课前调查，我们发现很多同学都经历过"楼上发水，楼下遭殃"这样的邻里矛盾，课题组拟订以"漏水事件"作为剖析邻里关系的切入故事，采取学生表演情景剧的形式，在学生的活动、体验中切入问题。任课老师进行教学设计，课题组通过课堂观察，发现教学设计以及学生的表现存在如下的问题：

第一，学生表演活动贯穿了整个课堂，几乎看不到学生对问题的总结与评论。

第二，学生对事件的理解比较简单，情景剧表演表达出的信息重复。

第三，教师的引导局限于结课时一元化道德规则的总结，依然是"不假思索"地进行价值观灌输。

基于此，课题组决定用变易学习理论在第一节课的基础上重新设计课程，但起点还是处理问题的方式，一是因为学生比较熟悉，有生活体验，二是因为从处理问题的方式可以反映出学生对邻里关系的价值取向。通过不同处理方式的对比，让学生体验如何自己建构一种健康快乐的生活方式。变易学习理论指导下的"我的邻里关系"主题单元课程设计对原课程设计做了如下调整：对"情节"进行一些变易处理，通过不同处理方式的对比，让学生体验如何建构一种健康快乐的生活方式。

（一）学习内容的选择和变易空间的营造

学生表演的情景剧需要一定的情节规定，以此作为引领学生思考的话题。课题组设计了三个主题，也就是三种处理的可能性："胜利者胜利了

吗?""公平解决""我很抱歉",让同学们在同一时空中体会对同一事件采取不同处理方式的原因和结果。(见表 3 - 1)

表 3 - 1

	矛盾事件	事件后的生活状态	学生思考讨论的问题
1	李家妈妈在自己家被楼上温家淹了之后,上门去吵得很凶,声明一定要得到大额赔偿,温家哥哥道歉并说可以帮李家收拾一下,李家妈妈不依不饶,后来又找来很多亲戚逼迫温家。温家最后没有办法,按照李家的要求做了赔偿,但心里很不舒服	平时温家和李家的人总是能在小区里碰面,这让人很尴尬。两家的孩子也按照家长的要求互相不说话。两家人都生活在敌意中,彼此心情都不好	"胜利者胜利了吗?"如何营造自己的健康快乐生活
2	楼上李家的孩子由于着急看电视,在洗水果后就草草地把已经有点漏水的水龙头用布包上了。楼下王家的儿子进厨房的时候发现楼上漏水了,就去楼上找李家人。李家的孩子经人家提醒进厨房发现水龙头没关,马上关上,并撒谎说水龙头根本没开。王家经调查后发现确实是李家漏的水,但鉴于李家不承认,他们就找来物业公司和相关部门来处理此事。后来在证据面前李家承认了自己的错误并做了适当的赔偿	"公平解决"使生活正常进行	学会维护自己的正当权利
3	李家兄弟发现自己家的房间被水浸湿了,去楼上王家敲门寻找问题的原因。王家经查看,知道是自己家人的疏忽给李家造成了麻烦,急忙道歉,并到李家查看情况,帮助收拾残局,主动提出赔偿。李家认为自己没有什么大的损失,两家和解	王家感到很抱歉。后来两家成了非常好的邻居,互相帮助,相处非常融洽	邻里之间还是应该互相理解,互相包容,和睦相处

(二) 讨论中对学习内容关键特征的聚焦

同学们通过讨论,从每个情景剧中总结出自己在邻里关系中的处事原则,这个原则要有利于构建健康快乐的生活。但在不同的事件当中,这些原则是不同的，需要老师因势利导，这一过程通过四个环节进行：

第一环节，教师从上节课的实践引出处理矛盾的态度问题，进一步提出令学生深入思考的问题，让他们在心理上产生认识和道德上的冲突。基于第一次实践课中学生解决问题态度比较蛮横的现状，教师让学生谈谈生活中有没有冷静心平气和解决邻里关系的事例。然后用几个问题引发学生思考：其实人们在生活中很多时候处理问题都是心平气和的，为什么会是这样呢？我们也看到过过激的解决问题的方式，但那样做的后果是什么呢？如果矛盾双方就某个问题得不到和解，你有其他的解决办法吗？

第二环节，在情景剧的表演过程中，重点引导学生体会处理问题的方式和这种方式对人生活的影响。第一组的情景剧"胜利者胜利了吗？"以事件处理方式（李家威胁强迫温家）为焦点，以事件处理结果为基点（李家得到赔偿，温家表面屈服），以事件结束后邻里生活状态为参照（尴尬的邻里生活，敌意的生活状态），向学生展示了一种对漏水事件的处理方式和这种方式所导致的生活状态。第二组和第三组也以同样的方式引导。

第三环节，引导学生对三个课本剧进行立体对比，谈谈自己的感受，和同学进行讨论。总结出每个情景剧中自己学到处理问题的原则。重点请剧组中关键成员（比如说第一组中的李家妈妈）谈谈自己处理问题后的感受。教师最后帮学生进行总结，用恰当的话表达出来。从第一组中总结出：别人侵害到自己的利益，要用恰当的方式表达自己的不满，维护自己的权利，但不能采取过激行为（如吵架、打人、威胁），那样做只会使矛盾更大，让两家人都生气、苦恼，影响健康快乐的生活。从第二组总结出：邻里之间要讲公德，不给邻居添麻烦，自己家的水龙头常检查。不小心给别人家造成损失，要主动承认。如需赔偿，要主动赔偿。如果碰到不讲道理的人，要冷静处理问题，可通过司法机关的介入来处理问题。从第三组总结出：邻里之间要宽容、理解，互相谦让；有错误要主动向别人赔偿、道歉；共建和谐、健康、快乐的邻里生活。

第四环节，此一环节的进行是让学生进一步深刻体会健康生活和非健康生活对人的影响，以及帮助学生获得如何处理自己的邻里关系问题的知识。但从这次课也可以看出教师对学生引导力不足，使得学生在事件的变易中体验不够深刻。所以在后面的实践课中我们又注重引导学生观察、体会处理问题方式和这种方式对人生活的影响。横向上引导学生体会一种处理方式（过激的、法律程序、理解的）和其所带来的后果，以及这种结果对人生活的影响（敌意的，正常的，和谐的）；纵向上让学生体会为什么对同一漏水事件会有三种不同的结果。重点引入事件后的生活状态，要让学生知道生活并不是静止的，自己的每一行为都会对自己和他人造成影响，这种影响还会持续一段时间甚至一生。

（三）不同认知层面的变易

1. 知识讲解。教师以讲授、呈现的方式向同学讲解生活中的一些知识，比如人长期生活在敌意中，会对身心产生哪些危害；邻里关系中必须遵守的常规法律知识；等等。

2. 情绪渲染。让学生在感动中感受理解的力量。借助 C 版教材中的故事《不一样的琴声》，通过教师有感情的朗读，渲染情感，升华学生感情。

（四）结课：邻里两难故事

跳出以漏水为中心的邻里事件，用幻灯片出示几组邻里关系的两难故事，引起学生认知和道德上的冲突，用自己的规则进行判断，来认识不同事件的相同属性，培养学生解决实际问题的能力。

三、分析与结论

（一）"教导"与"感悟"——不一样的教学效果

没有太多生活阅历的学生很难真正在社会生活故事中获得教益、启示，高调的教导会让学生感觉与生活实际没有什么联系。怎样引导学生感悟生活故事究竟会对自己、对他人产生什么意义，并为自己选择正确的生活？修改后的课程设计中引入的"后生活时态"是一个很关键的元素，以此为分水岭，对照事件的前、后生活，让学生深深地体会自己处理问题的方式对自己生活质量的影响，自然会有这样的感受：我们向往平静安宁的生活，不希望这样的生活被破坏。三组情节有三种处理方式，给我们带来三种不同的生活，因此，虽然生活中的矛盾是不可避免的，但处理方式我们是可以选择的。处理事件后的生活状态很大程度上与我们处理问题的方式有关（见图 3 - 1）。在这样的呈现的引导下，学生意识到生活态度是自己选择的。

情节	处理方式	生活状态
"胜利者胜利了吗?"	过激手段	敌意生活
"公平解决"	法律手段	正常生活
"我很抱歉"	理解方式	和谐生活

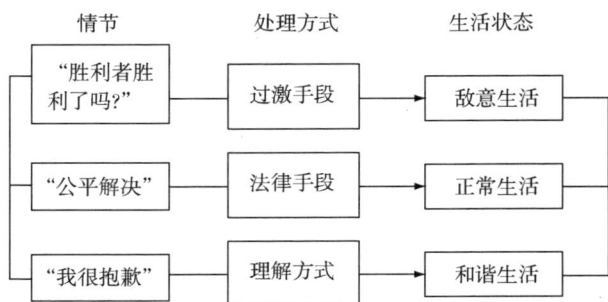

图 3-1　行为方式与结果

(二) 变易学习理论是教学设计的理论依据之一

变易学习理论提供了一种认识复杂问题的思考框架。《品德与社会》不同于其他课程的地方在于它从生活现象出发,不但追求客体世界中的事物本质,更注重在人的主观世界建构个人的价值体系。主题单元的设计,尤其是认识复杂社会问题的主题单元的设计,在一个空间内向学生呈现经过变易的生活现象,向学生展现多态生活方式,激发多元价值的撞击,引导学生在自己的讨论和思考中辨识,培养批判思维,建构多元视角。所以,针对某些学习内容,比如对于认识复杂社会现象这一类的主题单元的设计,变易学习理论可以作为一种理论依据。

[原文刊载于《上海教育科研》2008 年第 3 期 (吕立杰　赵同友)]

11　合作中的儿童学习：小学小组合作学习同质组构的研究

合作学习自 20 世纪 70 年代兴起于美国，是一种课堂组织结构创新的教学策略，其目的在于找到一条"大面积提高全体学生学业成绩的合理途径"，并在"校内、班内建立不同种族学生间积极的、建设性的人际关系，消除种族隔阂、歧视和冷漠的现象"。之后，斯莱文（Slavin R E）、约翰逊兄弟（Johnson D W & Johnson R T）、谢伦（Sharan）等人围绕合作学习的本质、要素、小组的构成，合作学习的策略等问题做了卓有成效的研究。我国于 2001 年开始启动基础教育课程改革，提出"倡导自主、合作、探究的学习方式"，合作学习开始受到国内教育实践领域的重视。近年来，很多学校提出了自主学习、个性化学习等教学模式改革，合作学习是其中重要环节或形态。关于合作学习的定义有多种说法，本文把它当作课堂教学组织结构中的一部分。所谓合作学习是一种以生生互动为主要取向的教学组织形式，其背后有一系列教学理论与教学策略、教学方法体系作为支撑。在近些年的尝试中，人们认识到了合作学习的意义，也发现合作学习存在一些问题，比如合作的效果问题，学生合作的意愿问题，合作学习中的伦理问题，中、低学业水平学生在合作中的地位角色问题等。合作学习作为一种教学组织形式，改善传统教学的弊端是合理、进步的，但需要有系统的、本土化的理论及策略方法体系支撑、监控，引导这种形式的变革。

一、课堂教学中合作学习的核心问题

总体来讲，更多的研究者认为合作学习是有效的。但是不等于合作学习可以成为课堂教学的一般形式，因为"合作学习并不是在任何教学条件下都是最佳的教学组织形式"，"学生的个性、学科的特点、学习任务特征等各不相同"，合作学习只是多种教学组织形式中的一种。笔者认为课堂教学中使用合作学习，至少应该追问这三个方面的问题：什么样的课程内容适合合作学习？合作学习实现了什么教学目标及学生发展目标？怎样组织合作学习？三类问题各成一维，又相互支撑，相互影响，相互构成。

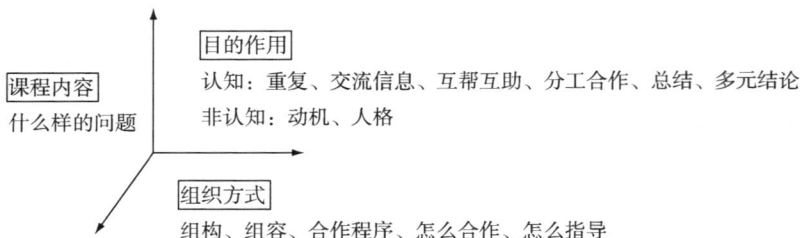

图 3-2　合作学习中的三维问题

首先，什么课程问题适合合作学习？这是一个前提性的问题，而且同样的问题怎样提出，更能激发合作学习的兴趣。对于这样的问题，有学者总结了洛坦（Rachel A. Lotan）的看法，认为，合作学习的任务应具备的特征是："开放式的学习任务，多元化的学习内容，任务完成需要小组成员间积极互赖和个体明确的责任分工，清晰的小组成绩评估标准"等。

其次，启动合作学习的目的及作用是什么？针对该问题，希望通过合作学习完成什么教学目标，对学生发展起到什么作用？比如，在认知方面，是通过小组内成员重复内容加深记忆，共享信息、交流信息，互帮互助，"好"带"差"，还是分担任务、分工合作，最后获得成果、获得多元结论？在非认知方面，是希望学生在合作中获得学习动机，还是获得人格成长的契机？西方心理学对合作过程中的认知加工层次做了细致的划分，可以作为考查合作学习效果达成度的参考指标。例如，罗宾（Robyn M）等 1998 年提出了合作学习过程互动中六种认知语言策略等级，它们分别是：重复信息（几乎逐字重复别人说的内容），未结构化的观点（出声思考，但观点与讨论的主题相关不密切），具体观点（陈述与主题相关的事实），有证据的解释（提供理由），概括信息（从讨论的信息中推导出结论或原则），评价（对多种证据来源的价值进行比较从而得出答案）。

最后，如何组织合作学习？比如怎样组建小组，是同质组还是异质组？异质小组组建的原则是什么？组容该多大？合作学习的方法、程序、策略是什么？怎样促进合作的产生？教师怎样指导合作学习的过程？等等。约翰逊兄弟、斯莱文等众多学者在这方面有大量的研究。其中关于组构的研究，一直观点不一，因为研究者是在不同的学科、不同的学习任务条件下进行研究的，学生的个性化特征也没有完全一致的情况。比如约翰逊兄弟一直强调异质分组好于同质分组，在异质组中学生有更深入的思考，接受更多的解释。拜尔（John Baer）则认为学生在同质组的表现好于异质组，因为在相似的知识和理解水平的学生中对话更容易发生。在高能力、中等能力、较低能力组学生对比研究中，大家普遍认为，高能力组学生在同质、异质组均表现优异。娄（Louetal）认为中等能力学生在同质小组明显优于异质小组，低能力组在异质小组明显优于同质小组，因为低能力组在同质组中具有集体无能感。班尼特（Bnenett）等人认为中低能力组在同质组中表现令人担忧，低能力学生在异质组中容易被忽略。还有研究者认为学习速度慢的人在同质组中有利于维护自尊，收益最大，因为在同质组中，学生看到的是自己经过努力可以达到的水平，而不是一开始就看到完美的表现。

二、小学《品德与生活》课程中的同质小组构成的探索

品德与生活课程是一门小学低年级的活动型综合课程，具有灵活性、开放性和综合性的特点，倡导学生的亲身参与体验，关注活动过程的完整深入。需要学生一起来完成的学习活动较多，这些任务的特征是认知难度不大，开放性强，与生活密切联系，过程需要学生相互配合。这些特点为开展合作学习教学变革的尝试提供了前提条件。我们在小学二年级第一学期，以一个班级为个案进行了合作学习尝试。合作学习的顺利进行涉及众多相关问题，本文仅就小组构成结构问题进行探讨。在西方的实证研究中，对同质组、异质组哪个更合理莫衷一是。基于本课程的任务特征，我们尝试在一个学期的时间里，以合作学习为主要的课堂组织形式，以同质形式为分组方式，考查同质组的利弊以及如何通过教师指导减少弊端。

（一）主题单元中合作学习的价值期待

本学期涉及的单元主题活动有："我们的身体有多大""跟秋天一起玩""读书交流会"等。以"我们的身体有多大"主题活动为例，该单元是北师大版《品德与生活》国标教材二年上《爱护我们的身体》主题单元中的一个二级主题活动。我们对学习任务进行了设定，首先学习任务要有一定难度，但又不是遥不可及，通过小组成员的共同努力可以完成，这样才能引发活动的兴趣和愿望。其次，对于各小组的要求要留有一定的弹性空间，以免给学生过多束缚，鼓励各小组进行有创意的发挥。最后，学习任务要尽量持续，根据观察内容的不同，陆续安排相关学习活动，保证研究的持续深入。我们设定的主要内容是通过画一画的方法，感受身体的实际大小。教学过程是学生以小组为单位，共同完成绘制身体的任务，即每

个小组准备一张大纸，一位同学躺在纸上当模特，其他同学在纸上绘出轮廓，全组同学再一起设计、绘制服装等。所以教学过程中的合作学习是正式的合作学习，可以持续整个主题活动，共计4课时。这一过程让学生在画和涂的体验中感受自己的身体到底有多大，加深学生对身体成长变化的感悟，其意义与直接教学相比表现在认知与非认知方面都很明显，在认知方面，每个学生通过行动体验，对自我、自我的成长可以有个性化的体验结论；在非认知方面，学生在操作、体验中获得学习的动机，改善人际沟通交往的能力，获得成长的信心。

（二）确立小组

1. 3～4人的组容

小组规模是合作学习中非常重要的内容，它在很大程度上影响和决定小组合作的水平和效果。组容以多少人为宜呢？W. 约翰逊等学者认为，"在两人的小组里，学生必须处理两人之间的互动。在三人小组里，需要处理6种互动关系，而在四人小组里，有12种互动关系需要处理。由此可见，随着小组规模的增大，用于管理小组成员之间的互动作用所需要的人际交流和小组技巧将变得越来越复杂"……"最为重要的原则是小组规模越小越好"。为此，自学生进入小学二年级以来，我们在品生课的观察中也试图尝试与发现不同组容中学生合作的表现与价值意义。观察中发现如果人数过少，活动的过程会相对顺利，没有过多的矛盾产生，但彼此间的交流互动就会减少，完成任务需要的学习时间延长。相反，如果人数增多，每人的任务量减少，互助的行为增多，但也会在形成一致意见和分工合作中产生更多分歧，小组成员要耗费大量的时间来沟通协调，学习任务完成的整体效果没有明显变化，还容易出现"有人无事做，有人不做事"的现象，对于低年段刚刚进行合作学习的学生来说，因小组成员人数过多而带来的诸多问题，他们还没有能力完全解决，无疑给小组学习增加了难度。综合分析，笔者认为，在完成一项完整任务活动中，二年级学生3～4人的小组还是最为合理有效的。

2. 意愿同质的组构

目前，普遍被公认的分组原则是"组内异质，组间同质"，因为"异质小组将具有更多优势，那些由不同背景、能力和兴趣爱好的学生组成的小组能让学生从多个角度来看待问题和得到多种解决问题的方法，并在认知上产生分歧，这样就会刺激学生积极地学习，并促进认识的不断深化"。

但这种分组的方法在实践中也遇到了诸多弊端和问题，如有的课堂上，中、高水平的学生在异质组中的进步和发展不明显，只有低水平的学生受益最大；有的课堂上高水平学生不肯帮助、认同低水平学生，仍然各自为战，造成有的学生独自完成任务，有的学生被冷落，无事可做；也有人提出异质分组中的教育伦理问题，异质分组自然需要优秀学生帮助有困难的学生，这样势必占用优秀学生进一步深入思考的时间；等等。异质分组有局限性，同质分组是否必然弥补了异质分组的弊端与局限？实践中同质分组多出现在高中学段，其主要目的是学业水平分层，便于教师有针对性地组织练习与指导。但如此的同质分组必然明显地带来问题，就是使学生产生或自卑或攀比的心理，不适合小学低年级学生。于是我们尝试了学生自愿组合的方法，本着"意愿同质，其他异质"的原则，提出"和自己喜欢的小伙伴组成小组，3～4人最好"的要求。结果发现，形成的学习小组中的成员多是好朋友，性别相对一致，性格爱好相似，甚至学业水平也比较相近。自愿组合的小组，因为和自己喜欢的小伙伴在一起，孩子们对接下来的工作充满期待。

（三）同质分组中不同类型学生学习表现观察分析

我们选择了三个典型小组——A组、B组、C组，进行跟踪观察。其中A组有四个女同学，都是学业成绩优秀、自信、自我管理能力强的学生，且平时能够积极与他人交往，我们用A1、A2、A3、A4表示她们；B组有三个同学，都是男生，学业成绩为中等水平，在异质小组中表现为服从型，不主动发表意见，我们用B1、B2、B3表示他们；C组有四个同学，由四个没有自愿组成小组的同学组成，就是在自愿组合小组时，没有小组愿意吸收这四位同学，最后由教师将四名同学组合成一个小组，我们用C1、C2、C3、C4表示。信息收集办法包括每个小组用一台摄像机进行全程摄录，录音笔全程录音。课后对三组共11名同学的表现逐一记录。每个主题单元结束后，进行综合整理，我们发现三组学生在同质组的学习活动中均有很大收获，只是发展的维度不同。同质分组不被承认的原因有很多。研究者认为，在同质组中，进步大的仅限于高能力小组，其他同学则很难达到基本的学业要求。我们在研究中发现，情况并非如此。

1. A组课堂实录片段分析

A组的四个同学从第一次合作就表现出良好的意愿，学习过程有序，成果优秀。实录部分取自《爱护我们的身体》主题单元第一堂课《我们的身体有多大》：

············

A3：我要画腿。

A4：我要弄这个部分。

A1：我画身体吧。

A2：咱们别这样，还是大家商量一下吧。看，这是咱们的方案图，首先，头谁画？

A1：A3，头你画吧。

A3：行。

············

A4：一会儿把大家的彩笔放在一起共同使用。

A3：用我的彩笔吧，颜色更多。

A1：大家一起用吧。

A4：那咱们自己用自己的，没有的颜色再借，怎么样？

A2：同意。

A3：就这么定，我们商量完了，大家坐好吧。

············

A4：大家加快速度，还可以加个皇冠。我来吧。

A1：涂色的时候可以选择自己喜欢的颜色，搭配好就行。

A2：A1，你还是要拿个主意，我只是模特。

A4：裤子不好看，画红色吧。要轻轻涂，不能太用力。

A3：我画得不太好。

A1：没关系，我们一起设计。

A2：一会儿我也帮你，我的彩笔颜色特别，大家都可以用。

A1：一定按顺序涂，才不乱。

A4：还可以根据刚才商量的灵活调整。

A3：A2，谢谢你。

············

A组最后的成果是最优质的，这样的结果与预期的相同。优质成果产生过程有三点非常突出：一是彼此的认同性、协同性非常好，"同意""我帮你""没关系""谢谢"这些交往性语言贯穿始终。二是每个人都主动地提出建设性的意见，而且行动有策略，比如"商量一下""首先"要干什么，"加快速度拿个主意"。这些推动性词语来自每个成员，团队中没有游离者，也没有唯一的决策中心。三是对任务内容理解得深入具体，她们有"方案图"，抓住了画好图的关键是"搭配好""按顺序涂""灵活调整"。这三个层次的表现足以证明 A 组学生在认知能力及社会性发展方面都很优秀。

2. B 组课堂实录片段分析

B 组三个男生成绩中等，性格内敛，不张扬，但表达自己的意愿不强，缺乏勇气，在异质分组中，他们是典型的沉默者、服从者。从实录的过程看，这一小组学生工作进展顺利，能够按照老师的要求分步骤推进工作，先商量分工，再描出轮廓，最后装饰服饰。

B2：先说说谁来用铅笔描身体，同意 B1 的举手……同意我的举手。

B1：我描边。

B2：我涂色，可以吧？

B3：我们一起涂边。

B2：还要商量一下哪块用什么颜色。

…………

B2：你先说一下，你想负责哪个部位？

B3：我负责头，然后你们再涂这个。我涂完头，再帮你们涂身体。

B2：你想负责哪个？

…………

B1：我用红色把我负责的地方标出来。

B2：画头有点难，我用绿色圈。谁想画身体左边？举手。谁想画右边？举手。

B1：那我画这几个地方。

…………

B2：我只有油画棒，没有水彩笔。

B1：你用油画棒帮我涂色吧。

B2：我有一个办法，就是可以评选。B1 是模特，如果大家都认为他衣服好看，就画他的衣服。不认为他衣服好看，就用别人的衣服。

B3：我认为他衣服好看。

B2：同意 B3 衣服好看的举手……同意 B1 的举手……自己不能给自己举手。同意我衣服好看的举手。

…………

由于三个成员相熟，在日常的游戏中已经有顺畅交流的习惯，所以任务完成过程中和气地民主协商是最明显的特征，"一起""商量""同意"是他们话语中的主题词。其中 B2 同学的表现很有趣，B2 平时的表现与 B 组同学的整体特征是一致的，但在这个熟悉的团队中，他明显非常放松，主动扮演一个"民主的领袖角色"，话语中一连用了 9 个"举手"，就是说，他试图主导、推进合作工作的进程，同时又愉快地组织大家协商，B2 的领袖角色是在这样的小组环境中自然呈现的。

3. C 组课堂实录片段分析

C 组四名同学由于不遵守纪律常被老师批评，有时也干扰其他同学。在异质分组中，他们是不被欢迎的同学，常常是不需要为小组工作，只要不影响其他人就行。C 组组建后，第一次合作并不顺利。下面的课堂实录以一个学期为跨度，并做分析。

第一次课课堂实录片段——

（其他组在分工，C 组成员没有回应，一直在玩，完全没有把注意力集中在这件事情上，小组最后还是没有定下来谁当模特，小组成员也没有因为这件事没完成而感到着急）

师：把小组分工的情况记录在卡片上，大家商量一下，怎样把这件事干得又快又好。用铅笔。

C1：就选 C4。

C3：凭什么就你定。

C1：我就想这么弄。

C2：别管了，让 C1 自己疯狂吧，他太霸道了。

C1：我找别人画也不找你（C2）画。

C4：我不想当模特。

C2：你不当我当。

C1：我们都不同意你当。

……………

师：这件事没那么难，首先别发火，大家重新商量一下，好不好？

C1：3 号工作是我的。

C2：我是 2 号工作。

C4：谁是 4 号工作？

C4：我是几号啊？

C2：不知道。我们一起画衣服，没商量。

C3：什么叫没商量？

C2：下次我不在这个组了，真是倒了八辈子霉。

C3：C1 为什么这么霸道？

C4：这样，你俩画上半身，我俩画衣服。

C1：不行。

…………

（C2 溜号，再次到别的组去玩了。C1 原地玩文具，组里只剩下 C3 和 C4 在继续工作。）

C2：我回来了，你这画的什么啊？太差劲了。

…………

课后教师谈话——

师：今天怎么样？表现不错吧？

C2：犯了不少错，50％是因为 C1，10％是因为我，还有就是他俩。我感觉 C1 太霸道了，我看见两个重复的分工，要改一改，他就是摁着我，都不让我做。

师：是不是你们没有很好地沟通和商量呢？

C2：小组行动时，C1 完全不按计划的分工来，他一直在捣乱。我也做得不怎么好，但是我还是一直在坚持做，这点还是比较满意的。

师：你们还想说点什么？

C1：我不想和 C2 合作，感觉他很烦。C2 总是和我作对，我就得总让着他，不过我也想了，我不该和 C2 吵那么长时间。

师：这点说得有道理，如果不浪费那么多时间，可能会做得更好些。看来小组学习时，互相商量很重要。

C4：我感觉很烦，好朋友不应该这样，我不高兴。我不喜欢小组成员吵架，C1 总乱涂，不应该这样。

…………

第二次课前教师谈话——

师：这回你们还会不会吵架啦？

C3：上一次，我就没吵。

C1：不会了，我会谦让一下 C2 的。

C2：我也会忍耐一下他的。

C4：我也会忍耐一下他俩的。我还会阻止他俩吵架。

C1：我会多和大家商量的。

课后教师谈话——

师：今天的小组活动，你们表现得怎么样？做了什么呢？

C2：勾边，画错的地方我负责改，没和大家吵架。C1也没有自作主张，他们让我停下来，我也收手了，我会听别人的意见了。

C1：我表现得还行，不和C2吵架了。C2说我水彩笔蓝色的不行，我就用黑色的了。我会听他的意见了，我们一起商量。这种感觉很好，我们忍着点，我们能做好朋友，就是不知道C2同不同意。

C2：行，我同意。

C3：我今天最骄傲的事情就是带领大家完成任务，又快又好。他俩（C1和C2）和上周有很大变化，不那么吵架了，几乎不吵了。我喜欢和他们成为朋友，以后还愿意和他们一组。

C4：这周我的感觉很好。

第一堂课开始，C组的表现在老师的意料之中，一开始就"溜号"，对任务毫无责任感，但是这次，如果自己不做，没人能包办代替，四个人只能在吵闹中开始工作，交往中几乎每句话都充斥排斥对方的表达——"凭什么""就想""别管""太霸道了""不想""不当""不行""不同意""不知道"，而且大家对自己能否完成任务缺乏信心，所以干脆分工都"没商量"，由于缺乏信心，C2更愿意把自己组没有顺利运行的责任推给他人，认为自己"倒了八辈子霉"、他人"太差劲"。至于工作思路、对内容的理解根本无从谈起。但这样的工作成果和过程感受也让每个人都很难受，课后，任课教师适时引导几个同学反思，不用老师说，几个孩子纷纷表示这样吵闹大家都"很烦"，"这样不好"。于是第二次上课前，他们决定"忍耐""阻止""商量"，教学过程和第一次相比安静得多，课后他们感觉因为"没和大家吵架"，"没有自作主张"，"收手"了，"会听别人的意见""一起商量""忍着点"，所以这堂课"感觉很好"，大家"能做好朋友"了，"愿意和他们一组"。这些改变尽管是有限的，但是是令人惊讶的，C组学生自己感受到原有行为方式的困扰，主动谋求改变，自己形成了"忍着点""没有自作主张"等策略，最后自己看到了改变的意义。

（一个月后，第二次主题活动中，依然按照前次分组方式，小组同学制作大玩具）

C4：我们做点什么呢？大家商量一下吧。

C2：我想做个大房子，待在里面。

C1：我不喜欢。还是来个迷宫吧。

C3：我看都不行，还是做个城堡好。

C4：那我们要有足够的材料才行。

C1：反正我没同意。

C3：那怎么办？

C2：就按我的方案来吧。

C1：如果做他那个，我不参加。

C3：别这样，大家商量一下吧。

C4：对呀，举手表决吧。

（举手表决后，C2 同意 C1 的意见）

C1：看看我的伟大作品。

C2：不怎么样，太粗糙了，胶带也没贴好。

C1：再说我的不好，我就不客气了。

C2：反正就是不怎么样。

C3：大家快点做吧！

C4：不是说好你们不吵了吗，怎么又忘记了，我们商量一下怎么才能把玩具做好吧。

C1：好吧，我让一步。

C2：我也向大家道歉。

第二次任务中，C1、C2 仍然希望随心所欲，不考虑其他人的意愿，但是经过同伴的提醒，能够遵守"举手表决"的契约，甚至可以说"我让一步""我向大家道歉"这样的交往性语言。尽管问题不停地反复，但 C 组学生的社会性交往、认同能力在这些磨合中有变化、有成长。

三、同质小组合作学习的思考

（一）同质分组中学生投入性好，在最近发展区内各组均有发展

从几种类型的小组互动过程看，尽管互动的向度、质量差别很大，但各组所有同学都在交往的"体制"中，没有被冷落、被排斥的现象。没有依赖对象，每个人都需要充分调动自己的能量来完成学习任务。过程中，由于是意愿同质，生生互动的频率更加频繁，而不再集中于高水平向低水平学生的单向信息流动，同时，较好地避免了学生的消极、自卑心理。

在同质分组中，小组成员有很多相同或相似之处，更容易互相借鉴模

仿，榜样更具示范性，他们需要彼此模仿的内容在每个学生现有能力的"最近发展区"，容易找到努力的切入点，提升相互学习的动机。而且这些相互学习可以来自多个方面，比如学习技能的模仿，人际交往方式的模仿，责任意识、团队意识的模仿等。

（二）同质分组，不同小组的协同方式与工作质量有明显差异

同质分组中不同类型的学生都有提升发展。异质分组中高能力学生往往要把精力放在辅助低能力学生上，同质组中免去了这样的环节，时间都分配在任务本身，工作效率、工作质量都很高，过程中行动的策略也非常优秀，更富创造性。同质分组中，中等能力组的学生获得主动参与的机会，甚至尝试做领导角色，工作中的协同性很好，但少有对内容本身的深入理解和优质的行动策略。低能力组的学生至少在合作初期，把大量的时间花在如何彼此认同，如何团队协同方面，工作质量、效率都很低。

（三）同质分组中，不同能力组学生有不同的成长焦点

同质分组中，学生各有发展，但发展的焦点首先在于自己知能结构中的"短板"，即缺失的东西。为了维持顺利的合作工作，高、中、低三个能力组学生有不同水平的关注点。首先小组成员要有良好的认同性、协同性等社会性的发展；其次，才会尝试如何推动工作的进程，拟定行动的步骤；最后，合作中会交流与学习内容有关的思维路径、行动策略。三个方面呈递进趋势，只有前面的水平实现了，学生才会关注合作行为的下一个水平。对于低能力组的学生首先要"补偿"缺失的社会性发展，才会慢慢关注任务本身。

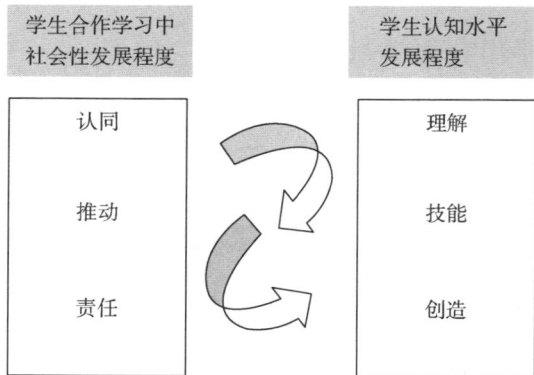

图 3-3 同质小组中学生成长焦点结构图

（四）依据小组特质，教师指导应抓住介入点

在同质分组中学生层次不同，学习情况和遇到的难题也会不同，教师要采取不同的指导策略。高水平学生一般不会向老师求助，教师巡视时也多是给出意见性的参考；在学业水平中等、性格内敛的学生组成的合作小组中，学生具备完成学习任务的能力，但是在小组活动中，对于调动大家发挥主体意识上可能需要老师更多的鼓励和支持；在待发展的学生组中，合作的问题可能最多，学习任务不清晰，动机不强，而且小组成员间的矛盾会持续不断，对于这样的小组教师要投入更多的精力。教师在指导的过程中不能直入主题，更不能简单批评，而是要扮演一个"兼职的导游角色"，根据任务进展的环节适时介入，进行有针对性的指导。不仅要耐心细腻，甚至还要耐心等待，帮助学生在反思中主动调整行为，并在行为改善中看到意义与自己的进步。

如前所述，由于本研究使用品德与生活课程中主题单元进行合作学习研究，同质分组的适切性及学生成长特征是有"前提问题"局限性的。因此，意愿同质分组在促进学生社会性发展、鼓励全体学生积极参与的教学目标下是有效的教学组织形式。

12　教学变革中模式选择的合理性问题探讨

2001 年《基础教育课程改革纲要（试行）》提出："改变课程实施过于强调接受学习、死记硬背、机械训练的现状，倡导学生主动参与、乐于探究、勤于动手，培养学生搜集和处理信息的能力、获取新知识的能力、分析和解决问题的能力以及交流与合作的能力。"《国家中长期教育改革和发展规划纲要（2010－2020 年）》也提到要"深化教育教学改革，创新教育教学方法，探索多种培养方式，倡导启发式、探究式、讨论式、参与式教学，帮助学生学会学习"。这些政策文件都有共同的变革指向，强调课堂教学中学生学习的自主性，培养儿童的学习能力、实践能力、创新能力。近些年一些学校基于自己的实践环境、现实需求提出了教学变革的主张，比如自主导学、以学定教、先学后教等，并称其为"模式"。在成功案例的带动下，很多学校都在探索、提出自己的教学改革模式。

一、变革样态与模式追求

这些以学生主体性为核心的教学模式共享相同的时代背景，变革的主张、口号也有很大的相似性，但由于不同学校有不同的变革基础、环境，每个学校变革的初衷及内隐的理念并不相同，变革的样态也不一致。比如，有的课堂强调学生建构结论，教师抛出问题，学生分成小组探究答案，探究活动持续时间长，教学设计的最终追求在于形成、培养学生的思维方式、学习方式，学生掌握的结论不多，但经历了思维过程。有的教师基于学校小班化或者个性化的理念，强调教学中体现学生的差异，教学中也会有自主学习、小组研讨，目的在于体现每个学生的体验，分层施教。还有很多学校的做法是在教学环节中，以学生为主体的活动在先，教师的总结在最后，学生根据教师的学习要求，借助学习指导材料自学教材内容，然后就自己学习过程遇到的问题与同学进行交流，教师巡视指导，从而答疑解惑。最后由教师进行总结，甚至有的校长规定，教师的总结不能超过"十分钟"，或者可以用学生的总结代替教师的总结。这样的课堂，学生学习的内容比较集中，目的性强，增加了学生学习的自主性、实效性。在这些变革的教学样态中，学生的高参与度是普遍特征，以学生为主体的活动在教学时间上占有绝对地位。自主学习、小组学习等方式的运用改善了教师单一讲授的教学习惯。教育变革是一种社会实践，所有社会行为的改善，社会问题的深刻认识都是从变革起步的。上面列举的几种教学模式并不是目前变革的全部情况，但已经显现现实的多元与复杂性。在实践中，既然这些模式以变革的姿态出现，一定有与传统相别之处，而传统是大家共识的，因此，变革也自然有共性的表现。①在这些变革形式中，强调学生在课堂中的主体地位就是最共性的特征，这是二十世纪末我国倡导素质教育以来教育变革的持续的追求；②从变革发生的合理性来看，变革的价值在于改善，在于解决当下的问题，通过教学形式的变革，一定程度上满足了变革主体的目的，改善了问题与不足，因此，这也是变革自在的合理性。

通过变革中的尝试，教师体会了不同教学样式中教学的意义，变革也一定程度地解决了现实的困境或满足了价值追求，于是很多学校开始效仿成功经验。学习、效仿的普遍方式表现为：①以一种统一教学模式要求全校教师贯彻，不分年级、学科、课型；②将模式固定到教学活动的顺序、每一环节的时间，普遍的做法是"先学后教"，教师尽量少讲，甚至规定了教师讲授的时间；③很多学校更愿意选择"现实效用"强的模式。变革模式的确有共同点，但在共同点背后是并不完全相同的变革初衷，以及和而不同的理念追求，一些现实效用强的模式，更容易被关注，被效仿，因为这些模式在关注学生主体性的同时，教学目标直接指向了教材中知识点的确证性与扎实性。教学是复杂的体系，单一的模式不可能承载变革的多维度理念。教学变革冲破了原有的单一形式，却走向了另一个单一，找到了便于操作的教学模式，却将它依赖成一劳永逸的行动步骤，因此，我们在欣喜变革模式为实践带来改变的同时，还需要回到模式本身，反思我们究竟要追求什么，模式究竟可以做到什么。

二、教学模式选择中的追问

（一）模式选择是否与理念同一

模式作为一种实践形式，是为了把理念变成可操作的程序，让更多的人共享，方便更多的人学习与操作，实践中应该有对模式的追求。任何一种模式都是在一定理念下产生的，都有其发生的初衷，结合自己具体教学情境中的需求与可能，将理念简化为一定的操作方式，即教学过程的外显的形式。创造模式的人自然理解自己的初衷是什么，其追求的目标是什么，或者说在他们那里，模式与理念、目标是统一的。而当模式推广时，在变换了的情境下，模仿模式的人是否了解模式所追求的意义？是否能做到模式与理念的同一，与目的的同一？学习、选择一种模式仅仅是简单的、看得见的、可操作的活动程序与时间，等于将模式剥离了教学设计的初衷，剥离了教学目标、学生需求，这些固定的操作程序不必然还原模式所追求的理念与目的。因此，在变换、复杂的教学情境中，对于一种模式背后的理念与实质的把握是第一位的，否则模式就成了教学行为的束缚。

（二）模式选择是否窄化为"实效"追求

变革中出现了多种教学方式、教学模式，但实践中很多学校的效仿却极为趋同，学生先自学新内容，之后同伴间相互研讨新内容，最后，教师组织学生当堂练习这些内容。这样的过程将课堂的意义定位为理解教材的内容，确定知识点，夯实知识点，教学目的与传统教学并无二致，但过程中学生发挥了主动性，参与度高。学生的主体性参与使课堂有了进步性甚至实效性，这是很多学校、校长、老师认同这种模式的原因。但这样的教学并没有完整地实现教学变革的初衷，并没有实现课堂变革的根本意义。只是在这种模式中传统的、习惯的价值观与变革的形式、现实的效用达成了妥协，这种妥协降低了变革风险，却偏离了变革的方向。

（三）方式是否可以与程序相对应

每一种方式都有其意义与局限，在统一的教学模式中，教学方式是固定的，且与教学程序、时间顺序一一对应。比如在自学—研讨—练习—总结这样的固定顺序中，方式自身的局限难以回避。根据导学案自主学习，发挥了学生的主动性，但整堂课围绕导学案展开，成为师生要完成的确定的任务，虽然让师生行为有目的性，但也有可能窄化内容，限制思维，影响生成；即便是被普遍认同的小组研讨方式，如果全部放在这样的顺序中，也会有使用中的局限，比如儿童认知的趋同性可能使研讨重复原有的水平，甚至产生误读，流失了儿童潜在疑问等。回避方式的局限在于方式被恰当使用，因应目的、对应内容，老师可为学生创设不同的主体性学习方式，感受、体验、探究、思考、讨论、演练等，师生的交流方式是互构性的，一定不是一个简单的时间顺序。

（四）主体形式是否必然实现了主体意义

传统教学中，教师占有话语权，决定、控制着学生的思维内容、节奏。变革中，"先学后教"，教师的总结一定在后，并且不超过规定的时间，的确颠覆了教师的控制权利，但因此我们就直接实现了教学的价值追求了吗？主体性形式的意义在于主体的发展，如果发展的维度与深度缺失，形式的变化也并非变革的本意。实践中，有变革者提出，教师在课堂上要"尽量少地讲"，但它不等于"尽量少地教"。"教"不等同于"讲"，"教"是教师的义务，它可以是创设情境，是唤起，是引导、评价，当然也可以是讲解，学生教学主体性的价值需要教师在课堂上不断调控才得以实现。

三、关注选择教学模式的前提

经验主义的核心人物杜威在《儿童与课程》中曾经谈到教学法的问题，他认为："儿童与课程仅是教育历程的两极，而在两点之间可有一直线。儿童目前的程度或立足点及学科中的事实及真理便可决定教学法了。教学是连续不断地重组，由儿童现有经验延展到组织的真理，即各学科所代表的经验。"[①] 杜威非常强调儿童，儿童现在的"立足点"是教学的起点，但是什么决定教学法呢？是儿童目前的"立足点"与"学科中的事实及真理"之间的关系，教学的目的与意义在于使儿童从"现有的经验"走向"各学科所代表的经验"。教学的合理性要考查学生主体性在课堂上是否发挥出来，也要考查课堂上学生的主体性指向了什么样的"学科中的事实及真理"，实现了什么样的"学科所代表的经验"。首先，这里的学科经验不应该仅仅是知识获得的数量与扎实性。其次，学科经验不会因为学生成为主体而自然地实现，"空无只能产生空无，不能无中生有，不成熟的只能产生不成熟。如果我们将儿童丢回他已有的自我，而以为是最美好的，并要求他由此向外延伸到新的真理或行为，这是不可能的"[②]。选择教学模式、教学方法的前提是要分析课程带给学生的可能性可以是什么。教师首先要清楚蕴含在内容中的这些教学目的与功能的可能性，再根据自己

---

① 杜威. 儿童与课程 [M]. 林宝山，康春枝，译. 台北：五南图书出版公司，1990：112，116.

② 江山野主. 简明国际教育百科全书·课程 [M]. 北京：教育科学出版社，1991：11.

对学习者的了解，对自己的了解，对教育、教学情境的了解，阐释出来，转化出来，组织出来，形成教学的目的与价值追求。

（一）课程潜能分析

各学科所代表的经验是什么？学生在课堂中体验到的一定不仅仅是学科知识，也是那些能够促使其成长的课程元素。施瓦布、佩雷茨等人给出了另外一个命题即课程潜能，施瓦布认为课程潜力是蕴含在学科内容之中的，有助于学生成长发展的可能的课程。佩雷茨认为课程潜能是一种"出自特定来源的为达到范围广泛的教育目标的全部学习经验"①。实践中，有的教师认为："教材的内容学生能自己看懂，的确不用我讲。"如果学生需要的学习经验仅仅是教材中"内容是什么""如何解答"等表面任务，教师的这种假设就是合理的。正如佩雷茨所说："教师的日常经验容易使他们有关利用课程教材各种潜能的眼界变窄。教师习惯于信奉对教材的明显解释，特别是对那些他们已经熟悉的东西……因而需要增进教师对有用的课程教材的相反方面的意识……"② 课程潜能的概念提示教师，教学目标并不是简单地表达在教材文字中，也不是固定不变的，是需要教师挖掘的，教学设计要考虑学生是否能获得，如何获得，但首先要考虑获得什么。按照施瓦布的观点，每个学科内容转化成课程内容的时候都包含三个可能产生意义的维度，即主旨、来源和理解③。学科内容所表达的主旨，即内容材料中主要表达的含义与意义，是显现的容易被察觉的内容。来源维度是指学科内容产生的方法和原则。学科专家在探究无序的学科材料时，要使用特定的方法和原则，使杂乱无章的学科知识变得有序，每个学科内容都蕴含着一定的形成此学科内容的方法和原则。第三个维度是理解，是指学科内容是一个复杂的组织，由多部分构成，需要运用某种原则，从多个角度，运用不同的思维方式，提出不同的问题才能理解。比如当一则科学材料进入课程时，课程或教学设计者可以选择其主旨维度，为学习者提供相关现象的描述与解释，也可以选择理解这则材料所需的某一原则或方法作为学习内容，使学习者知道如何做判断。例如，将诗歌的来

① 江山野主. 简明国际教育百科全书·课程 ［M］. 北京：教育科学出版社，1991：11.

② SCHWAB J J. The practical 3：translation into curriculum ［J］. School Review，1973 (81)：501-522.

③ DENG Z. Constructing chinese didactics：（re）discovering the German didactics tradition ［J］. Jahrbuch fur Allgemeine Didaktik（Jf AD），2012（1）：108-128.

源维度作为学习内容，学生便可以通过练习写诗和分析诗歌来发现诗歌的特点，这不仅达到了让学生了解诗歌特点的目的，同时使其形成了分析和创作诗歌的技能。这一维度对学习者而言是具有潜在价值的。

对于这个问题，有学者认为尽管德国教学论有不同的概念体系，但在教学设计层面，也极为关注对课程内容潜能的分析并很有建树，德国教学论认为教学内容是为达成教育目的而经过特殊选择和组织的知识、体验和智慧，是促进人的发展、解放和自由的媒介。教学内容蕴含着需要在教学中发现与实现的教育潜力。"为了能胜任此项工作，教师需在进行教学设计时分析和阐释这些内容的意义"。作为教学设计的第一步，教师要领悟被课程设计者嵌入课程内容的教育意图，并反思设计者基于怎样的考虑，将某一个内容选入课程。德国学者克拉夫基为教师提供了教学设计时分析内容的一个构架，分为五个步骤：①内容的价值。该内容为学习者提供了哪些规则、方法、技术或是态度？②对当前的意义。学生可获得的体验、知识、能力或技能具有怎样的意义？③对今后的意义。某一内容对学生未来会产生怎样的影响？④内容结构。内容是如何建构的？各个内容是如何联系起来的？是否有不同层次的内容和价值？⑤教育代表性。对于特定年龄段的学生，哪些特殊的案例、现象、特定场景、经历、人和因素等，是有趣并具有启发意义的、可接受可理解的？①

（二）不同"来源"的学科有差异的教学价值

施瓦布强调学科中的"来源"即"每个学科内容都蕴含着一定的形成此学科内容的方法和原则"作为课程可挖掘的潜能。这种潜能是有差异的，形成了不同的学科品性，这个差异既是教学设计的局限，也是教学意义的可能性。学科课程来自一个或多个学科，自然带有学科本身的应然的属性，这些学科的知识与经验在生产的时候有不同的生产方式，或者说有不同的研究方法，在教学中，在理解与解释这些学科内容的时候，也应遵循这些思维的特性、表达的特性、交流的特性。比如人文学科中的语文兼有审美与理解的特性，需要理解文本的意义，又需要在情感渲染中感受美，表达美；道德的形成是基于体验的反思，或思辨；数学是一种数理逻辑，是一种笛卡尔式的传统②，是头脑中的严密推演；而自然科学物理、

①　KLAFKI W. Didactic analysis as the core of preparation of instruction [J]. Journal of Curriculum Studies，1995 (1)：13-30.

②　吴国盛. 科学与人文 [J]. 中国社会科学，2001 (4)：10-13.

化学则是基于实验的归纳。在相同的教学模式中，等于假定这些学科的性能相同，于是可以采用相同的表达方式，思维方式。如果语文课堂师生主要的任务就是找到文章行文的线索，找到描写线索的字词，即便是以自主的方式、研讨的方式，仍然是在用数学知识的形成方式上语文课，语文教学应有的理解的意义与审美的价值已经流失。正因为一个事物不具备众多属性，它才可以是其所是，才可以拥有自身属性的价值。每个学科课程的教学都有自己的品性，也才能有自己的功能，教学本身也因此变得丰富、复杂而充满魅力。

（三）教学是教师独特的教育创生

课程的文件载体主要是课标与教材，编写者将自己对课程的理解转化成文本与文字的时候，含义已经衰减了，教学中，仅以教材中的文字理解、知识点的掌握为根本目的，必然再次窄化对课程的理解。教学不应是也可以不是教材内容的再次衰减，因为教学过程的导引者是"在场"的，教师可以挖掘课程潜能，那些隐含在教材中、未必都表达在教材中的部分，那些在教学中生成出来的部分，那些借用文本想要表达的部分，都可以是教学的内容。教学是实现课程潜能最活跃的环节。我国语文教学名师窦桂梅在谈到自己备课中对教材解读的时候，提出了四层次分析步骤：第一，分析文本究竟说了什么。就是一定把原文弄清楚，读通、读懂、读透，读出文字想要表达的意思，作为一个独立读者，理解、想象、分析文本，而不是简单地移植别人的理解。第二，分析文本想要说什么，就是说一篇文章之所以这样表达，一定有相关的背景因素，这时教师要查找作者的生平，写作年代的历史背景，相关的社会思想，以及文体本身的基本知识、基本特征等。第三，分析文本能够说什么。不同的人对同样的文本的理解是不同的，不同的阅读水平、个人经历、心智，甚至在不同社会历史时期都会有不同的解读，这些多角度解读帮助教师首先实现了"理解"。第四，分析文本应该说什么。这时就要站在一个教师的立场，"摆脱对作者心理体验的重构"，思考如何转化自己的阅读经验，变成适宜学生理解接受的东西。她认为教师对文本的理解与解释的目的，"是要比作者更好地理解作者"，这时的课程意义，从根本上说来自教师自己的生命[①]。如果说在这四个步骤中，前三步是教师对课程潜能的阐释、选择、组织，第四

---

① 窦桂梅. 做一名有专业尊严的教师 [M]. 桂林：漓江出版社，2007：24.

步则是在此基础上教师对课程潜能的转化，需要教师根据自己对学习者的了解，对自己的了解，对教育、教学情境的了解，重新阐释、转化、组织教学内容。

四、学习教学模式的方式是意义的，是创生的

模式的产生是有情境条件的，对模式的学习需要理解其背后的价值追求、核心理念，需要"抽象"一些，需要伴随着创生的行动，而不是简单地程序复制，这个过程也是需要在实践尝试、反思后得以实现的。例如，在实践中，我国已有实践者经历由"环节""模式"走向"模块"的变革道路①。变革之初，他们基于学生学的需求，提出了体现学生主题性的教学六环节：自学质疑、交流展示、互动探究、精讲点拨、矫正反馈、迁移应用等。在一段时间的探索之后，为了避免模式的僵化使用，将六环节改成了六模块，实现了教师对各环节立体、随机、组合式的使用。尝试一种模式，是实践者探索模式背后理念的一种手段，从有不清晰的新想法，到学习一种可操作、可复制的模式，在感受了变革的意义，体会教学的价值后，突破固定的模式，走向不悖乎学生主体性这一基本原则，又丰富、多元的实践样式。因此，变革中的模式是为了推广理念的暂时操作样式，是为不理解理念的人确定的"规矩"，一旦理解了理念，实践者需要空间去自主建构每个丰富、复杂、多维的课堂，因此，改革也要为理解理念的人留有空间。

［原文刊载于《教育理论与实践》2014 年第 31 期（冯琪　吕立杰　袁秋红）］

---

① 孙朝仁，孙焱. 基于"以学定教"的"六模块建构式课堂"实践与思考［J］. 上海教育科研，2012（11）：52.

13 走向未来的传统：传统文化类校本课程发展探讨

2014 年 3 月，教育部印发的《完善中华优秀传统文化教育指导纲要》（以下简称《纲要》），提出应在中小学课程中加强传统文化教育，并就如何在学校推进中华优秀传统文化教育进行了顶层式设计。2017 年 1 月，中共中央办公厅、国务院办公厅印发的《关于实施中华优秀传统文化传承发展工程的意见》（以下简称《意见》），第一次以中央文件的形式专题阐释了中华优秀传统文化传承发展工作，为落实中华优秀传统文化教育提供了抓手与发展路径。传统文化是民族凝聚力与创造力的源泉，是民族自信、文化自信的重要根基。学校教育是培养人才的主渠道，目前，很多学校以国家课程、校本课程、学校活动等多种方式传播传统文化。课程塑造着一代人的文化格局与性格气质。换言之，课程中传递着什么样的传统文化，决定着一代青年学生具有怎样的中华优秀传统文化认知理解、价值认同与文化选择。本研究作为系列研究中的一部分，对全国范围内传统文化类校本课程的开设现状及存在的问题进行了调查，以期为传统文化类校本课程的优化提供路径思考与现实借鉴。本研究中的传统文化校本课程指的是由学校自主开设、持续实施的，以中华优秀传统文化为主题的一类校本课程。

一、中华优秀传统文化的教育意蕴与课程价值

（一）中华优秀传统文化传承与发展的教育意蕴

中华传统文化的传承与发展既是提升中国文化软实力、坚定文化自信的时代需求，更是文化内在规定性的基本要求，传递着民族人文血脉相连的价值意义。民族人文的血脉相连取决于群体性文化与个人性观念的双向作用。一方面民族中的成员"依赖于文化程序来控制自身的行为"，达成对文化主体的符号认知、身份认同与价值理解[1]；另一方面，在此作用下培养了具有民族担当的公民，他们会通过自身的品质与能力使得民族文化

---

[1]　格尔兹. 文化的解释［M］. 纳日碧力戈，等译. 上海：上海人民出版社，1999：56-57.

的外延扩展与内涵丰富①。教育在该双向作用中既作为文化程序的核心培植个体的成长，也作为改造社会文化的工具促进了文化的传承与发展。换言之，教育既要以民族传统文化规训并引导个体，更要培养人才主观能动性以发展民族传统文化。现实生活中学生会去感受不同文化带来的生活方式、行为规范与思维差异，并基于自身的文化理解进行选择与调适，进而形成行为趋向与价值观念异质性的群体。在优质教育的影响下，中华优秀传统文化的深层次结构，如价值观念、心理特质、情感思维等构成民族认同感和内聚感的核心要素②，可让学生在观念上理解，价值上认同与行为上同化，进而在精神层面达成群体性的身份认祖、情感依恋与民族凝聚力的提升。因此，教育既是中华传统文化传承与发展的主要方式，更可以促进中华民族血脉相连，也能促使传统文化从"照着讲"走向"接着讲"。

（二）课程是文化育人的路径，校本是文化脉络的"结点"

课程是文化育人的路径。由学生本体在课程体验中应当获取的事物来看，课程本身应当形成独特的个性结构并提供充分的文化资源，以帮助学生在接受文化规约的基础上亦能达成内在超越。③ 就我国的国家课程体系而言，语文、历史、道德与法治、音乐、体育、美术等课程已经对中华传统文化有较为系统的体现。但文化是一种综合文学、艺术、科学、道德等形式的社会产物，它的获得不仅是知识、信息的收纳，还需要在情感共鸣中接受价值观念，更需要在文化的体验、认异中领悟、认同。校本课程大多是立足于学校与地方的人文环境、地域资源与历史积淀等进行的保有自身特色的课程。④ 如果说分门别类的国家课程是厘清了中华文化的核心脉络，那么校本课程就可以是这些脉络汇聚、交叉的结点。同时，对文化的认同包含着由浅入深、逐级递进的过程，如果没有个人情感的依恋与乡土根基的存在，中华优秀传统文化深层结构的认同也难以维系。而校本课程正是基于各类在地性资源的利用而逐步开发的，可见其作为文化脉络的"结点"具有其独特的育人价值。

---

① 覃光广，冯利，陈朴. 文化学辞典 [M]. 北京：中央民族学院出版社，1988：108.

② 赵世林. 论民族文化传承的本质 [J]. 北京大学学报（哲学社会科学版），2002（3）：10-16.

③ DEWEY B J. Democracy and education：an introduction to the philosophy of education [J]. American Journal of Sociology，1916（1）：40-49.

④ 吕立杰，袁秋红. 校本课程开发中的课程组织逻辑 [J]. 教育研究，2014（9）：96-103.

二、研究设计与方法

本研究对传统文化类校本课程数量类别、地域特色、组织形式、教学质量的实际情况与社会关注、资源利用、教师队伍的外部影响因素进行调查，运用舆情分析、问卷调查、个别访谈、课堂观察等方式进行混合式研究设计。根据我国"七五"计划中对东中西部区域划分的总数进行分层配额抽样，分别确定东部、中部与西部调研学校为 45 所、43 所和 32 所。自 2018 年 10 月至 2019 年 1 月，对抽样的 12 省市、自治区的中小学进行了两轮调查研究，共计获得 120 份学校课程方案（或课程计划），1542 份教师问卷，6874 份小学生问卷与 5356 份中学生问卷。与此同时，我们还分别对 10 名校长、24 名教师进行了访谈，进行了 16 次课堂观察。据此，发现并梳理我国中小学传统文化类校本课程的实施现状。

（一）传统文化类校本课程开设基本情况调研

本课题组将搜集到的 120 份学校课程方案（或课程计划）按照传统文化类校本课程的所占比例、开设类型、组织形式与管理评价等多个方面进行了数据预处理与集成，将所开设传统文化类校本课程的分类层级详细数据导入 sunburstR 包（http：//cran. r-project. org/package＝sunburstR），绘制旭日图。其余各方面的校本课程现状均采用 R 语言内置统计功能的命令加以计算，以平均值、百分比等形式进行统计学描述。

（二）教师与学生态度的群体现状描绘

为观察实际调研中学生与教师的现实样态，本研究对以上第一轮调研的 120 所学校进行了教师态度与学生态度（包括学生对传统文化类校本课程满意度与传统文化认同感）的量表开发设计与二轮调研。其中对教师态度的量表设计是以 1959 年卡特兹等对态度的定义为理论基础，即态度是个人对特定对象（人、事、物）所持有的一套有组织的认知、情感及行为倾向，基于此可以给态度划分三个主要的层次，即认知、情感和行为意向[1]。学生满意度借鉴美国密歇根大学商学院国家质量研究中心科罗思博士推出的基于因果关系的顾客满意度指数模型，形成传统文化校本课程学生满意度理论框架，主要分为学生期望、感知质量、价值感知与学生忠诚

---

① 李洁. 大学生人生态度现状与转化研究［M］. 上海：上海人民出版社，2015：54-55.

三个方面①。而学生的文化认同感量表则参照民族文化认同的心理层级结构建构，分别包含文化符号认同、文化身份认同和价值文化认同三个维度②。

　　问卷均采用 Likert 5.0 量表进行评级测试，其中教师态度量表与学生课程满意度量表为自陈式量表，学生文化认同感为情景判断测验量表。研究者采用 R 语言自置函数计算了各量表的 Cronbach's Alpha 信度系数，由表 3 - 2 可见 Cronbach's Alpha 信度系数均大于 0.75，具有较好的一致性。为检验三个量表的效度，首先采用了附加 psych 包中的 KMO 程序（https：//cran. r-project. org/web/packages/psych/）进行各量表的 KMO 值计算，可见三个量表的 KMO 值均在 0.8 以上，适合进行探索性因子分析。此外，通过 R 语言自带的 factanal 函数、factor. analysis 函数与附加 psych 包中的 fa 函数进行了基于最大方差法的正交旋转，分析后发现三份量表的标准化因子负荷均在 0.568 和 0.871 之间，且总解释量均超过 75％，具体如表 1 所示。综上所述，第二轮的量表具有较好的效度。在证实量表具有良好信效度的基础上，采用 R 语言对各类群体依据调研的各级维度进行了聚类分析，附加 R 包 pheatmap 绘制"热图"用以表述教师态度与学生课程满意度与传统文化认同感的群体现状（https：//cran. r-project. org/web/packages/pheatmap/index. html）。

表 3 - 2　各量表的信效度检验数值

量表名称	学段	Cronbach's Alpha	KMO 值	总解释量
教师态度	全部	0.940	0.961	82.836％
学生课程满意度	小学	0.922	0.945	86.497％
	中学	0.833	0.901	84.742％
学生文化认同感	小学	0.804	0.869	78.839％
	中学	0.777	0.827	76.438％

（三）课程满意度与文化认同感的模型建构

　　由学生本体在课程体验中应当获取的事物来看，课程本身应当形成独特的个性结构并提供充分的文化资源，以帮助学生在接受文化规约的基础上亦能达成内在超越。由此可见，课程应当是文化育人的路径，学生在传

---

① LIU R，JUNG L. The commuter student and student satisfaction [J]. Research in Higher Education，1980（3）：215-226.

② 王沛，胡发稳. 民族文化认同：内涵与结构 [J]. 上海师范大学学报（哲学社会科学版），2011（1）：101-107.

统文化类校本课程中获取到的应当是中华优秀传统文化认同感的生成。为了探寻二者间的关系，本研究采用 Amos 21.0 软件的结构方程模型（Structural Equation Modeling，SEM）验证学生对传统文化类校本课程满意度与文化认同感生成之间的模型关系。SEM 是整合了路径分析与验证性因素分析等多元数据分析方法的重要模型建构方法。[1] 研究采用了最大似然法（Maximum Likelihood，ML）进行模型估计，经过多次的模型预估、运算与调整的循环后得到了一个模型。该模型的 $X^2/df = 3.12 < 5$，$GFI = 0.957 > 0.90$，$CFI = 0.931 > 0.90$，$RMSEA = 0.067 < 0.08$，具有较好的拟合优度。希望该模型的建构与阐释能够说明传统文化类校本课程在培育学生文化认同中的作用，并为指向学生中华优秀传统文化认同感提升的传统文化类校本课程改进提出更为合理、有效的建议。

（四）传统文化教育的舆情概况及空间自相关研究

外部氛围的社会关注并不会直接影响传统文化校本课程的具体实施，但是其却潜移默化地浸染着每一位学生、教师与校长等课程设计者与执行者，并会影响传统文化教育的践行，进而改变学生的文化认同感。可见，传统文化教育舆情对校本课程的实施与学生文化认同感的生成至关重要。因而，研究者选取 2014 年至 2018 年人民网、新华网、新浪等主流媒体与各省市教育网站的传统文化教育新闻报道，对此进行统计分析，以判断全国传统文化教育的舆情概况。

此外，为了更加清楚地反映各省市传统文化教育的舆情水平，研究者将所有报道导入 NVivo11 软件，将各省市传统文化教育新闻报道的育人载体（如孔子、昆曲、皮影戏、国学经典等）与培育路径（如国家课程渗透、研学旅行等）进行了自由节点编码。针对各省市的传统文化教育舆情竞争力，参考科研管理中的数据处理方式[2]，制定出 TCEPCI（Traditional Culture Education Public-sentiment Competitiveness Index）指标，即传统文化教育舆情竞争力指标：$TCEPCI_{某省} =$

$$\sqrt{\frac{某省传统文化育人载体数量}{31个省平均传统文化育人载体数量} \times \frac{某省传统文化培育路径数量}{31个省平均传统文化培育路径数量}}。$$

---

① 郭丛斌，闵维方. 教育：创设合理的代际流动机制：结构方程模型在教育与代际流动关系研究中的应用 [J]. 教育研究，2009（10）：5-12.

② 马廷灿，曹慕昆，王桂芳. 从国家自然科学基金看我国各省市基础研究竞争力 [J]. 科学通报，2011（36）：3115-3121.

各省市传统文化育人载体的多样化与培育路径的多元化，造成难以对各省市传统文化教育的舆情力量进行合理量化。而该公式可以通过某省市与平均值的比值较为客观地得出各省市的指标情况，以上计算均采用 R 语言完成。然后，本研究将 TCEPCI 指数导入 ArcGIS 软件中的 Getis-Ord General G 模块进行全局空间自相关分析，在 G 指数运算的全局自相关中，首先满足 $P \leqslant 0.05$ 显著性下，Z 值为正说明我国辅导员研究竞争力在空间分布存在集聚效应。当观测 G 指数与期望 G 指数比值大于 1 说明数据在高分值集聚，若比值小于 1 则说明呈现低值集聚。[①] 但是在研究中若该比值等于 1 表明区域空间内既有高值集聚又有低值集聚。此后则需要进一步的局部空间自相关运算加以判别，研究者使用 LISA 来评价传统文化教育舆情竞争力的局部空间自相关强度。使用 LISA（Local Indicators of Spatial Association）模块进行局部空间自相关分析：设定数据模拟计算次数为 999 次，且以图片形式展示其出现集聚效应的区域及类型，用以预测各省市传统文化教育的舆情走向。

三、研究结果与分析

（一）传统文化类校本课程开设现状

1. 传统文化类校本课程门类丰富多样，个别学校出现内容识断偏差

在所调研 12 个省市 120 所学校中有 107 所学校设有校本课程，其中 92 所学校有传统文化类校本课程，搜集到传统文化类校本课程共计 321 门。可以说，目前全国各地开设的传统文化类校本课程数量多、占比大。将其按照"道""器"与综合三大类型进行划分与归类。其中，"道"类课程指文化内容抽象程度高，思想体系鲜明、系统的课程，这类课程又分为历史类、经典典籍类、道德教育类三个亚类；"器"类课程指与生活方式、休闲方式相关的，具有操作性、民间性内容的课程，根据具体内容再分为茶艺、礼仪、琴棋书画等 21 个小类（具体如图 3 - 4 所示）；综合类指一些主题课程，通过主题将"道""器"内容融合为一体，整合学生的认知、体验、探究等学习方式。统计后，其中道类 78 门、器类 245 门与综合类 7 门，这些课程从思想、文学、礼仪、生活习俗等多方面传递、弘扬中华传统文化，呈现出鲜明的育人价值。但在对学校课程方案或计划的分析中发

---

① GETIS A，ORD J K. The analysis of spatial association by use of distance statistics [J]. Geographical Analysis，1992（3）：189-206.

现：有的学校要求学生背诵的古文太多，比如三年级学生要背诵《弟子规》《三字经》《千字文》《大学》《中庸》《孟子》等全部内容；还有的学校提出重视"古典文化中的中庸思想，不偏不倚，全方位地融入课堂之中，让束之高阁的古典文化落地生根"；还有的学校组织学生的体验活动是在中高考前在孔子像前行鞠躬礼、状元桥上系理想飘带，祈祷考出好成绩等。文化继承就是对传统及现有文化进行选择的过程，文化选择又是确立最适合社会发展的知识、价值的过程。

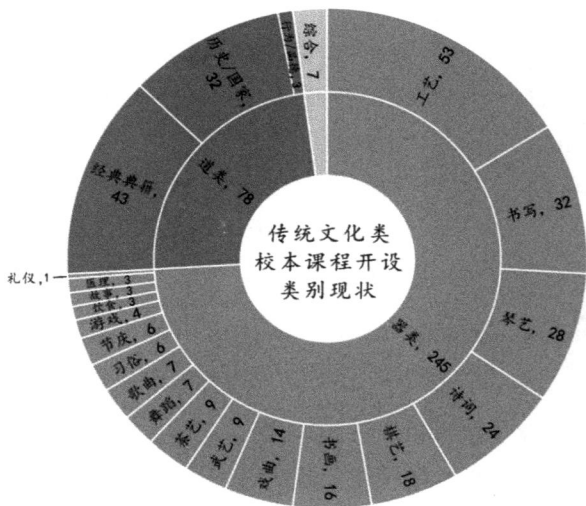

图 3 - 4　传统文化类校本课程开设类别情况旭日图

课程设计就是文化选择的过程，课程塑造着学生对传统文化的理解，传统文化通过学校教育尤其是学校课程实现继承与延续，这一过程同样是对传统文化选择的过程。学校课程中保留什么，延续什么，以及发展什么样的传统文化，构成了未来人对传统文化的理解，从这个意义上说，学校课程是对传统文化的理解、选择与重新结构化的过程，课程是文化的改造。为此，需要我们探讨、命名传统文化类课程的共性价值，在内容领域、素养功能、文化背景、历史渊源等课程形式的丰富、多样中，梳理、辨识、把握传统文化类课程价值与目标中的一体性，为该类课程确立"多样一体"的思想定位。

2. 传统文化类校本课程实施依托地方资源，但课时与方式上仍显整体不足

在课程实施中，各地充分利用地方文化资源的优势，开设地域特色的传统文化类校本课程，如北京海淀区的走进圆明园校本课程、甘肃的皮影戏校本课程、山东临沂的走进孔子课程、陕西的腰鼓课程和江苏常州的留青竹刻课程等。这些课程利用在地资源，考虑学生的生活环境，发挥其独特、灵动的育人作用。在调查中我们也发现，传统文化类校本课程有着各类校本课程共同的实施难点，就是课时保障问题，80％以上的小学在传统文化类校本课程实施上能满足每学年 12 个学时，而大多数的中学仅能满足每学年 4 个学时，原因就是中学课时很"紧"，学生表示校本课程经常被数学、物理等课程代替。另外，在课程实施方式方面，53.66％的中小学生仅在教室中进行课程实施，在校本课程中去过社区、纪念馆、民俗馆、博物馆和文庙书院等地方四次以上的学生仅占 1％。传统文化内容在国家课程中已有较为系统的呈现，尤其在语文、历史、道德与法治、音体美等学科中。校本课程中的传统文化内容与国家课程是怎样的关系？如果校本课程仅仅是对国家课程内容的补充、拓展，那么这种数量上的增加多少为适合？如果说越多越好，中华文化的磅礴、丰富会让课程容量没有限度，尤其校本补充的这部分如果与中考、高考无关，自然被师生视为课业负担，成了师生都不愿意真正实施的课程。因此，校本课程中的传统文化内容不在于知识量、信息量的增加，而应是用综合、体验、操作的方式，去感悟、实践文化，就是综合已有的信息、知识去领悟文化，实践对文化的期待与好奇，或者说在创设的情境、环境中，让学生感知传统文化的存在。

（二）传统文化类校本课程主体的群体描绘

师生群体现状的描绘均采用热图的聚类 K-means 的平均距离算法。该算法基于某一维度中心值的平均距离计算得出，聚类出的群体并无好坏差异之分，且每类区内的每个小方格表示每位教师或学生在该维度相对于该维度平均值的得分，得分越高颜色越深，反之则越浅[①]。每行表示同一位教师或学生在不同维度中的得分情况，左侧树状图表示各个教师或学生的聚类结果。

1. 教师对文化传统类校本课程态度聚类分析

对教师传统文化教育的态度调研主要从认知、情感与行为三个方面进行调查测量，总体而言教师在情感上高度认可、行为上努力践行传统文化教育，但是其整体对传统文化教育的认知稍显薄弱。在实际的访谈中主要

①　杨曼，吕立杰，丁奕然. 小学生中华优秀传统文化认同现状调查及提升策略［J］. 中国电化教育，2019（6）：44-51.

表现为教师认可传统文化类校本课程开设的必要性与迫切性，并有91.77％的教师愿意终身践行传统文化理念。然而，一个学校仅有几位传统文化类校本课程的专任教师，或者只有兼职教师，大多对传统文化的相关知识与精神实质掌握不足。综上所述，当下教师群体呈现出对《纲要》迅速响应的良好态势，却又囿于当下专任师资匮乏、职后培训较少与外部支撑不足等情况，体现得手不应心。根据其在认知、情感与行为各方面的具体差异可划分为"平庸型教师""积极型教师""优质型教师""意向型教师"与"执行型教师"（具体如图3-5所示）。

"平庸型教师"在对传统文化类校本课程的认知、情感与行为三个方面均表现平平，多表现为一种得过且过的实然样态，其占据了整体的8.33％左右。"优质型教师"则在三个方面均表现较优。"积极型教师"则占据了整体教师的23.56％，其在情感与行为上表现良好，而在认知上表现相对较弱一点，此类老师大多乐于教授传统文化的相关内容，却往往因现实阻挠无法真正深化自身对传统文化的理解。这类教师与"意向型教师"的不同在于其不仅在情感上认同，也会在实际教育中践行。此外，仍有17.38％左右的教师为"执行型教师"，其在实践样态中往往体现为仅在学校政策或强制性命令要求中努力做好，并没有从内心完全认可或接受传统文化类校本课程的践行。

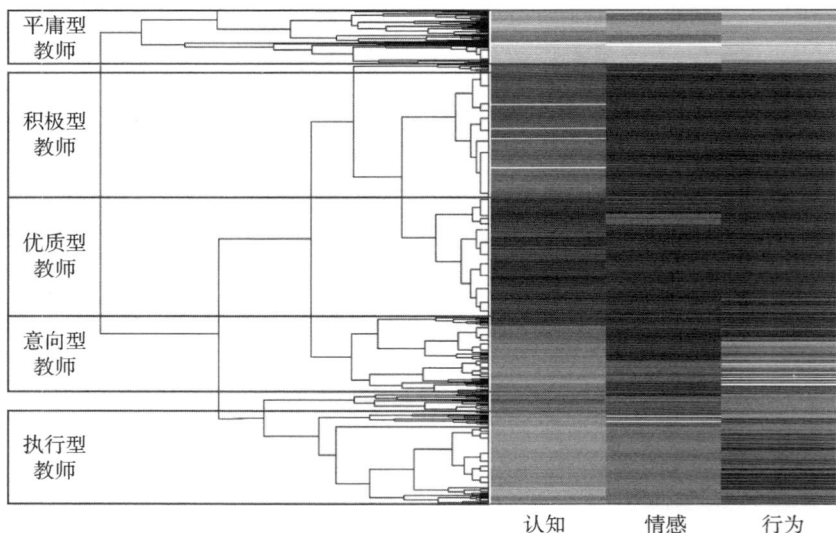

图3-5 教师对传统文化类校本课程的态度群体聚类

2. 学生校本课程满意度聚类分析

从当下传统文化类校本课程学生满意度呈现的总体来看学生期望较高，但是其在感知教师教学内容或方法方面能力较弱，因而也导致了学生在之后的价值感知（学习收获）与学生忠诚中表现不一。这也提示我们中华传统文化仍然是今天学生学习生活追求的核心价值。校本课程不是简单地"告诉"信息、"宣教"价值、"植入"神秘的传统文化知识，而是让学生学习怎样在多元文化中选择，在熟悉的文化元素中发现美好，获得信念。

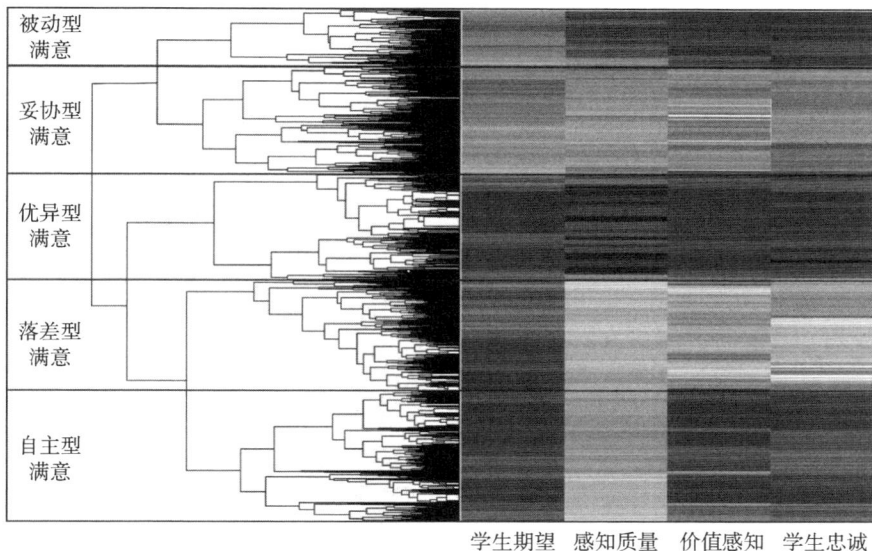

图 3 - 6　中小学生的传统文化类校本课程满意度群体聚类

根据学生在课程满意度四个维度上的具体差异可将其划分为"被动型满意""妥协型满意""优异型满意""落差型满意"与"自主型满意"五种类型（具体如图 3 - 6 所示）。"被动型满意"的学生所占比例较低，为9.39％，其本身对传统文化类校本课程的期待一般，但是由于接受了教师精心预设、方法适切的课程实施，因而取得了较好的感知质量、价值感知与学生忠诚。而"妥协型满意"则是四个维度均表现一般，对传统文化类校本课程呈现出的一种低均衡性样态。"优异型满意"与"落差型满意"两种类型呈相反态势，前者是学生较高的期待值得到了满足进而表现为各方面均较为满意，而后者则是学生期望没有被满足形成的期待与收获的巨大落差，从而让学生对课程的满意度下降，且不会产生对课程的忠诚，这两类均占总体的 20％ 左右。此外，还有一类的"自主型满意"学生抱着很高的期待，虽然没有在课程的实施中感受到较好的质量，但是由于其自身的自主学习与钻研，也取得了较好的课程满意度。

3. 学生文化认同感聚类分析

学生文化认同感的生成往往是一个由文化载体的表观感知到文化精神的内化体悟的螺旋式上升过程。其不仅仅受到学校教育的影响，还会受到来自家庭与社会等多方面的影响。从当下中小学生传统文化认同感呈现的总体来看差异明显，各群体间呈现出较大的差异，各群体内部趋同特征鲜明。正是由于个体在接受民族文化观念隐性规约时，既会理解并认同群体范式，也会依据自身的生活阅历与成长经历塑造对文化理解的个体性差异。可见，个体既生成了与民族群体相同或相近的"同一性"，也获得了个人理解不同的"异质性"[①]。基于文化符号认同、文化身份认同与价值文化认同三个维度的表现差异可以将现实群体分为"深层性认同""均等性认同""被动性认同""认知性认同"与"表象性认同"五种类型（具体如图 3－7 所示）。

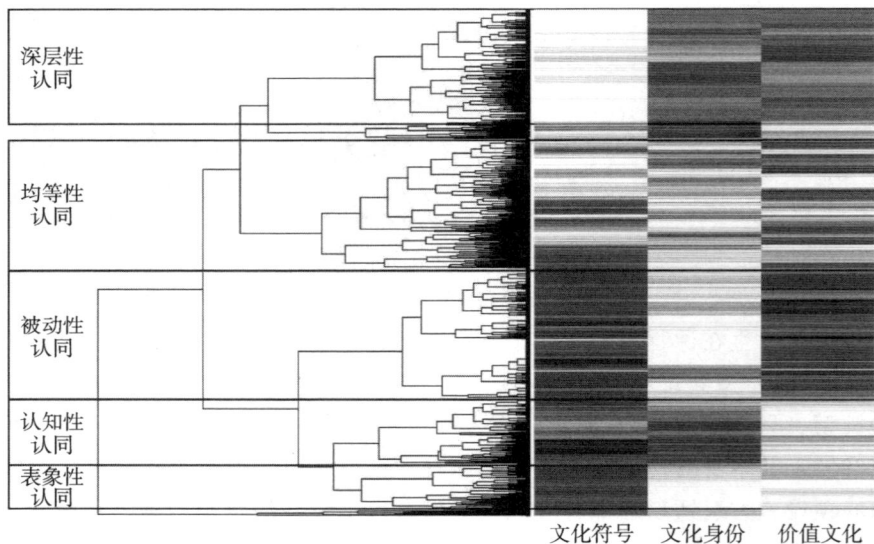

图 3－7　中小学生的传统文化认同感群体聚类

其中，"深层性认同"与"表象性认同"在文化符号认同中表现相反。也许学生记不得某类具象的文化符号意义，但是其已经通过之前的学习与渗透，了解并体悟了中华传统文化的实质。该类学生在中学的高年级学段

---

① 韩震. 全球化时代的华侨华人文化认同的特点 [J]. 学术界，2009（2）：25-32.

较为常见，且占据了整体学生的 23.48%。"均等性认同"的学生则是在三个维度均表现平平，对中华传统文化具备一个模糊的轮廓性了解与认可。"被动性认同"的学生是在接受了传统文化教育方方面面的被动熏陶后形成了对文化中代表性符号与基本观念的理解与认同，但其并没有真正将其落实为感性的情感依赖，转变为主观的身份认可，因而在文化身份认同中表现较低。此外，还有一种类型是占据了整体约 10% 的"认知性认同"，此类学生应当是经过一定的学习已经在文化符号与文化身份的认同中取得了良好表现，但是其还未对传统文化中的精神价值获得深层的认可。正因如此，该类型在低年段的学生中较为常见。

（三）学生课程满意度与传统文化认同感关系的模型建构

在传统文化类校本课程满意度与学生文化认同感的模型中（如图 3-8），各观测变量生成潜变量的平均提取方差 AVE 值经计算均大于 0.5，且该模型的各参数在 $P \leqslant 0.05$ 的水平上也是显著的（除学生期望与价值感知的相关关系外）。由此可以判定该模型构建的各维度间具有良好的内在逻辑。从模型图与相关系数总体概况可以发现，传统文化类校本课程的满意度说明通过传统文化类校本课程的实施可以提升学生的文化认同。诚然，学生中华优秀传统文化认同感的生成必然不局限于校本课程的实施，其同样期待于学校教育中国家课程的渗透、社会教育与家庭教育形成的育人合力。然而，该模型的构建说明了传统文化类校本课程是提升学生文化认同感的一条适宜、有效的路径。

通过该模型的左侧课程满意度的关系建构可以发现，学生对传统文化类校本课程教学方法与教学内容的感知决定着学生的学习收获，即感知质量对价值感知具有决定性作用，直接效应为 0.62。而学生价值感知的水平会对其课程忠诚起决定性作用，直接效应为 0.69。此外，学生期望对感知质量、价值感知与学生忠诚存在一定程度的影响，但程度较低，尤其在价值感知方面体现得较为明显（直接效应仅为 0.28）。由此可见，尽管在调研中发现多数学生对传统文化的内容包含期待，但是其自身在传统文化类课程中的感知与收获才是真正影响其课程满意度的重要原因。此点提示了当下在进行传统文化类校本课程的设计与实施中必须促进教学方法的具身性、多元性与教学内容的适切性、时代性，充分考虑学生本体的体验与根植，通过适时应务地进行传统文化类校本课程的完善，提升学生对该类课程的感知质量，进而促进学生的价值感知，以提升学生对此类课程的满意度。

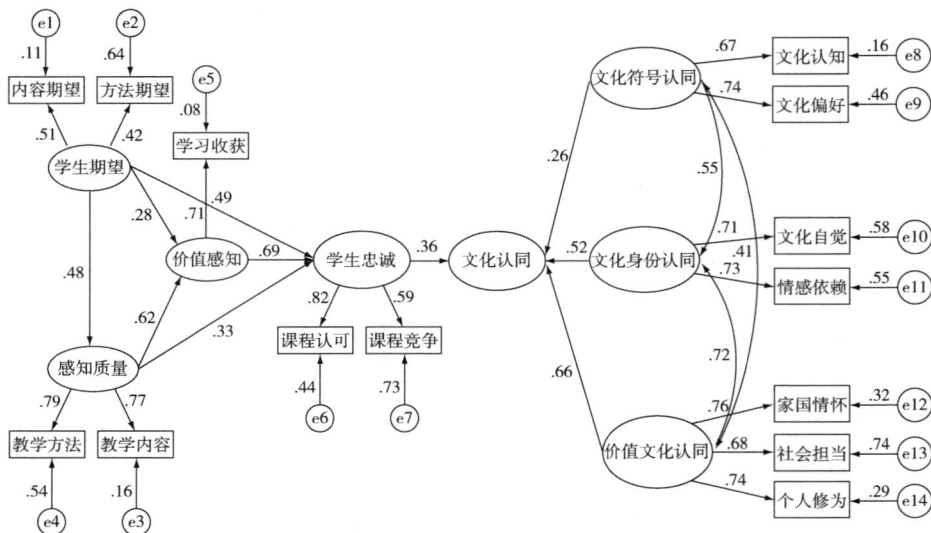

图 3 - 8 中小学生课程满意度与文化认同感的模型建构图

此外，根据模型建构右侧的文化认同感模型中，我们可以明确地发现与学生文化认同感生成相互关系由高到低的三个维度分别是价值文化认同、文化身份认同与文化符号认同。与此同时，三者间的相关系数分别为文化身份认同与文化符号认同的 0.55、文化身份认同与价值文化认同的 0.72 和文化符号认同与价值文化认同的 0.41。由此可见，实际测验出的学生文化认同的生成与相关理论假设一致，文化认同感的生成并不是一蹴而就的，而是经由学生对文化符号的认知与偏好生成了对自身所处文化环境的自觉与依赖，是从多元文化的认异中不断提升促进自身形成对中华优秀传统文化的身份认可与眷恋。在此基础上学生实现了对中华民族文化精神实质的认可，即去理解中华优秀传统文化中"讲仁爱、重民本、守诚信、崇正义、尚和合、求大同"的价值文化。综上所述，文化认同感的生成是一个逐层聚类、渐进提升的过程。这就要求我们应当围绕《纲要》的要求，在课程设计与实施上促进其纵向连贯，逐步促进学生由传统文化器物层面的符号认识上升至精神层面的观念理解。

（四）学校传统文化教育活动舆情动态变化

我们对全国各省市 2014 年至 2018 年的 1684 条与传统文化教育政策及基础教育学校开展的传统文化相关活动的有效新闻报道进行了整理与分

析。从数量上看，2014 年至 2018 年间与传统文化教育相关的报道数量分别为 119 次、146 次、263 次、432 次和 724 次。可见，自 2014 年教育部颁布《纲要》以来，舆情报道的数量整体上呈现逐年上升的趋势，并且从 2017 年开始，上升幅度明显增大。而 2017 年之所以会成为特殊的时间节点，主要是因为《意见》这一文件的出台。各省市为深入贯彻《意见》的基本思想，纷纷加强对中华优秀传统文化教育的关注和重视，大力增强宣传力度，从政策解读、具体要求、目标任务、实践策略等各个方面给予指导。这也充分说明了坚持政策导向是各地践行传统文化教育的基本特点，以及政策的引领性作用在各地实施传统文化教育中的积极发挥。

经量化计算可以发现重庆（3.949）、四川（3.466）、山东（3.370）、河南（3.171）和安徽（2.898）等省份的 TCEPCI 水平较高，具有良好的传统文化教育舆情竞争力。其中山东、河南、安徽等省份是凭借着自身特色的非物质文化遗产资源开发利用在育人载体的多样性中呈现了极强优势，而重庆、四川则是在教育路径的多样性上予以发力，具备了较高的竞争力水平。此外，从整体计量结果中可以发现，我国当下传统文化教育舆情竞争力已经呈现出较大差异的空间分布格局。那么，是否存在相邻省份间的教育方式与资源挖掘等方面相互参考借鉴的"知识外溢"，而产生了空间集聚效应呢？根据 ArcGIS 计量的全局自相关 Z 值为 3.228，且 P 值为 $0.001 \leqslant 0.001$，这说明了我国传统文化教育舆情竞争力已经出现了明显的空间集聚情况。观测 G 指数与期望 G 指数的比值为 1，由此可见，当下既存在竞争力强的省份之间的高值集聚，也存在竞争力弱的省份之间的低值集聚。紧接着便采用 TCEPCI 的数值进行局部空间自相关检验，研究发现我国河南、安徽与浙江三省其附近区域（即中原地区与长江三角洲地区）出现了高高集聚效应，新疆与西藏及其附近区域则呈现出了低低集聚效应，而在贵州省及其附近区域则出现了低高集聚效应。

传统文化教育的舆情报道往往是经由实践做法的提升进行新闻宣传的过程，其中大多蕴含的是较为优异或独具特色的传统文化教育载体与方式信息，并可以反作用于实践，去滋养熏陶一线传统文化教育的笃行、反思与完善。随着空间集聚效应的发生，高高集聚区域集中的传统文化育人载体与路径得以宣传、推广并相互影响，在这种知识外溢效应的影响下，传统文化教育的理论研究与实践调整会不断注入，从而继续抢占传统文化教育的"高地"与"先机"。此外，贵州所处的低高集聚区域，可以随着这一区域内周边传统文化教育舆情力量强大省份的知识积累、交流共享与成果外溢等，产生"搭车效应"①，可以预见不久的将来该地区的传统文化舆情力量也会出现一定程度的增长，将会促进传统文化教育的发展。

四、讨论：提升传统文化类校本课程品质的着力点

课程的价值在于对学生身心的塑造。传统文化类校本课程的价值在于借助丰富的课程资源，让学生了解、理解中华优秀传统文化，感悟自身文化的独特性以及与本民族生活的血脉联系，形成自我文化意识，进而逐步形成文化认同。怎样提升此类课程的质量，形成学生的文化认同，需要考虑如下方面的问题。

（一）把握传统文化类校本课程应有的课程形态

传统文化教育通过国家课程、校本课程、学校教育活动等多种形式实现育人功能。需要思考：校本课程功能在哪里，应有什么样的课程形态？国家课程通过语文、历史、艺术等课程梳理、呈现传统文化，形成传统文化在不同领域的内容体系，具有系统性、结构化的特点。校本课程的功能在于延续这些内容，或者让这些内容立体化、"活"起来。因此，传统文化类校本课程应呈现综合化、特色化、多元化的形态。传统文化类校本课程不应仅在数量上补充国家课程中的传统文化，因此不是内容量越大越好，也不是越"传统"越正确，其根本目的在于在学生接纳的前提下，塑造学生的文化基本结构。在"器"的层面体验传统文化中的器物、技艺、习俗、饮食是有必要的，文化体系不同于知识体系，需要先具象为故事、技艺、知识、器物等，再抽象为背后的情感体系、价值体系。没有"器"的"道"过于抽象，流于说教，当然只有"器"的文化缺乏核心精髓，只传承传统，无文化。"器"是体验"道"的基础，"道"是教育的旨归。同时，校本课程中的传统文化形态可以各异，各异的文化形态需要寻求同一的文化神韵，需要教师在有关器物、技艺、习俗、饮食的体验之中，引领学生感悟这个神韵。这个神韵一方面可以是家国情怀、责任担当的大我"精神"，另一方面也可以是温润、和谐、自然、智慧、礼让等看待自然、社会、他人的小我"韵味"，异中求同，形成传统文化教育丰富多元又统一协调的教育生态。

---

① 孙阳春，朱莲花. 地方高等教育收益的"空间溢出"及困境［J］. 高教探索，2016
（10）：52-55.

（二）进一步明确地方课程管理的权责与功能

2001 年，教育部颁布的《基础教育课程改革纲要（试行）》中进一步明确了国家、地方、学校三级课程管理层级。对于地方课程管理部门的职责、权力、功能，目前各地做法并不一致。有的地方主要是转达、宣传国家的课程政策、相关文件，有的地方直接开发地方课程与教材，要求学校实施。单纯对国家政策转达、宣传不能实现其管理职能；没有学校、教师参加的地方课程与教材开发，未必能发挥课程实施的地域优势，提升教师的课程实施能力。促进包括传统文化类在内的校本课程的发展，需要进一步明确地方课程管理的权责与功能。首先，地方课程管理应履行地方课程方案规划制定的职能，地方课程不是简单地转达国家要求，而是将国家要求与地方课程发展的需求与目标结合起来，生成地方性课程方案。其次，地方课程应负责国家课程基本标准的监管，监督国家课程的实施。再次，协调区域性课程资源。对于传统文化类校本课程，这一职能更加重要，协调当地文化部门、文化名人、媒体机构，引入当地传统文化资源，推介典型案例学校，建立区域性传统文化宣传平台，这些对学校的课程发展会起到有力的推动作用。最后，为学校、教师提供专业指导，包括在帮助学校、教师进行传统文化的甄别、选择，提供课程开发技术，把握课程实施的方法等方面提供专业支持。

（三）课程中的传统文化需要整合在当代的伦理共相与审美共相中

中国传统文化形成的历程漫长、类型多样、内容繁多，主流文化、民间文化、地域文化融合，什么内容可以并值得进入课程体系，是为保障此类校本课程质量需要思考的前提问题。这样的文化筛选工作是全社会的系统工程，不是某所学校可以承担的。但是，学校作为代表国家培养青少年的机构，它所传递的东西必须有基本的价值规范，符合道德、伦理、文明的标准。正如社会课程学派的学者所认为的，学校课程是一种文化再生产，学校课程应该对社会文化起到引领作用[①]。传统文化课程来源于传统文化，但同时课程也在主动甄别、筛选传统文化，课程中的传统文化构建了年轻人对传统文化的认知，塑造着、描绘着传统文化的大众形象。传统文化课程在文化传递中的这种"再生产"性，需要我们审慎对待课程中的

---

① 阿普尔. 意识形态与课程［M］. 黄忠敬，译. 上海：华东师范大学出版社，2001：37-41.

文化选择。传统文化不是宣传工具，不是管理戒尺，它所传递的东西应该是令人向往的，是令年轻人自豪的、信奉传承的。传统文化不是一个凝固的概念，其本身就处在一个演变发展的动态历程中，每个时代文化都是以往文化的延续，每个时代都有自己创新的文化精华，所谓传统文化是被时代筛选、融合、转化的传统。"我们对传统的疑问、兴趣、责难、争执，都是由于我们对现在和未来的迷惘困惑与期望……传统能够成为每一代的传统，能对一代代人发生不同的意义，秘密在于传统允许每一时代以自己的理解和解释延伸它，犹如凤凰涅槃后的再生。"① 传统文化课程是对传统文化解释、延伸的过程，需要用现代生活中主流的人际交往形式、心理契约、审美标准去筛选"孝悌、长幼、亲师"等伦理体系中的表达方式，需要用现代国家形态、价值信念去转化对"仁爱、民本、诚信、正义、和合、大同"的内涵理解。

（四）课程中的传统文化应与世界文明构成个体文化图式

学校教育透过课程完成育人职能，课程体系建构学生的知识体系、价值体系，也深刻影响学生的文化体系。文化认同的前提恰恰是文化的认异，在了解本民族文化与其他族群文化差异之后，形成自身文化独特性的认知，继而才可能形成认同。学校课程结构中不排斥，甚至同样关注其他文化样态，文明的方式，是给予学生更广阔的文化认知。国际理解、全球能力是未来学生生存与发展的必要素养，对其他文化的了解，对新鲜未知的体验，是今天的学生不可回避的生活。透过多种媒体，亲身体验，经验传播，今天的学生已经生活在多元文化的信息包围之中。就民族文化、群体文化的发展而言，文化认同与文化变迁的交融博弈，恰恰是文化自我反省、自我更新、创造发展的必然途径。就个体文化而言，个体带着自己的文化归属意识，在世界各种文化圈中交流发展，也需要有对其他文化元素的认同。学校课程结构中的传统文化与国际视野需要并存，但需要将不同文化需求整合在本民族文化认同的心理结构中。这种整合难以有固定统一的心理图式，课程只是提供了形成心理图式的元素，每个人的文化心理结构需要在多元、差异、变化的学校生活、社会生活体验中各自完成。

［原文刊载于《教育研究》2019 年第 9 期（吕立杰　丁奕然）］

---

① 殷鼎. 理解的命运［M］. 北京：生活·读书·新知三联书店，1988：2.

14 基于教育公平的基础教育课程发展质量考查维度构建

衡量一个国家的教育质量，不能仅看学生的学业成就，教育过程的质量也是教育质量的重要内涵。课程是基础教育培养人才的主要途径，承载着国家教育方针及各学段培养目标的期待。基础教育课程发展状况，是反映一个国家教育质量的重要标志。自 2001 年颁布《基础教育课程改革纲要（试行）》以来，在《教育规划纲要》《教育部关于 2013 年深化教育领域综合改革的意见》《教育部关于全面深化课程改革落实立德树人根本任务的意见》等重要国家教育改革文件中，我国一直把基础教育课程作为基础教育改革的重要议题，基础教育课程发展质量需要持续的关注与研究。

一、基础教育课程发展是衡量教育质量公平的重要维度

教育公平是社会公平的重要基础。公平是追求社会正义的首要尺度，强调的是对人对事标准统一，不偏袒，不歧视。公平不是简单的数量多少，而是指称社会成员之间的关系，是在人性平等基础之上，社会成员之间在起点、过程与结果中权利、责任及利益的内在平衡，各得其所，以达到和谐相处。党的十七大报告把教育列为改善民生、实现社会公平的重要任务，提出"教育是民族振兴的基石，教育公平是社会公平的重要基础"。《教育规划纲要》更加明确地把促进教育公平作为教育发展的战略重点之一，提出"把促进公平作为国家基本教育政策"，"把提高质量作为教育改革发展的核心任务"。也就是说，促进教育公平、提高教育质量，是我国当前基础教育发展的核心目标和基本任务。怎样才是教育公平，我国学者较为一致的看法是，把教育公平分为起点公平、过程公平、结果公平。纵观我国近几年一系列教育政策，非常强调给每一个儿童提供平等的受教育的机会，接受教育是现代社会儿童获得生存能力、融入社会、获得幸福生活的必要前提，所以，为每个儿童提供平等的受教育机会是追求社会公平正义的基本作为，也是实现教育公平体系中的起点公平的核心内容。

有质量的公平是教育公平的深层次追求。保障儿童受教育机会的平等

是实现教育公平的初级阶段。有学者认为，对于现阶段的基础教育，社会需求与教育供给的矛盾，正在由供给总量的短缺性矛盾转变为优质教育供给不足而产生的结构性矛盾，追求有质量的教育公平是后普九时代基础教育发展的内在要求。[①] 什么是有质量的教育公平？世界上很多国家，尤其是 20 世纪 60 年代后，都走过了相似的教育公平探索之路，国际社会对教育公平的理解也相应地发生了变化，从一开始追求教育起点公平即受教育权利、机会的平等，到关注教育结果公平；从关注狭隘的成绩均等，到关注教育结果的增长率；从关注直接的教育结果，到开始关注间接的教育过程的影响。也就是说，目前对教育公平的理解是不仅要为儿童提供公平的教育机会、权利，也要为儿童提供同样高质量的教育过程，使其获得同样高质量的教育结果。怎样才是公平的教育结果？我国学者较为一致的看法是，相同的、均等的教育结果是不存在也是不必要的。可以为教育结果设立标准线，达到标准，即质量合格，即实现了教育结果的公平。而比结果公平更难以考查，更有意义的是教育过程的质量，教育过程的质量直接影响教育结果的质量，同时对儿童发展潜在的、滞后的影响更加深远。教育过程的质量是教育内部教育机制、教育环境，教与学的过程的质量，这个质量需要达到标准，更需要尊重差异，体现个性，给学生提供选择性，最大限度地使不同潜质的学生都充分发展。教育过程质量如何考查？在教育评估报告中，经常以教育过程中的教育投入作为指标，比如考察经费、校舍设施、教师学历、职称情况等，这些指标并非教育过程本身，只是因为过程本身难以考查，因此使用一些替代性指标，以"方便考查"。学者们的共识是这些指标是参与教育过程的要素，是实现过程公平、质量提升的必要条件，但不一定是充分条件。

学校课程发展质量是判断教育过程质量的重要尺度。课程是教育的载体，课程承载着国家的教育目的，学校办学理念也要通过课程体现在学生身上。学校想要怎样塑造学生，塑造什么样的学生，教师想要教什么，能够教什么，教师教了什么，用什么教的，怎么教的，学生学到了什么，学的过程怎样，感受怎样，等等，这些都是课程。有人把课程视为广泛的、无形的，在教育过程中无处不在，是教育生活本身，是引发学生经验改变的全部；有人想要追踪它，把它固定为预期的目标或结果，甚至是影响学生的内容体系。学校课程的运行过程就是教育过程的核心部分，学校课程

---

① 谈松华，王建. 追求有质量的教育公平 [J]. 人民教育，2011 (18)：5-9.

发展的质量是学校教育过程质量的重要标志。

二、基于公平的学校课程发展质量考查取向

（一）课程发展之内涵

关于课程发展有多重释义。其一，可以将课程发展作为课程演进的历史，考查其在不同时期的变迁，表现出来的取向与特征；其二，可把课程发展作为课程开发过程的纵向阶段，其中必然包括研究与制定、推广与解释、执行与调适、创生与意见反馈等课程推进的环节，是课程的演进生长过程，以及过程中的互动与协商。本文所谈的课程发展，实为课程的发展，是一个时期课程在不同层面的表现状况，既包含事实的成分，也包含价值的判断。"课程不是思辨的产物，而是行动的结果"①。课程需要在不同层面的行动中追踪。有学者认为，"在关于质量的众多含义中，有两个对质量管理至关重要，一是产品特性能够满足顾客要求从而让顾客满意，二是没有不足。"② 如果我们把没有不足理解为达到标准，那么产品的质量就是产品能否实现生产的目的，满足使用者需要，各项指标达到标准。同样，课程的质量也就是课程能否实现教育目的，满足学生需求，并达到国家标准。课程不仅是为学生发展提供的"产品"，它也是教育过程中投入的重要资源，它也要符合社会公平的原则。社会学家罗尔斯著名的社会公平三原则，在以平等作为第一原则的基础上，同时强调对差异的尊重、对短缺的补偿。以公平为视角看待课程发展的质量，首先就要解释"平等"的问题，如同教育过程与结果，课程实施的方式与结果也无法实现不同地域、不同学校、不同学生之间的均等与相同，借鉴教育结果的考查方式及质量本身的定义，课程发展的平等也可以理解为不同学校、不同课堂实施的课程达到了，或者说执行了标准，并在执行标准的基础上，尊重了学生的差异，适应了环境、资源等条件。

近年来，我国的教育政策文件多与中小学课程问题密切相关，在这些政策中蕴含着课程发展应然的理念与中小学校长、教师应有的行为要点。下面以《基础教育课程改革纲要（试行）》《教育规划纲要》《十八届三中全会关于全面深化改革若干重大问题的决定》《教育部关于 2013 年深化教

---

① 黄政杰. 课程设计 [M]. 台北：东华书局，2002：85.

② 中国教科院教育质量标准研究课题组. 教育质量国家标准及其指定 [J]. 教育研究，2013（6）.

育领域综合改革的意见》及《教育部关于全面深化课程改革落实立德树人根本任务的意见》为依据，分析其中包含的课程发展要点。（见表 3 - 3）

表 3 - 3 文件中的课程发展要点

层次	核心内容摘要	价值要点
学校教育原则与取向	教育公平，资源均衡配置，消除辍学，减轻课业负担，社会主义核心价值体系，坚持能力为重，坚持全面发展，立德树人，质量检测	教育公平，立德树人
学校制度	义务教育小班教学，综合素质评价，高中学生发展指导，高中学校多样发展	义务教育均衡性，高中选择性
课程设置	国家课程标准，开发地方与学校课程；科学设计课程难度，配齐音乐、体育、美术等学科教师，开足开好规定课程；高中全面完成国家规定的文理等各门课程的学习，开设选修课，积极开展研究性学习、社区服务和社会实践	执行国家课程，开发地方、校本课程
教学	优化知识结构，丰富社会实践，强化能力培养，培养独立性、自主性，引导质疑、调查、探究；尊重人格、关注差异、创设教育环境，运用知识的态度与能力，全体发展；运用信息技术；减少作业量和考试次数，培养学生学习兴趣和爱好，严格执行课程方案，不得增加课时和提高难度；开发各学科德育资源	改革教学理念，改革教学方式
评价	考试招生制度改革；学业水平考试；素质评价；全面实施高中学业水平考试和综合素质评价	改革评价方式
学生素养	培养学生素养：创新精神、实践能力、科学人文素养、环境意识、审美情趣、主动的学习态度、基础知识、基本技能、搜集与处理信息的能力、获取新知的能力、分析解决问题的能力、交流合作的能力	关注学生核心素养
资源	教材多样化，课程资源开发，教师培训，专家指导，家校合作	教材建设，提升教师专业能力

课程政策中的价值要点，是国家对基础教育学校课程的要求，是考查课程质量的原则性标准。其中，追求教育公平、均衡配置教育资源、坚持立德树人等，是课程发展的原则与取向；义务教育强调学生的全面均衡发展，高中阶段强调学生对课程的选择性，是课程发展应有的制度保障。此

外，在学校的课程设置方面，严格执行国家课程，开发地方与校本课程；在课堂教学中，改革教学理念、教学目标、教学方法，从而改善学生的综合素养。改革考试评价制度，加强教材建设、提升教师的专业能力等，是课程发展中学校、教师及课程管理者应该执行的行为要求。

（二）课程质量的考查取向

基于公平的视角，根据政策的分析，我们对课程质量的取向进行考查，表述为以下几点。

1．符合教育目标

课程要体现时代精神，要体现一个时期国家对教育的要求与期待。当前，通过学校课程体系立德树人，弘扬社会主义核心价值观，就是课程应承载的核心任务。此外，课程还应体现当前各学段教育的主要特征，如义务教育学段强调均衡性，高中学段强调选择性。接受义务教育是每个社会成员的责任，是社会化的主要途径，义务教育阶段面对的是刚刚开始接受教育的儿童，因此，义务教育阶段的课程指向是人的全面的、基本的素养，全面、整合、均衡是这一时期课程的特征。而高中教育，既是对普通公民一般素养的培养，又是大学分科教育前的准备，加之这一时期的学生心智逐渐成熟，知能倾向逐渐稳定，课程就需要一定的弹性，适应学生发展的差异需求。

2．执行课程方案与标准

国家的课程方案预设了基础教育阶段学校课程的目标与整体结构，各科课程标准是课程方案的分解，既体现学科知识的逻辑性，也渗透着价值观与态度。课程方案与标准是国家教育方针具体落实的载体，执行课程方案与标准就是践行国家的教育方针。同前所述，如何衡量社会、学校是否给学生提供了平等的教育机会，不仅要看学生是否有上学的机会，还要看学生在学校里是否获得平等的教育内容。学校是否执行课程方案与标准，即表明学校是否为学生提供了更深层次的平等的受教育机会。教育是复杂的过程，教育质量很难在某个时间节点，用某种固定的测量工具全面衡量，从某种程度上说教育过程即结果，学生经历了教育过程，必然会有经验的改变。

3．尊重学生差异

公平的教育不是简单的一致对待所有学生，而是给学生适切的教育。学校、教师代表国家向学生提供课程，同时应照顾到学生特征的差异性，它在一定程度上体现学生所处的环境文化、水平基础、兴趣需求的不同。学校课程体系应为学生提供一定的机会，选择不同的课程，或者是为不同的学生创设不同的学习方式，尤其是要为能力、条件不足的学校、学生提供帮助与补偿。

4. 教育过程满意

课程发展质量还表现在教育过程，尤其是课程执行过程中的安全、文明、健康、适度。物质产品的质量不仅表现为能使用，它还需要满足使用者使用过程舒适、安全甚至美观的需求。课程的使用过程即为教育过程，这一过程渗透在学生成长、教师职业生涯的全过程中，不仅漫长而且影响深远。这些过程质量可以通过课程使用者主要是学生和教师的态度、感受考查出来，也就是课程的使用者对课程满意度体现出来。比如，学生能够感受到课程的难度、数量的适切性，课堂教学中的师生的情感体验是文明愉快的，学生及家长认同课程的意义及价值等。

三、学校课程发展质量考查的层面与要点

（一）课程表现层面

考查学校课程发展质量需要划分课程本身的表现层面。对于课程的层面，课程学者古德莱德、波斯纳、布罗菲等都有概念上的划分。例如，古德莱德把课程分为理想的课程、文件的课程、领悟的课程、执行的课程、经验的课程。[①] 波斯纳认为，课程可以分为官方的、实际的、隐性的、空白的、课外的课程，其中，实际运行的课程中有"课程并行"的问题，即官方的课程、教授的课程与测试的课程（学生获得的课程）三种课程同时存在，又经常是不一致的。[②] 布罗菲对运行中的课程有更细致的层次划分：官方的文件课程、被校长或教师委员会解读的课程、学校实行的非官方但是正式的课程、教师信念的课程、教师规划的课程、教师执行的课程及学生经历的课程等。[③] 布罗菲的七个课程层次都是实践中实际发生的课程，

---

① GOODLAD J I. Curriculum inquiry：the study of curriculum practice［M］. New York：McGraw-Hill，1979.

② 波斯纳. 课程分析［M］. 仇光鹏，韩苗苗，张现荣，译. 上海：华东师范大学出版社，2007：13.

③ BROPHY J E. How teachers influence what is taught and learned in classroom［J］. The Elementary School Journal，1982（4）.

涉及文本、信念、行动等多种存在方式，以及官方、学校、教师、学生多个课程主体，较清晰并详细地表征课程传递与流动中的路径与变化。按照课程层面的划分，在我国的课程体系背景下，学校课程指国家课程方案、课程标准公布之后，学校所设置的课程规划、开设的课程门类，教师领悟、规划的课程，教师执行的课程，以及学生获得的课程、测试的课程等在学校发生的课程运转过程。此外，课程发展状况也可以看作公共政策的执行过程，对于公共政策执行的考查，除了政策本身的实现情况，一般会考查政策执行的影响因素：政策主体、政策对象群体、政策资源、政策执行手段等情况。对政策执行的评估，主要是考查政策执行是否达到预期目标，产生什么影响，未来政策的走向是什么。对公共政策执行的评估就是把政策本身作为自变量的二元判断，即事实判断与价值判断。[1] 对课程发展的判断也需要从事实判断与价值判断两个维度进行。（见表 3-4）

表 3-4 课程的层面

课程层面 / 课程主体		古德莱德	布罗菲	波斯纳
		理想的课程	/	/
实际发生的课程	官方	文件的课程	文件课程	官方的课程
		/	官方解读者解读的课程	/
	学校	/	学校设置的课程	/
	教师	领悟的课程	教师信念课程	/
		/	教师规划课程	/
		执行的课程	教师执行课程	教授的课程
	学生	经验的课程	学生获得的课程	测试的课程
	课程相关者	/	/	隐性课程
		/	/	课外课程
		/	/	空白课程

（二）大规模课程发展调研中的要点

很多大规模课程发展调查有着相似的考查要点。我国在 2001 年新课程改革之后，组织了大规模课程实施调查，这些调查关注的要点主要包括

---

[1] 谢明.公共政策导论［M］.北京：中国人民大学出版社，2012：217.

改革工作的落实情况，教师、校长对改革的态度以及影响课程实施的因素等问题。[①] 此外，伴随着教育改革，美国、日本、英国也都有大规模的课程发展情况调查。比如，美国关于课堂教学与课程标准的一致性的调查。提升基础教育的教育质量一直是美国历届政府关注的热点问题。1989 年 8 月，在弗吉尼亚州举行的州长联席会议上，美国 50 个州的州长联合发出呼吁，要求联邦政府出面，制定全国性的教育目标，在中小学教育的重要科目中实行全国统一的课程标准，保证所有学生都能享受同等质量的教育。这项建议得到时任总统的乔治·布什的支持。1992 年，联邦政府组成全国教育标准与测试委员会，成立英文、数学、科学、历史与地理等五个学科课程标准的项目研发单位，展开各科课程标准的编拟。[②] 2002 年，美国颁布《不让一个孩子掉队法案》，提出对不能达标的学校给予严厉的处罚。为检测学校教育是否达标，了解课堂教学状况与水平，美国威斯康星州教育研究中心与州首席教育官员理事会合作研制了旨在大样本收集中小学课堂教学情况的调查工具，进行课程实施调查（Survey of Enacted Curriculum，简称 SEC）。该调查主要是检测教师课堂教学内容与课程标准的一致性状况[③]，主要方式是通过分析课程标准、教材等内容，将应然的教学内容分成学习内容主题与认知要求两大维度，然后将教师课堂教学分配到每个主题的时间及认知要求与之对应，以检测教师教学过程的质量。这个检测方案在美国已经被使用 15 年，并被 30 多个州推广使用。近些年，英国也有大规模课程发展质量的审查与改进行动。英国为配合国家课程修订，2011 年由英国教育部对英国全国中小学课程发展情况进行大规模调研与审查。教育部通过官网、大众媒体等方式，向教师、校长、家长、学生及社会中的个人、团体、高等教育部门代表等发放问卷，了解相关人员对现行国家课程的态度，了解课程实施的情况。这次调查包含审查、调研、宣传等多种职能。在问卷中主要调研的问题包括：学校中现行的课程是否促进、发展、培养了学生对各学科的理解能力，课程是否促进学生对各科重点知识的整体把握；各所学校开设课程是否涵盖了国家课程中的英语、数学、科学和体育四门关键课程；教师是如何构建课程、如何

---

① 马云鹏，唐丽芳. 课程实施的现状与对策：部分实验区评估结果的分析与思考 [J]. 东北师大学报（哲学社会科学版），2002（5）：124-129.

② 吕立杰. 国家课程设计过程研究 [M]. 北京：教育科学出版社，2008：23.

③ 陈淑清，王秀红，栾慧敏. 美国基础教育视域下"SEC"课程实施调查模式的构建与启示 [J]. 东北师大学报（哲学社会科学版），2015（3）.

进行教学的，国家课程是否正在高效地运行，学校向学生提供的课程是否是世界最优的教育。教育部通过调查，希望给予老师更多在专业知识领域的自由发挥的空间；调查获得信息还用于反馈、完善国家课程标准；同时，让父母了解孩子应该在学校教育中学到什么，从而更好地为子女的教育提供支持与帮助。此外，日本在课程改革的背景下，通过学历监测与分析、教学情况调查与分析来监控变革过程。1996 年，日本中央教育审议会向文部大臣发表了第一份咨询报告《面向 21 世纪我国教育的应有形态》，确立了课程改革的核心主张：让孩子拥有生存力，并在轻松宽裕中开展独立、自主、富有个性的学习。2002 年日本中小学开始实施新的《学习指导要领》，在《学习指导要领》的指导下，"严选教育内容"，大量删减课程内容，降低难度，减少课时。高中也减少了必修课程的课时，降低高中毕业的学分要求。这些变革措施引发社会质疑：变革是否导致了学生学力的下降。2008 年，文部科学省颁布重新修订的《学习指导要领》，在继续培养生存能力的基础上，重新重视基础学科和基本知识，延长中小学课程的总课时量及学科课程的课时量，增添部分课程的课程内容。针对不同阶段的《学习指导要领》，文部省国立教育政策研究所逐年对中小学课程实施情况展开调研。① 每年的调查主要分为两个部分，一是中小学生核心学科课程学业测试通过率，二是针对教师及学生的课程实施调查。其中，学科课程测试主要在小学 5～6 年级学生的国语、社会、算数、理科，初中1～3 年级学生的国语、社会、数学、理科、英语，高中三年级的国语、数学、物理、地理、历史等 12 个科目中进行。每个学科都依据各自《学习指导要领》中的核心"内容领域"进行测试，与以往成绩相比较，比较不同内容领域各年通过率及变化情况，作为学生学力分析、教学情况分析的依据之一。在课程实施调查问卷中，主要了解的问题是小学、初中学校的教学时间情况，开设综合学习时间课程的课时，初中选修课等开设与实施情况等。此外，日本的课程实施调查非常重视了解对学生个别学习指导的实施情况。高中的调查针对普通高中、职业高中、综合高中毕业学分、教学时间、开设了哪些预修课程、各科开设时间等问题。这些调查很有针对性，以日本课程改革争议焦点为核心，广泛搜集数据，为课程改善及新一轮的调整提供政策依据。

---

① 日本文部省国立教育政策研究所. 中小学（高中）学校教育课程实施状况调查 ［EB/OL］. ［2015-11-01］. http：//www. Mext. go. jp/b_menu/shingi/chukyo/chukyo3/004siryo/06080913/010/012. htm.

总体来看，这些大规模课程发展调研，共同的初衷都是想要了解课程执行过程情况以监测、保障教育教学质量，判断教学质量好坏的主要依据是国家的课程标准。考查要点主要是学校课程安排是否与课程方案、课程标准的核心内容一致，以及课程执行过程中学生的表现、态度等，以此验证学校教育尤其是课堂教学是否奉行了教育改革的理念，并达到了基本的教育质量标准。由于教师教学过程的相对独立性，以及课堂数量众多，这些调查分别采取不同方式进行。

四、基础教育课程发展质量的考查维度建构

参考课程发展层次理论的划分，依据我国学校课程的实际情况，建立考查基础教育学校课程发展的一、二级指标，以描述学校课程发展的过程及阶段性。基于课程发展质量取向的分析，课程发展层面及要点分析，建立基础教育课程发展质量考查的层级、维度与要素。（见表3－5）

表 3－5 基础教育课程发展质量的考查维度

一级指标	二级指标	一级指标	二级指标
1. 学校课程方案	1.1 学校课程规划	3. 学生经验课程	3.1 学生获得的课程
	1.2 国家课程开设		3.2 学生的课程投入
	1.3 （地方）校本课程开发		
2. 教师课程	2.1 教师课程信念	4. 影响因素	4.1 课程主体：校长、教师
	2.2 教师规划的课程		4.2 对象群体：学生
	2.3 教师执行的课程		4.3 课程资源：教材及学校物理资源
			4.4 推广方式：配套制度、教师培训、学术研究

在课程指标之下构建考查课程发展的要素，并将各要素规划于执行方案及标准、课程发展水平、使用者满意度、使用者代价、保障措施等考查取向之中。

（一）执行课程方案及标准

学校、教师执行国家的课程方案、课程标准，这是保障教育过程质量的基本线，执行与不执行国家课程是衡量教育主体是否为学生提供了平等的教育机会的更深层次的过程性指标。其包含的观测要素可以是：学校是

否有配套的课程制度，国家课程开设情况，国家课程的学生掌握度，（地方）校本课程开发数量，教师教学设计是否与课程标准一致，课堂教学一般方法与组织形式是否与课程理念一致等。以上都是衡量学校及教师是否给学生提供了基于政策、标准的课程的依据，达到了这些指标，说明学生在教育过程中获得了平等的教育内容。

（二）课程发展水平

在此维度体系中，通过实施程度与差异观照度来描述课程发展的水平。其中，实施程度包括：学校课程体系的合理性与系统性，校长课程规划意识，校长的课程态度，教师对课程目标、教学方式的信念，教师课堂教学的一般方法与组织形式，教师使用教材方式，教师投入课程的情绪等。这些指标可带入霍尔的"以关注为本采纳模式"[①] 等多个课程实施水平模型中做更为系统的专项研究。差异观照度的考查要素包括：高中选修课的可选择性，（地方）校本课程主题，（地方）校本课程的价值认可，教师在不同班级教学使用方式的差异性，教材的可选择性等体现课程发展过程中学校、教师对学生观照差异的意识与行为。

（三）使用者满意度

使用者满意度是指校长、教师尤其是学生及其家长对课程的满意情况，要素包括：校长（对待国家课程、校本课程）的课程态度，国家课程价值度与难度，教师对现行课程的认同状况，学生对课堂的感受，学生对待课程的兴趣与需求，家长对课程的满意度，等等。

（四）使用者代价

使用者代价是指课程发展过程中所消耗的学生投入与教师投入，要素包括：学生投入课程的时间，学生投入课程的方式（如补习），学生投入课程的情绪，教师投入课程的时间、工作量，教师投入课程的情绪，教师培训的频次，等等。

（五）保障措施

保障措施主要指课程的推广方式及课程发展必备的资源。课程推广方

---

① HALL G E，HORD S M. Change in schools：facilitating the process ［R］. New York：State University of New York Press，1987：84.

式包括与课程发展相关的配套政策、制度，比如考试评价制度是否与课程发展要求一致，教师培养、培训是否能有效提升教师专业能力，课程学术研究是否促进课程发展等；课程发展必备的资源包括教材的质量，学校财政资源以及学校校舍、场地、设备资源等是否能满足课程发展的需要。

通过这些要素期望考查学校教育过程中课程在不同层面的表现状况，以及由此产生的影响，用以说明教育发展过程中，学校教育内在的运转情况，从一个角度呈现了教育发展过程的质量。尽管学校教育过程具有相对独立性，但由于基础教育学校数量众多，这些要素应转化成大规模调查的工具，以大数据的分析与对比描述、说明教育过程的样态。

[原文刊载于《教育研究》2016 年第 8 期（吕立杰　马云鹏）]

第四专题

教师与课程

15　教师集体课程决策的特征与局限

一、教师课程决策

什么是课程决策，《简明国际教育百科全书》将课程决策定义为"对有关教育或社会化的目的和手段的一种判断，往往在学校范围内采用，并以教学大纲为中心"。其中，"判断"是"某种有意识思考的结果，代表了以一种特殊的方式去行动或产生一个预期结果的意向"。[①] 也就是说，课程决策是对于课程问题的带有意向性的判断过程，这个过程中有慎思和选择。进行课程决策的主体可以是一个人、几个人或一个团体。史密斯认为课程决策发生在每位教师所界定的操作空间中，这个操作空间是教师知觉到的自由限度。[②] 教师每天都在进行课程决策，每位教师对课程标准、教材、学生等问题理解不同，自己认定的支配课程的限度也不一样，新课改后，我国教师的课程权利也发生了变化，教师决策课程的"自由限度"自然增长了，教师"操作空间""判断"中的问题值得我们共同反思。

（一）教师课程决策的层面与类型

课程本身存在几个层次，那么课程决策也发生在多个层次，古德莱德曾经把课程决策划分成四个层面：社会层面、机构层面、教学层面、经验层面。艾斯纳指出任何的课程计划都必须在五个层面做决策：目的的优先次序、课程内容、学习机会、课程呈现和学生的反应方式、评价过程。[③] 与之相比，克莱因在1991年的补充则更为具体，他把课程决策分成两个领域，一个是课程决策发生的层面，一个是课程决策的主要问题，其中课程决策的层面延续了古德莱德的思路，具体划分为七个可能的层面：学术

[①] 江山野主. 简明国际教育百科全书·课程 [M]. 北京：教育科学出版社，1991.

[②] SMITH D L. On the concept of perceived curriculum decision-making space [J]. Curriculum Perspeclives，1983（1）：21-30.

[③] 周淑清. 课程发展与教师专业 [M]. 台北：台湾高等教育文化事业有限公司，2004.

的（academic）、社会的（societal）、形式的（formal）、机构的（institution）、教学的（instruction）、操作的（operation）、经验的（experiential）。这个顺序是根据与学生或远或近的次序，以及课程决策的主要焦点问题排列的。不同层面的课程决策都会关心九个要素：课程目标、课程内容、课程资源、活动、教学策略、评价、学生小组、时间安排以及空间安排。在克莱因看来，上述七个层面和九个要素构成了课程决策的双向矩阵。[①] 教师作为课程的决策者可以表现在几个层面中，比如，作为家长，他们的态度在"社会"层面影响课程决策，或者参加国家、地区的课程设计，他们又会在"形式"的层面影响课程设计，但如果把教师仅仅限定为教师角色，主要的还是在"机构的""教学的""操作的"层面进行课程决策。

考尔德黑德根据人们日常决策的特点，把教师决策分成三种类型：第一类决策涉及大量思考，辨别出可行的方案，评估可能的结果，为反思性决策；第二类是瞬息之间做出的决策，是突发事件来临时的即时性决策；第三类是经常做的决策，频繁出现，甚至成为自动化和常规化的东西，即常规性决策。如果课堂问题不在预期中，教师就要做出即时性决策；如果经常出现，教师只需做常规性决策。[②]

（二）教师课程决策研究关注点的变化

1. 教师决策与学生学习结果之间的关系

这些研究出现在 20 世纪 70 年代之前，在实证主义、行为主义等方法论的影响下，为了证明教师工作的专业性，研究者运用相关分析、实验等研究方法，证明教师行为与学生成绩之间的关系，这时研究者的假定是，教师的行为作为一种刺激，必然带来学生认知、理解过程的改变。

2. 教师如何做决策

随着认知心理学的发展，20 世纪 70 年代后，研究者不满足于把课堂教学简化为技术的操作过程，开始关注教师行为产生的原因，也就是教师的思想过程是怎样的，教师如何做决策成为研究的焦点。研究者放弃量化研究的方法，采用描述的方法，通过给教师提供资料，比如一些自己或者

---

① KLEIN M F. A conceptual framework for curriculum decision making [J]. The Politics of Curriculum Decision-making. Albany：State University of New York，1991.

② 徐碧美. 追求卓越：教师专业发展案例研究 [M]. 陈静，李忠如，译. 北京：人民教育出版社，2003.

别人的课堂录音、录像,让教师描绘出当时的思考过程,这些研究常常结合初任教师与能手教师的对比,考查教师如何理解、归因、思考、判断、评价,结果发现初任教师和能手教师在思想、感觉和行为上都有差别,能手教师在思考过程中能对典型情境进行辨认,并对学生进行归类,于是研究者坚信:"很明显,认知可以改变行为,课堂决策研究就是在认知水平上描述教学行为,教师可以据此分析、比较、建模他们的教学,用心理学的方法研究课堂决策将毫无疑问有效地帮助教师教学。"①

3. 教师在群体中成长

随着知识观的转变以及人们对教育实践复杂性认识的逐步深入,人们的关注点不再是为教师总结一套既定的知识体系、技术规则。帮助教师发展,就是要揭示教师信念、情感以及实践知识等隐蔽的因素,这些研究采用了现象学研究方法,在生活世界的描述中表现教师工作的复杂性。此外,20 世纪 90 年代后,研究者开始关注影响教师成长的群体因素。什么在影响教师课程决策与课程行动?除了稳定的个体因素,还有群体因素、情境因素。对教师学习个体与团体进行双重分析,"以学习团体为分析单位,考查专业共同体如何促进教师学习"②。教师在人与人的交往关系中成长,是个体在与团体、情境的相互构造中学习。

二、教师集体课程决策的形式与特征

教师集体课程决策是教师团队集体辨别出可行的方案,评估可能的结果,其中也包括集体认同的"自动化和常规的东西"。在我国,教师集体课程决策很多都发生在教师集体备课的过程中,尽管目前并未涉及所有教师,但它的存在已经是不争的事实。对于集体备课这种教师交流形式,近些年在国内引起了人们的广泛关注,人们对它的评价褒贬不一。事实上,因为集体备课并非一种形式,所以争论者对于"集体备课"持有针锋相对的观点,即便对于一种形式,操作中的实然情境也是不一样的。因此,在讨论意义与局限之前,应该厘清教育实践中各种教师集体课程决策的形式。

---

① CALDERHEAD J. A psychological approach to research on teachers' classroom decision-making [J]. British Educatianal Research Journal,1981 (1).
② 刘学惠,申继亮. 教师认知研究的回溯与思考:对教师教育之意涵 [J]. 教育理论与实践,2006 (6):46-49.

（一）教师集体课程决策的形式

1．整体解读式

一般发生在区一级、市一级的集体备课中，采取负责有关学科的教研人员宣讲的方式，整体解读本学科在本年段的教学目的、内容，新课程实施后，这种解读也关注在课程标准层面上，阐述学科的性质、任务，强调教学过程要关注学生。但是由于参与教师人数较多，以及这种解读有管理、培训的性质，所以在这种课程决策中信息是单向流动的，是对每位教师"操作空间"的框定。

2．流程约定式

这种方式发生在学校内部一个学年组或学科组中，是大多数教师真正参与课程决策的地方。这种形式是最普遍，也是目前争议最大的教师课程决策形式。这些决策可以在学期之初，通过讨论对教材进度做统一规划，制订课时比例安排，也可以在每个单元甚至每节课的上课之前拟订具体的重点、难点，上课的流程，使用的资源，考试的方式、范围等。目前，很多学校采取"分工备课，组内共享"的办法，由一名教师重点准备一个部分，在备课会议中做中心发言，其他教师补充、建议，加以完善。

3．课例研究式

课例研究是近年来在课程变革的推动下出现的新的教师教研形式，也是被教师认为最有效果的课程研讨与决策形式。在学科教研组内大家以一个单元或一堂课为代表，商讨、设计课堂内容、组织形式、使用的资源、呈现的方式、时间节奏等，由一名教师进行初次的教学尝试，其他成员进行课堂观察，之后，所有参与教师进行反思、讨论、修改，并在另一个班级尝试使用新方案教学。还有的学校教师将外出考察带回来的名师授课录像甚至国外学校课堂录像在教研组内播放，组内教师共同分析、评论。由于这些讨论不仅考虑教师本身对知识的理解，而且关注学科教学法的共识，也就是讨论、认同的是课程目标、内容以及教学方法如何围绕学生展开，这种决策更具教师专业性，更具有对智慧的挑战。

4．问题解决式

这种形式是在正式的备课会议中，或者在非正规场合的教师讨论中，教师针对学科知识理解中的疑难、分歧，意想不到的课堂情境和出现难以解决的学生问题，商讨并共同设计解决方案。

5．课程开发式

新课程实施中，很多学校自行开发具有学校特色与优势的校本课程，这样一来，学校课程体系需要重新构建，一些校本课程甚至要用学校自编的教材。尽管这种形式目前并非所有教师都尝试参与，但可以肯定这种形式的课程决策中，教师对课程理解的深度增加了。教师决策的"空间"增加后，他们考虑的问题也更深入，需要从培养目的、本门课程的功能、知识体系、学生兴趣以及学校资源、教师特点等多角度重新认识课程，重新思考自己的角色。

6. 反馈调整式

反馈调整式是一种在非正式场合中的教师自发形成的集体课程决策方式。在课例研究、问题解决等形式的教师决策中，常常会有很多问题难以达成共识，最后教师只是拟订一个尝试性的决策，或者几个教师按照各自不同的方案进行课堂实践，对于前次决策中的悬案，在经历了尝试后，教师及时沟通情况，斟酌利弊，并做适当调整。

（二）教师集体课程决策的特征

1. 教师合作的质量决定教师集体课程决策的效果

教师集体课程决策是以教师合作为前提的，事实上，近些年人们对集体备课制度的批判，很多是由自己所体验的集体情境中缺乏真诚、高质量的合作引发的，集体课程决策绝不仅是技术问题，也是文化问题、人际关系问题、心理问题。首先，学校的文化氛围影响教师课程决策。如果学校教师之间的人际关系竞争多于合作，教师更关注的是职业生活中的升学率评比、末位淘汰，自然很难在合作中贡献智慧，要想让教师关注自己的专业问题，需要为他们提供一个相对稳定的发展空间。其次，领导风格也是重要的影响因素。教师共同做课程决策是课程审议的过程，是个人智慧激发的过程，是表现每个人的主体性同时去权威性的过程，很多教师抱怨集体备课中的"一言堂""组长或者权威发言而别人只能附和"等情况的出现，最主要的决定因素就在于组长或者"权威"怎样定位自己的角色，怎样组织、激发、尊重每个成员的思想，甚至取决于每位教师对领导者人格的信赖。最后，课程决策还与每位成员教师的成就动机与工作能力有关。如果教师本身不关心怎样改善课程，自然也就"直接使用别人的劳动成果"，当然对于这种教师之间的抱怨，我们也要加以区分，就是"偷懒"和"借鉴"之间的区别，我们应该允许甚至赞同教师之间模仿好的经验、做法，教师集体课程决策的目的就是智慧共享，毕竟教师的工作性质首先是服务，为所有学生服务。当然，如果有教师责任心不强，经常"借鉴"

别人的课程设计，会让总是"贡献"的教师心里不舒服。

2. 教师集体课程决策具有对象上的层次性

教师课程决策的对象自然是课程问题，前面提到的克莱因把课程决策中的问题分成九个层面。一般来讲，我国教师课程决策主要关注教材层面、学科知识层面、学科教学法层面、课程开发层面。教材层面的课程决策主要围绕教材内容的理解与进度的规定，对教材内容做更具体的释义甚至难度、进度规定，这种工作也被我国学者称为"教学任务的分配"[①]，是一种事务的决定，而非专业决定。学科知识层面的决策中，教师研讨的问题从学科课程追溯到学科知识本身，希望通过对学科问题的追问探讨，形成对课程、教材更深刻的理解与把握。学科教学法层面的课程决策被认为是最有效的，是教师集体课程决策这一形式存在最合理的原因，教师的课堂教学需要学科教学法知识。对于学科教学法知识，舒尔曼有一个被普遍认同的定义，它是指教师知道如何有效地组织内容知识，再辅以例子和图解加以说明，其中还涉及选材、表达重点及选取适当的教学模式。[②] 学科教学法知识（不是单纯的、固定的知识体系）是教师的实践知识，是教师有别于其他专业的知识的核心，学科教学法层面的课程决策需要教师把学科知识、教材内容与学生特性联系起来，把课程资源与自己的教学风格结合起来，并选择最佳的呈现方式和操作方式。课程开发层面的课程决策中，教师可以在克莱因所说的学术层次上决定校本课程的理念，可以在形式的层面上设计教材，可以在机构的层面上规划课程结构、方案，多层面、多方位参与，但是，目前在我国这种形式的教师集体课程决策并不普遍。

3. 教师集体课程决策具有个体需求上的差异性

不同层次教师课程决策的"赋权"，对教师专业发展"增能"的意义是不同的。同时，不同类型教师对教师集体课程决策的依赖与需求也是不同的。可以把教师按照职业生涯发展阶段划分为初任教师、经验教师、能手教师。初任教师欢迎各种形式的集体课程决策，从中他们都会有收获，其中的原因在于初任教师的课程实践知识（包括学科教学法）严重欠缺，自己尽管掌握丰富的学科知识，但是不知道怎样转化成课程的操作体系，学科教学法的讨论对他们具有辅导的意义，即便是重点内容的规定也是一

---

① 陈桂生."集体备课"辨析［J］. 中国教育学刊，2006（9）：40-41.
② 舒尔曼. 理论、实践与教育的专业化［J］. 比较教育研究，1999（3）：36-40.

种教学设计提示。对于经验教师来讲，他们已经懂得了教学的一般程序，更希望在学科教学方面做更深入的探讨，他们很欢迎课例研究，也希望在讨论、处理疑难问题的时候获得提高。对于能手教师来讲，他们更希望在集体课程决策中发挥作用，以培训、指导青年教师，他们希望自己的课堂能有更多的创造性，因此很关注为自己的尝试找到依据，他们很希望在学校或者更高层面的课程解读能有实效，他们很欢迎在理念层面讨论课程，这是初任教师、经验教师无暇关注的。

4. 教师集体课程决策与个体课程决策相互延伸

教师工作的特点决定了集体的课程决策不能延伸到教师课堂操作层面上，具体的课程实施是教师个体执行的，因此，教师集体课程决策的结果来自参与教师个体对课程的理解，集体决策对教师起到的作用是规定、引导、支持，之后，教师将集体决策内化为自己的行动。过于详细、绝对的集体课程决策对教师教学风格的发挥是一种限制，而过于粗略的集体决策对教师而言只是领来了一些教学任务，没有获得任何思考、引导与提高。因此，在具体教学实践中对教学流程建议性的决定，对关键问题深入的剖析是制定教师集体课程决策的关键所在。

三、教师集体课程决策中应克服的局限

（一）克服集体课程决策中对个性发挥的局限

在理想的文化没有建立之前，制度的意义在于导引。教师集体课程决策中重点、难点的约定本身没有错，知识本身无所谓重点、难点，关键是相对学生而言是重点、难点，这应该是教师课程决策合理的起点。难点是站在学生知识结构、认知特征的角度判定的，重点是那些对学生未来学习、生活有重要价值的知识、技能与方法，需要教师有对知识来龙去脉的审视，有一个"居高临下"的视角。但如果所有成员教师局限于这些重点、难点、一般程序的设计，以及所有的课堂千人一面、没有差别，那么约定就变成了束缚与制约。教师集体课程决策确定的是有关课程的一般问题，在集体决策之上的教师个性化的课程决策也是保证课程实施质量的关键步骤，因此，约定的方式也需要被约定，比如，有的学校要求教师准备两个教案，第一个教案是集体备课的教案，第二个教案是在第一个教案的留白处添加、更换自己的特色内容，鼓励教师在达到一般课程实施水平的基础上尝试、创新。

（二）克服各种决策方式功能的局限

流程约定式的课程决策方式会给教师有关课程的整体印象，但是由于讨论的问题是基于过去的经验，并对课堂进行预设，并非基于真实发生的课堂，刻板的流程容易磨蚀教师的探讨热情，尤其对已经掌握教学一般程序的经验教师来讲，会觉得枯燥、程式化。相对而言，课例研究式的决策方式针对真实的课堂，但周期长，不能覆盖所有课程内容。课程开发式的课程决策最有利于教师超越习惯的思维局限，扩展视野，转换角色，但目前，不是所有的教师都有机会参与体验。任何制度都很难满足所有人的需要，或者说，不可能所有人在所有形式的课程决策中都有收获，即便是课例研究式、课程开发式的决策中，也会因为参与人员的懈怠、消极而流于形式，问题的关键是我们怎样为这些集体决策的形式创造积极的文化背景，这其中学校领导者的过程参与、结果检验是至关重要的，领导者或者专业骨干除了参与研讨过程和监督，更重要的是提出超越性、反思性的问题，提升话题的质量，提高课程理解的深度。再有，课程决策的质量要在课程实施中体现出来，经常性、常规性的听课本身就是对课程决策质量的检验。

（三）克服沟通中信息流动不均衡的局限

教师在教学中离不开对话，包括与文本对话、与学生对话、与同伴对话、与自己过去的经验对话，课程决策也是对话的过程。但交流中主流话语的出现也是必然的，这在群体的审议、讨论中都会出现，它受见识广度、认识水平、性格甚至地位的影响，因为这些讨论是为了求解，而不是畅想。但问题是对于经验教师甚至能手教师而言，集体的课程研讨也是必需的，熟悉的未必真正知道，很多在经验中重复多次的观念、行为有可能是集体无意识的错觉，而青年教师没有固定模式，接受新观念比较快，需要在研讨中建立特别的机制让他们表达。

［原文刊载于《课程·教材·教法》2008 年第 12 期（吕立杰　陈建红）］

16　教师课程行动转变的动因

——一位《品德与生活》教师的课程故事

《品德与生活》是基础教育新课程体系中的一门综合性学科，在小学一、二年级开设。该课程主要针对入学后，学校、家庭生活产生变化的儿童，帮助他们适应新的学校环境，学会健康地生活，并形成良好的公民素养。基于儿童生活，在真实的儿童生活中进行德育，在活动、体验中建构课程的意义，应该是这门课程在理念上的一大亮点。由于师资等方面的原因，很多学校的《品德与生活》由班主任兼任，那么，该课程的教师对课程的认同态度怎样？能否认真执行，并表现课程的意义？下面是长春市南关区某小学一位《品德与生活》教师时老师在同行观课后的研讨沙龙中，讲述的自己与《品德与生活》课程的故事。从中，我们可以看到该课程教师的课程实施状态。

一、时老师和《品德与生活》的故事

其实我的品生课以前上得一点都不好，很多老师可能也有和我一样的做法。因为我是教语文的，又是班主任，我总是趁着校长不注意的时候，在品生课上偷偷摸摸地给孩子们听写生字，偶尔呢领孩子们做做练习册，或者布置家庭作业什么的。

因为我长期从事的是低年级的班主任工作，这学期也担任二年级的班主任工作，就觉得班主任的工作特别烦琐，而且特别累。刚开学的那段时间，就有很多孩子来找我告状。写写字的时候两个人就打起来了，"老师他在我的本上画了一下"，"他挤了我一下"，然后第二天就有家长给我打电话说："老师啊，能不能给换个座位啊，他同桌总欺负他。"站队的时候也是他挤我一下，我挤你一下的，班级里面不团结的现象也越来越多了。那时候我就有一种不想当班主任的想法，就觉得班主任一天太累了，怎么这么烦琐呢，有解决不完的事，出现一个问题就得马上解决。在老师的眼里都是些非常小的事，但是对于孩子来说就必须给他解决，因为这是对于孩子非常重要的事。

正当我一头雾水不知道怎么解决的时候，无意中我翻到（《品德与生活》）教材中的第二单元"我们班的故事多"，这里面很多小插图把我给吸引了，我发现这些小插图里面画的很多情景都有我班的影子，比如告状的这些事情，然后我就想不如利用这个时机好好地教育一下我班的孩子。

我呢，就把我班孩子这些告状的事编成了一系列的小故事，当然这些故事当中的主人公用的不是我班孩子的名字，孩子们听得津津有味。因为我是当班主任的，所以非常了解我班的孩子，于是我就有针对性地叫了这几名同学回答问题，我就说：这故事中的主人公你喜欢谁呀？你不喜欢谁呀？你为什么喜欢他/不喜欢他呀？他们说得特别好，就感觉好像找到了自己的缺点似的。过了几天以后，我就发现孩子告状的现象少了一些，尽管这种现象仍然存在。

然后，我就想利用品生这本教材把这个课延续下去，于是我在第二周的品生课上又开展了一次活动，我把孩子们拉到操场上，给他们准备了两个游戏，一个是两人三足的游戏，另一个是两个孩子背对着背夹球接力跑的游戏。这两个游戏就是锻炼孩子团结、合作、互相配合的能力。当然有的孩子把这个游戏玩得特别好，有一些孩子就在夹球的时候把球掉到地上了，还有的孩子摔倒了，有的孩子不知道从自己身上找原因，而是指责对方："就怨你，要不是你的话球能掉地上吗？要不是因为你的话我能弄摔吗？"然而我知道出现这种现象也是非常正常的，于是我又把这些孩子们拉回到班级里面，继续上课，我先请那些玩这个游戏玩得特别顺利的孩子回答问题：说说你们怎么配合得这么好啊？你们是怎么玩的啊？孩子们把他们的经验说了出来。然后我又找一些没玩好的孩子，我说：你们能不能找到自己的原因，为什么没玩好啊？孩子们就点了点头，都说明白了。最后我给他们讲了一个故事，就是"一根筷子容易折，十根筷子不会弯"的一个小道理，孩子们一听，一下子恍然大悟了。

我们班的孩子下课居然这样问我："老师，下节品生课还考不考生字了？用不用语文科代表发本子了？"当时一问，我的脸腾地一下红了，我就觉得前一段时间太对不起这些孩子了，原来孩子的内心是那么喜欢品生课，然而我却剥夺了他们这个权利，我甚至觉得对不起校长……

看到这个活动开展得比较好，我就在第三周上课之前给每一个孩子发了一张彩色的硬纸，让他们在纸上写一个爱心卡，然后写一个感谢卡，写他们曾经欺负过谁，或者和谁发生过一些小矛盾，让孩子们互相赠予，每个孩子手里都拿着他们收到的贺卡。有些家长跟我反馈说："老师，这个卡，我想给扔了都不让啊，比过圣诞节的时候我给他买的带音乐的那些卡片都珍惜。"现在我觉得品生课有事半功倍的效果。我们年级的几个兼品生课的老师配合得也很好，可以说我们年级组人才济济。比如说，李老师就属于特别会动脑筋的，是智慧型的，就像导演一样，能够指挥我们去怎么做；周老师是电脑高手，电脑操作特别好，能上网查资料什么的；再比如说我，特别愿意制作一些小教具什么的，愿意画一画，愿意剪一剪。我们分工特别好，比如说要讲这一单元了，周老师就会去上网查资料，然后李老师就出谋划策，我就动手去做这件事（教具）……

二、个案故事分析

（一）时老师课程行为中的心路历程

人的行为总是与目的、效果密切相连，教师当然也不例外。教师的教学重点会是那些容易呈现效果的课程内容，在当前教育文化的惯性中，学校、教师以考试成绩作为衡量教育效果的重要标志并不少见。自然，班主任时老师就会"偷偷摸摸"地运用权利，在品生课上"听写生字""做练习册"，品德与生活难以用考试的形式测量学生的学业成就和教师的课程实施水平，尽管时老师知道这样"一点都不好"，不过时老师的做法"和许多同事都非常相似"。这时，时老师的班主任工作出现了问题，二年级的孩子天天"告状"，经常"打起来""同桌欺负人"，真是"太累了"，"这么烦琐"，时老师向自己的目标努力的过程遇到了很多困难，但有一点时老师是清楚的，这些"烦琐"的事情不仅是自己工作的障碍，也是孩子成长中"非常重要的事情"，也就是她认为对这些学生成长中困扰的问题进行矫正、教育也是自己的责任，也是自己教育行为的目的，尽管这个目的在问题出现的时候才会意识到，换一个角度说，当学生出现成长的问题，时老师潜在的教育行为的目的与效果需求发生了变化。在这样的情况下，她"无意当中""翻到"品生课的教材，马上被"吸引"了，因为"小插图里面画的很多的情景"和她遭遇的教育困境非常相似，也就是教材的特征、功能与时老师教育需求非常匹配。于是，时老师开始尝试利用品德与生活课程，按照品德与生活教材提供的活动模式，解决学生成长中的问题，解决自己工作的困扰，经过尝试发现问题现象"少了一些"，接下来，时老师开始主动开发"延续"品生课，她看到了这门新的《品德与生活》课程产生的效果和意义，反过来对自己以前不执行新课程的行为感到"对不起"孩子和校长。在经过了课程态度的转变和成功的尝试后，时老师继续开发延续这一课程，这时她已经能在家长的反馈中得到高度评价，觉得有"事半功倍"的效果，这个"事半功倍"既是时老师对这门课程的评价，也是对自己实施这门课程水平的评价。

（二）时老师课程行为和关注点经历了三次跃迁

故事中，时老师的课程行为经历了这样几次跃迁：从不执行课程到利用课程被动地解决学生生活中的困扰、矛盾，到主动创设情境激发学生思考，再到引导孩子自己建设性自我反思，创建积极的班级人际关系。几个跳跃构成了一个比较完整的关于"我们班的故事多"的主体单元，教学的内容要素来自学生的真实生活，这三次课对于学生来说，是对班级生活认知能力发展的三次跳跃。时老师最初"把告状的事编成小故事"虽然吸引了很多学生的兴趣，但从学生心理水平的变化上来看，学生仅仅知道什么样的行为是对的，什么样的行为是错的；在"两人三足"游戏的设计中，学生在谦让、合作、帮助的问题上有一个理解水平上的认知；体验了活动过程，经历了深入的思考，在制作爱心卡片的时候，学生在情感、态度上得到了升华。对于时老师来说，三次课也是三次教育效能上的飞跃：最初编故事讲给学生听，是指向过去的说服教育，时老师关注的是解决自己工作中的难题，做"两人三足"的游戏时老师开始真正有目的地设计情景，这时，时老师开始考虑用什么方式最有力地表现课程的效果，她关注的是给学生种下友谊的种子，指向学生未来的发展的活动，学生的视界是其教学设计的出发点核心。几次跃迁中，课程的产生与发展，源自时老师对班级工作、对学生的熟悉，也源自其教育的智慧和灵感。

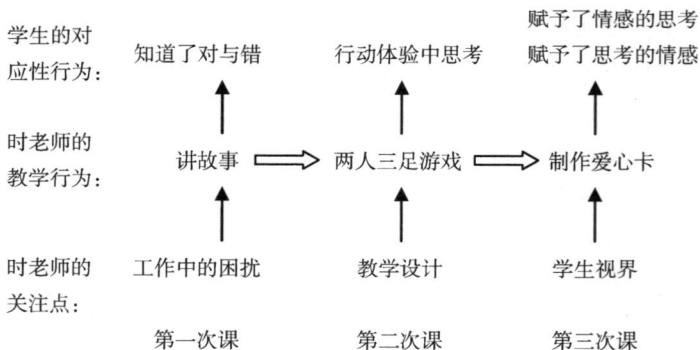

图 4 - 1

（三）时老师的课程实施呈现了不同阶段

时老师的课程实施过程是很典型的，很多老师与她有"同样的经历"，从开始对课程的抵制和不执行，到套用、尝试新课程，再到自主地、有效地甚至创造性地执行新课程，这一课程实施水平与霍尔和霍德总结的课程实施"未使用、定向、准备、机械地使用、常规化、精致化、整合、创新"[①] 这八个水平阶段基本是一致的，但是教师如何从新课程的未使用过渡到初步的尝试，机械地使用，在他们的理论体系中并没有给出这个关键点，也就是一个未使用过新课程的教师不必然为使用新课程做"定向、准备"以及"机械地使用"，霍尔的课程实施八个水平是理想化的、理论的。什么原因使教师决定放弃以前的工作习惯，尝试自己不熟悉的不能预料结果的行动？教师机械地使用了新课程后，是什么动因使教师延续使用，不断完善，达到常规化、精致化的使用水平？我们在时老师的课程故事中看到，这种动因主要在于课程本身的实用功能，这种功能表现在能否解决工作的困扰，能否改善学生在成长中的问题，能否带来教育成效，当然也包括能否使校长满意，因为时老师在反思自己未使用新课程时，觉得"对不起校长"。这种功能一经被教师领悟、确定，他（她）会自主地使用、完善新课程，甚至达到"精致化、整合、创新"的程度。对于这种由于课程的实用功能带来的教师实施的自主性也有相关理论对它进行讨论。

三、教师课程行动转变的关键点讨论

（一）教师对于课程变革成本的知觉是教师认同新课程的核心

成本是获取利益必须使用的代价，教师对课程变革所付出的代价和获得的回报的估计构成他的成本知觉，成本知觉与教师的课程态度、课程认同感有关。1993 年，澳大利亚的沃和戈弗雷进行的一项"教师对单元课程认同感"研究中，他们使用了七项相关变量进行调查：（1）课程带来的非金钱成本效益；（2）课程的实用性；（3）降低教师推行课程的恐惧和不确定性（学校的支援）；（4）对单元课程问题的关注；（5）其他人士对单元课程的支持；（6）教师在学校的课程决策；（7）比较过新旧课程后的感觉。经过问卷调查和量化分析后，沃和戈弗雷认为，影响教师认同的最重要变项是成本利益，此外还有对改革参与的程度，改革支持因素，以及先前改革的经验。我国香港学者李子建在 1998 年进行的一项关于本课程与常识科课程教师认同感的对比研究中，同样把"教师对课程改革的非金钱成本效益评估"列为五个变项之首。成本知觉影响着教师对新课程的认

---

① HALL G E, HORD S M. Change in schools: facilitating the process [R]. New York: State University of New York Press, 1987: 60.

同，而对新课程的认同态度又影响着教师能否实质性地采纳新课程、执行新课程。那么，在教师知觉中的成本与利益究竟有哪些？也有学者进行了总结[①]（如表 4 - 1）：

表 4 - 1　教师知觉中的成本与利益

成　本	利　益
面对革新所需的额外学习时间和准备处理 放弃现有技能，学习未熟悉的技能和新知识 准备新教材和资源 涵盖新课程大纲所需时间 师生关系改变（如增加课堂生交往） 学生在公开考试中未必取得好成绩 校长与教师、教师与教师之间的关系改变 教师自治权有削弱 对教师学科权威或有威胁	教师刺激及满足感增加 改善教室气氛 改善教室纪律 升职 参与革新的老师地位提升 参与决策的机会增多 师生、师师关系改善 增薪 增加资源 参与专业发展及支持活动增加

在这项表格中，教师对于利益知觉的十项中，有九项是非金钱成本，有六项与教师的教育效能感有关。更有学者把教师期望的成本利益回报直接定义为"学生的积极反应与其学习质素有所提高"[②]。

在时老师的故事中，她曾在品德与生活课上听写语文生字，事实上也是通过不执行新课程体现她所理解的教育成本回报——学生成绩的提高，接下来促成她的课程认同感转变的因素是她发现了学生的教育需求。她尝试着使用新课程后，获得了学生行为改变，她的尝试行为获得了新的回报，看到了这门课程隐含的新的利益，这样，时老师对于《品德与生活》这门新课程的成本知觉发生了变化，在后来不断的"延续"中，不断获得回报，以致在讲述故事的时候形成较好的课程认同。因此，在这个个案中我们看到，能否获得工作效益是影响教师认同、执行新课程的核心因素。

（二）教师的课程态度与尝试行为相互验证

冯治华（Fung，1995）[③] 从学校变革出发，提出了一个创新 6A 过程

---

① MORRIS P. Curriculum innovation and implementation：a cautionary note ［J］. Educational Research Journal，1987（2）：49-54.

② 李子建. 课程、教学与学校改革 ［M］. 香港：香港中文大学出版社，2002：100.

③ FUNG A. Management of educational innovations：the six-a process model in Wong K C and Cheng K M educational leadership and change－an internal perspective ［M］. Hong Kong：Hong Kong University Press，1995：69-85.

模式，这个过程模式的特征在于变革的达成是非线性的，由几个重复的循环组合而成，分六个阶段：认识、态度的形成、采纳、适应、行动和应用，这个过程总体上依据一定的顺序，但事实上每一次尝试都可能导致循环的重新开始，也就是每一次采纳与尝试，都会形成对变革的再认识，这种新的态度又决定了行动者是否认同变革，采纳与再尝试。（如图 4‑2）

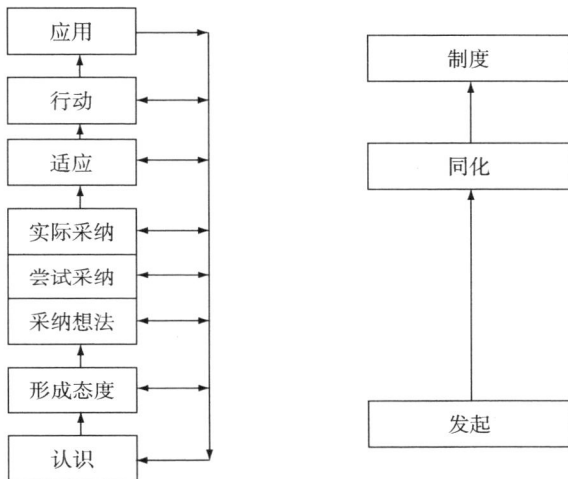

图 4‑2 冯治华创新过程模式

古斯基的研究也得出了相似的结论，他认为，在一般情况下，教师信念和态度上显著的改变是当他们进行了成功的实践并且看到学生确实发生变化后产生的。他所提出的教师专业发展模式首先是教学实践的改变，引起学生成就改变，之后才引起教师信念与态度改变[①]。

在时老师的故事中，当她发现《品德与生活》教材中的插图"有我班的影子"的时候，已经形成了一种对这门新课程的态度，成功地采纳、尝试后，进一步确证了自己的认识与态度，这样她又投入了更多的热情与精力，设计更有实效的主题单元活动。但是，如果时老师的尝试失败了，如同上图中的循环过程，尝试的结果也会回馈态度与认识，影响再采纳，再尝试。这样一来，教师的课程态度与课程变革行动是在不断相互修正，发展成熟的，因此，当教师怀着尝试的态度初步采纳、执行新课程的时候，适时的帮助、引领、合作，或者给予其技术、技巧促成成功，影响着教师对于接受变革的态度也影响着变革行为的持续有效。

---

① Guskey T R. Professional development and teacher change [J]. Teacher and Teacher Education，2002：8.

（三）自主、实践、交往在教师专业发展中的作用

教师专业发展的过程也是教师自主学习的过程，这一点与很多独立性、实践性较强的职业是很相似的，对于在实践中自主学习的要素与模式，欧洲学者费奥和博迈森曾提出一个"学习立方体模型"[①]（如图4-3），X轴代表学习内容的实践性，Y轴代表学习过程的交流性，Z轴代表学习的自主性。三个轴共同构成了专业学习过程的核心支点。

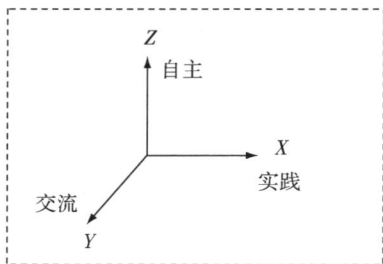

图 4 - 3　学习立方体模型

借用此模型，我们可以很好地解释教师专业发展的要素与模式，也就是自我发展的愿望，实践演练以及与同行专家间的交流合作可以形成教师专业发展的三要素，而这三个要素间的关系又是相互构成的，也就是自我发展的自主性、愿望，决定着教师怎样去实践，实践中能融入多少自我观察、反思，以及能否敏锐地吸收、采纳理论和别人的经验。实践是教师必然的工作状态，渗透了自主、学习、帮助、合作的实践是智慧的实践，不断提升品质的实践，有成效的实践也才能回馈自主发展的愿望，筛选交往的有效性，交往自然在实践中产生需求，交往的前提是合作沟通的意愿，也就是要有发展的自我愿望，才会构成交往。在时老师的故事中，最初她的实践尝试是抱着试误的态度，实践中的成功强化了开发课程功能的自主愿望，成功的热情与愿望支撑了友善、积极、互补的教师合作与交流，这期间，不管是出于对学生的责任感，还是出于自己专业发展的动机，对教育效能的追求的自主性贯穿在她的教育行动中。

［原文刊载于《全球教育展望》2007 年第 3 期（吕立杰）］

---

① 余凯成. 人力资源管理［M］. 大连：大连理工大学出版社，2001：205.

17　基于情境判断测验的校长课程领导胜任力调查

学校是课程变革的基本单位，学校课程实施的忠诚度与课程发展的创新水平决定了变革的成败，更决定着学校育人的质量。学校课程发展状况是一个复杂的问题，对学校课程发展的考察需要走进学校对课程设置、课程实施过程甚至课程资源环境等进行个别观察了解，因此大样本了解学校课程发展状况是较为困难的，为此我们选择校长课程领导胜任力这一替代性指标，希望通过测量校长课程专业化程度，判断学校课程发展的必要条件或可能性，也就是我们认为学校课程发展、课程建设必须有赖于校长具有良好的课程领导胜任力，这是学校课程发展必要但不充分的前提条件。

一、校长课程领导胜任力及其理论假设

（一）校长课程领导胜任力内涵

从 20 世纪 80 年代开始，课程领导成为课程研究中的焦点话题，布莱德雷（Bradley）、格拉索恩（Glatthorn）、布鲁贝克（Brubaker）是较早地系统阐述课程领导的学者。从 20 世纪 90 年代末开始，我国台湾、香港地区以及内地的众多学者也开始关注课程领导的问题。中外学者对课程领导界定与理解的共同之处是都以课程变革为背景，从课程领导者的角色、功能的角度阐释课程领导的含义，比如，布莱德雷认为课程领导即强调课程开发，提供课程发展必要的资源，提供课程发展的哲学方向，允许课程发展的持续性，作为课程发展理论与实践间沟通的桥梁。[①] 也就是学者们更关注课程领导者在课程变革中所做的专业性工作任务，对课程发展的专业价值，而非仅仅针对人、财、物等一般性行政领导行为。因此，课程领导是一种专业领导，校长的课程领导就是强调校长履行专业领导职能，不

---

① BRADLEY L H. Curriculum leadership and development handbook ［M］. New Jersey：Prentice-Hall，1985，23-24.

仅仅是鼓舞士气，处理人际关系，激励员工动机，而是着眼于学校课程建设的专业工作，引领、促进学校课程建立、优化、创新。

有研究者认为胜任力是一种潜在的个人特质，这些特质会影响个体在复杂工作情境中的能力表现、行为决策以及产生的相关参照标准。[①] 也有人更加直接地将胜任力界定为在特定情境下对知识、技能、动机等的具体运用和实际行为表现。[②] 也就是说胜任力是影响工作行为的一些个人特质，这些特质是知识、技能、动机、态度、价值观等的综合形式，它以潜在的方式影响人的判断、决策、解决问题等行为、活动。校长的课程领导胜任力就是指校长为促进学校课程发展，在规划、开发、指导、监督学校课程建设工作中所表现出来的知识、技能、思维模式、行为定式等的个人特质。

（二）校长课程领导胜任力的理论假设

校长作为课程领导者，在学校课程建设中需要以专业的影响力引领、指导学校课程建设与课程创新，同时，校长还需要以自己的职位身份激励、协调人际互动，建立机制等，为课程发展营造良好环境。因此我们认为校长的课程领导主要是任务指向的，同时，一般的人际指向的职能也会对校长课程领导起到很大的影响作用。

校长需要完成哪些课程任务呢？格拉索恩（Glatthorn）从课程变革中的决策层次将课程领导划分为国家、地方、学校、教室四个层次，决策层次不同，在课程变革中扮演的角色和拥有的权责也不一样。从工作分析的视角来看学校层次的课程领导，其应该发挥以下功能：根据地方课程愿景，发展学校优质课程愿景；补充地方教育目标；发展自己的学习方案；发展以学习为中心的课程表；决定课程统整的性质与范围；使建议的、书面的、教授的、测验的、习得的课程一致；督管与协助课程的实施。[③] 在我国，教育部 2013 年颁布的《义务教育学校校长专业标准》中，把校长领导课程教学作为其专业职责之一，并做了明确规定，在相应的理念、知

---

① 史班瑟，等. 才能评鉴法：建立卓越的绩效模式 [M]. 魏梅金，译. 汕头：汕头大学出版社，2003：17-19.

② WOODRUFFE C. Competent by any other name [J]. Personnel Management，1991（9）：30-33.

③ ALLAN A. GLATTHORN. 校长的课程领导 [M]. 单文经，等译. 上海：华东师范大学出版社，2003：9.

识、政策的基础上，统筹国家、地方、校本三级课程，落实国家课程标准，开发校本课程，提供课程资源，积极开展教研、教学改革活动等。据此，我们认为校长在学校层面的课程领导任务包括：确立学校办学理念、依据教育方针及办学理念规划学校课程、国家课程的课程校本化处理、校本课程开发、课程资源利用、确立课程管理机制、课程实施管理等。

参考胜任力测试的模型，结合校长课程领导的职能要求，建构校长课程领导力测量模型（如图4-4）。校长的课程领导主要指向是完成角色的职能任务，其中掌握课程理论、拥有先进的课程理念、了解国家课程政策是校长履行职责、完成任务的前提，这些理论、理念、政策在实践情境中以内隐知识的形式表现出来，形成个体独特的行为定式，影响课程发展的成效。

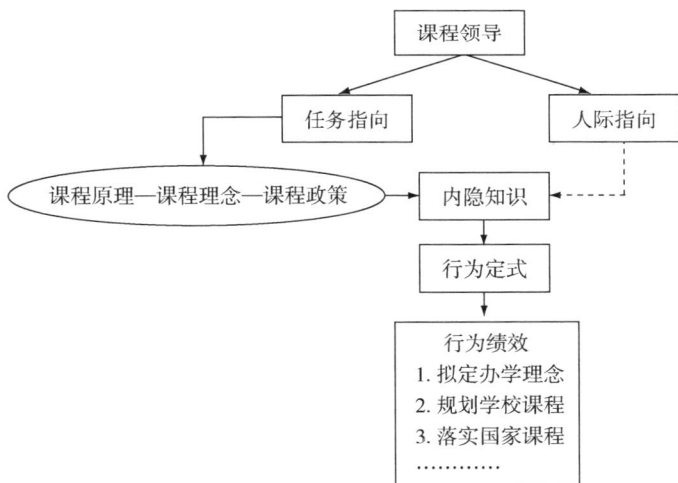

图4-4 校长课程领导胜任力的理论假设

二、校长课程领导胜任力的测量设计

（一）测量工具的选定：情境判断测验

在传统的教师效能、校长能力测量中，直接陈述测量的目标内容，由被测量者自行判断，比如："我能掌握关于课程设计方面的知识""我能合理地利用课程资源"，这样的题目太过笼统、宽泛，并直接使用需要测量的概念术语，被测量者除非深入了解课程设计知识、课程资源等概念，否则难以做出专业判断，另一方面，把判断的权利完全交给被测量者，必然产生社会称许方面的质疑。因此，本研究采用情境判断测验的方式，所谓情境判断测验（Situational Judgment Tests）就是为评估某个工作情境中的恰当行为倾向而设计的中低保真度的工作模拟或工作样本[①]，这种方式更有利于测量出被测量者真实的态度以及内隐的知识。校长课程领导胜任力来源于他对课程政策的认知、对课程理论的掌握、对教育理念的把握，这些认知、理论、理念需要透过课程实践显现出来。采用情境判断测验的方法是期望编制典型性、真实性、多维性的实践情境，收集和测量校长在课程实践中真实的行为反应，以判断其认知、态度的实际状况。

（二）情境判断测验测量工具的研制
步骤一：　课程事件访谈与情境设置

根据校长课程领导工作分析所形成的七个胜任力考查维度，编制校长访谈提纲、课程专家访谈提纲，对十位校长、四位课程专家作为工具性个案进行访谈。十位校长均为积极尝试学校课程革新的领导者，四位专家为主持或参与过院校合作项目，有过帮助学校开发课程经历的课程专家。这十四位专家作为主题专家，围绕访谈题目，讲述他们经历中最有效的或者最违背原则的课程事件。在访谈获得的三十余个课程故事、课程现象中进行价值筛选，筛选主要依据两个原则，一是情境故事是否反映了要考查的要点，二是情境故事是否具有实践的普遍性，确保问卷的构念效度。最后，选择、加工并保留其中九个能够体现考查要点，并具有复杂性和典型性的课程现象或课程故事。

步骤二：　收集相应的情境反应

由于收集问题情境时只访谈了十余位校长或专家，他们经历、讲述的课程故事也是独立的，因此对每个情境的反应项没有得到检验，并存在不饱和问题。因此，我们将保留的 9 个问题情境编制成完全开放式问卷，选择农村校长、北京市优秀校长、长春市校长共 54 人进行质性回答，之后由三位博士研究生对每份回收的问卷进行阅读、编码，整理出每个情境问题相对应的情境反应项，剔除与情境无关和倾向明显的反应项，合并同类反应项，最后每个情境下面列出 4～8 个可能的情境反应，对每个反应使用 0～5 点计分法。

---

① 威克利，普劳哈特. 情境判断测验：理论、测量与应用［M］. 柳恒超，罗凤英，李婷玉，等译. 上海：复旦大学出版社，2013：28.

步骤三：确定计分方法与最佳选项

确定情境问题及全部反应项后，组织两位资深课程专家及三位省级杰出校长针对每个反应项给出最佳选项，对于有分歧的题目采取集体磋商的方式，最终达成一致看法。最佳选项记为5分，其他选项按照与最佳答案的离散程度分别赋予1～4分。最后计算校长问卷中的反应项所得分数与专家赋分的差异，差值越小则表明被调查校长与专家的标准越接近，即校长课程领导胜任力越高。反之，差值越大则说明被调查校长与专家的标准越远，即校长课程胜任力水平越低。

三、校长课程领导胜任力考查结果与分析

本次调查发放问卷共计482份，其中有效问卷461份，覆盖了我国24个省、直辖市与自治区，具体情况如表4-2所示。

表4-2 样本校长基本情况统计表

基本信息	类别	人数	百分比
性别	男	305	66.16%
	女	156	33.84%
年龄	40岁及以下	56	12.15%
	41～50岁	314	68.11%
	51岁及以上	91	19.74%
第一学历	中师类	202	43.82%
	师专类	137	29.72%
	本科师范类	93	20.17%
	本科非师范类	11	2.39%
	其他	18	3.90%
最高学历	大专	33	7.16%
	本科	386	83.73%
	硕士研究生	41	8.89%
	博士研究生	1	0.22%
办学层次	九年义务教育	73	15.84%
	初中	247	53.58%
	小学	141	30.59%

本次量表信度检验、效度检验、相关性分析与显著性差异分析的数值均采用 IBM SPSS Statistics 21.0 对收集到的数据进行统计分析，其中信度检验主要是对量表的同质性信度和分半信度进行检验。同质性信度采用 Cronbach's Alpha 系数表示（即 α 系数），而分半信度采用 Spearman-Brown 分半相关系数计算方法。本量表的 α 系数为 0.784，分半系数为 0.756。两个数值均大于 0.7[①]，故认为本课题组研究编制的校长课程领导胜任力量表具有良好的信度指标。效度分析采用内容效度与区分效度两种方式进行检验。内容效度以题目分布的合理性来判断，基于理论及政策分析本次校长课程领导胜任力量表由"挖掘办学理念""规划学校课程""了解国家课程政策""国家课程的校本化""校本课程设计""校本课程实施""课程资源利用""建立课程管理机制"和"督管课程实施"九个考查点共同构成。本研究中的 5 位专家对测量题目的考查点与目的的一致性进行了分析，5 位专家均认为该量表的九个考查点完整且详细地测评了校长的课程领导胜任力，且测评情境真实、饱满，而测量目的一致性的 Kendall（肯德尔等级）和谐系数为 0.317，其 P 值为 0.027（$P<0.05$），证明了各专家的评判显著一致，说明了该量表具有良好的内容效度。区分效度检验中，由表 4-3 得知，本量表各维度之间的相关系数在 $-0.125\sim0.466$，呈中低等程度相关。该情况说明本量表的维度之间具有较高的独立性、互不影响。而量表的各维度与总分之间的相关系数在 $0.503\sim0.779$，呈中高等程度相关，从而说明了各维度能够反映总量表所要测查的内容，表明量表具有良好的区分效度。

表 4-3　各维度与总分数之间的相关系数矩阵

	挖掘办学理念	规划学校课程	了解国家课程政策	国家课程的校本化	校本课程设计	校本课程实施	课程资源利用	建立课程管理机制	督管课程实施	总分
挖掘办学理念	1									
规划学校课程	0.026	1								

---

① HENSON R K. Understanding internal consistency reliability estimates: a conceptual primer on coefficient alpha [J]. Measurement & Evaluation in Counseling & Development, 2001 (3): 177-189.

续　表

了解国家课程政策	0.001	0.183**	1						
国家课程的校本化	−0.125**	0.173**	0.236**	1					
校本课程设计	−0.045	0.205**	0.233**	0.343**	1				
校本课程实施	−0.090	0.312**	0.202**	0.223**	0.194**	1			
课程资源利用	−0.005	0.067	0.076	0.053	−0.060	0.094*	1		
建立课程管理机制	−0.064	0.257**	0.291**	0.445**	0.466**	0.225**	−0.037	1	
督管课程实施	0.086	0.134**	0.069	0.109*	0.226**	0.108*	−0.003	0.244**	1
总分	0.590**	0.503**	0.660**	0.665**	0.751**	0.642**	0.630**	0.779**	0.669**	1

注：** 表示 $P<0.01$，* 表示 $P<0.05$。

（一）校长课程领导胜任力整体情况

1. 校长课程领导胜任力整体情况

校长课程领导胜任力的每个考查点的分数统一定为 20 分，因而校长课程领导胜任力量表的满分为 180 分。461 位校长分数的最高分为 160.2 分，最低分为 86.9。其中 160 分以上者仅为 1 人，159 人得分在 140～159 分数区间，263 人得分在 120～139 分数区间，35 人得分在 100～119 分数区间内，剩余 3 人得分则在 80～99 分数区间内。

对校长课程领导胜任力每个考查点的平均值与标准差进行统计（具体情况如表 4-4 所示），其中整体得分最高的是"校本课程实施"，其平均分为 16.53 分，其个体数据的离散程度（标准差）也是所有维度中最小的，仅为 1.44。其次为"了解国家课程政策"，平均分为 16.37，然而其在不同个体间具有较大的差异，标准差为 2.77，在九个维度中是个体离散值第二大的维度。而在九个维度中，"国家课程的校本化"为我国校长课程领导胜任力中最低的维度，平均分为 13.97。九个维度中校长个体差异最为明显的是"校本课程设计"维度，其标准差值为 3.07。

表4-4 校长课程领导胜任力每个考查点与总分的整体均值与标准差

统计量	挖掘办学理念	规划学校课程	了解国家课程政策	国家课程的校本化	校本课程设计	校本课程实施	课程资源利用	建立课程管理机制	督管课程实施	总分
均值	14.21	15.93	16.37	13.97	13.18	16.53	15.04	15.59	14.39	135.23
标准差	2.39	2.00	2.77	2.20	3.07	1.44	2.05	2.53	2.43	10.22

为了更为直观、具体地看到校长在各个维度的分数分布层次，以及分析个体差异是由于数据的两极分布，还是多层离散导致，我们将九个维度不同校长得分的具体情况按照区间的人数分布绘制成"玫瑰花环图"（具体情况如图4-5所示）。该图像以颜色深浅表示分数区间，以扇形面积的大小表示人数分布情况。从该图像的整体观察中可以发现各位校长大多分布在10～18这个分数区间内，可见各维度得分大致良好。而从区间的人数分布上看，"校本课程实施"这一维度由于大多数校长的得分分布在14～18的分数区间，致使其得分情况最为良好，与其平均分最高和标准差最小的情况相一致。"校本课程设计"维度由于数据的多层离散分布有较大的差异。此外，在"了解国家课程政策"这一维度上其标准差值是因为校长个体的两极分化导致。

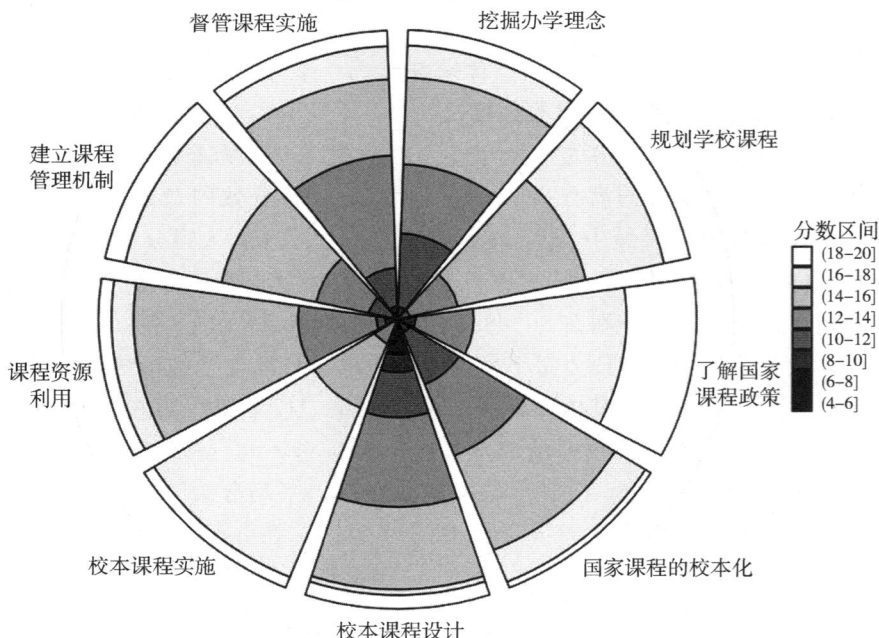

图4-5 校长课程领导胜任力各考查点的分数区间分布图

2. 校长课程领导胜任力的聚类分析

将所有校长在九个考查点的得分情况与平均值距离进行聚类，聚类的结果具体如图 4 - 6 所示。该热图的聚类采用 K-means 的平均距离算法，每个小方格表示每位校长在该维度相对于该维度平均值的得分，得分越高颜色越深，反之则越浅。每行表示同一位校长在不同维度中的得分情况，左侧树状图表示各个校长的聚类结果。

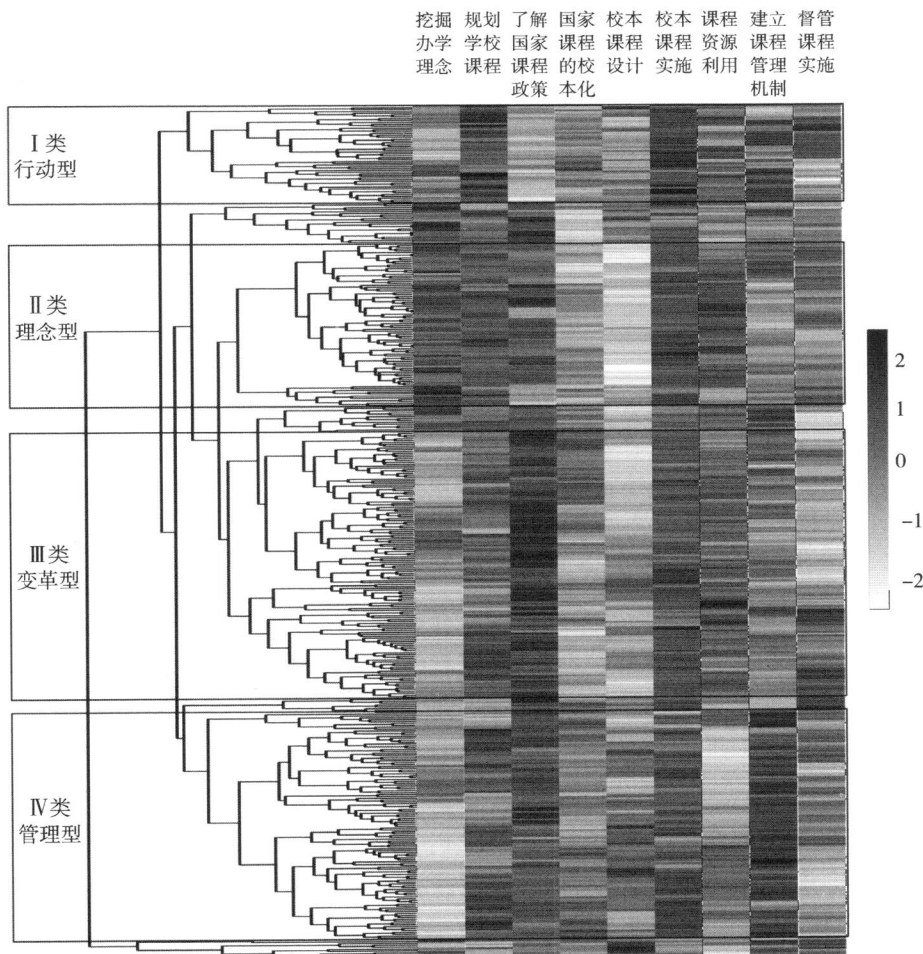

图 4 - 6　校长课程领导胜任力的聚类热图

本研究划分出的Ⅰ类、Ⅱ类、Ⅲ类和Ⅳ类校长在一些特定的维度上拥有部分相同的表现，从而成为四种不同特质的校长。对于调查的 461 名校长，大致可以将其归为 4 种不同课程领导胜任力特质的校长。Ⅰ类校长为行动型校长，其在"了解国家课程政策"上表现较差，却在"规划学校课程"与"校本课程实施"这两个方面有优异的表现，该类型校长有领导课程变革的经验，但变革思路多出自直接向其他学校学习，政策依据了解不充分。该类型约占总体校长人数的 18%。Ⅱ类校长为理念型特质校长，该特质型校长在"挖掘办学理念"上有极为优异的表现，但在"校本课程设计""国家课程校本化"等多方面表现均较差，该类型占整体数量的 15% 左右，在实践中该类校长善于宏观把握学校发展方向，但处理课程事务经验不足。Ⅲ类校长为变革型校长，该类型校长在"了解国家课程政策"一项得分非常高，在"规划学校课程""国家课程的校本化"等方面也有不错的表现，但在"挖掘办学理念"与"校本课程设计"上较差，约占总体校长人数的 30%。该类型校长具有课程改革经验，在学校中实践了课程变革，但课程开发的理论及专业技术有一定欠缺。Ⅳ类校长为管理型特质校长，其在"建立课程管理机制"上有着优异的表现，但在"课程资源利用""挖掘办学理念"两个维度上略显不足。该类型校长同样是善于规划学校运行的机制、机构，少有处理课程专业事务的经验，该类型校长占本研究调查数量的 20%～25%。

（二）校长课程领导胜任力差异表现

1. 校长课程领导胜任力的性别差异表现

本次研究共计调查男校长 305 人、女校长 156 人。根据 SPSS 的显著性差异分析可以发现，男校长与女校长在总体得分与多个维度的得分中均出现了显著性差异。男校长总分的平均分为 134.15，标准差为 10.80；女校长总分的平均分为 137.33，标准差为 8.66。总分在 $P < 0.01$ 的水平下总分差异极显著，说明了女校长的课程领导力明显要高于男校长。而从数据分布的小提琴图上分析（具体如图 4 - 7 所

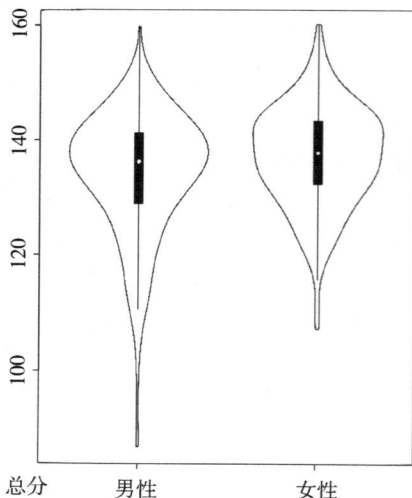

图 4 - 7 男女校长课程领导胜任力总分的小提琴图

示），女校长明显高于男校长是由于其没有得分较低的个体，而男校长成绩的离散程度较大。

此外，我们用 SPSS 对各个维度的男女差异进行了显著性分析，其中在 $P<0.05$ 水平下的维度用小提琴图予以展示（具体如图 4-8 所示），可以发现"挖掘办学理念"一项男校长明显高于女校长，其上四分位点与中位数均高于女校长。而在"规划学校课程""了解国家课程政策""国家课程的校本化"和"建立课程管理机制"四个考查点中均是女校长的课程领导胜任力明显高于男校长，并在"了解国家课程政策"这一项上体现得尤为明显，女校长的下四分位点要高于男校长的上四分位点。由此可见男校长更侧重宏观把握学校方向与理念创新，女校长则更有亲自领导课程实践的经验，对国家政策也更加了解。

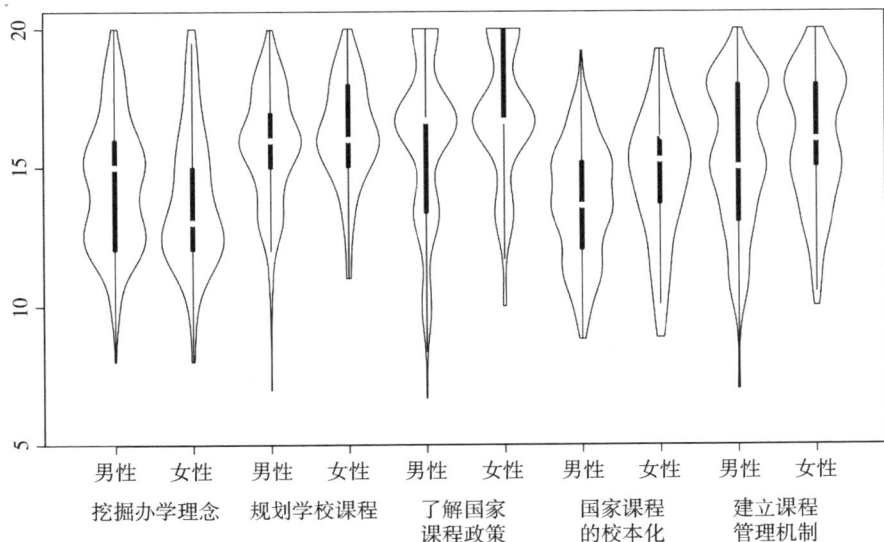

图 4-8 男女校长的课程领导胜任力有显著性差异维度的小提琴图

2. 不同学历间的差异情况

本次调查的校长第一学历为中师、师专、本科师范类、本科非师范类与其他，人数分别为 202 人、137 人、93 人、11 人与 18 人；最高学历为大专、本科、硕士研究生与博士研究生，人数分别为 33 人、386 人、41 人与 1 人。不同学历校长在其总分的显著性统计上均没有体现出差异。一个特例是本次调查样本中唯一的一位博士，其总分为最高分 160.2，但由于此类样本量太少，其成绩不构成统计学意义。而在各个内容维度的显著性差异分析中，仅"规划学校课程"上出现了硕士研究生要显著高于本科和大专生，其平均值差值分别为 1.45 分（P 值为 0.008）和 0.86 分（P 值为 0.031）。总体而言，学历差异对校长课程胜任力的影响不大。

3. 不同学段间的差异情况

本次调研的九年一贯制校长、初中校长和小学校长分别为 73 人、247 人和 141 人。从总分的显著性差异来看，小学校长的课程领导胜任力明显要优于九年一贯制校长和初中校长，其均值差值分别为 4.34 分（P 值为 0.011）和 4.773 分（$P < 0.001$）。从数据结构图中可以发现（如图 4-9 所示），小学校长分数高同样是因为没有低分段人群，初中校长有相当人员处在低分数段，离散程度也很大，但是最高分数也出现在初中。从各个内容维度来看（如表 4-5 所示），小学校长在"了解国家课程政策""国家课程的校本化""课程资源利用"与"建立课程管理机制"方面要明显优于初中校长，而在"了解国家课程政策"与"建立课程管理机制"上要明显优于九年义务教育学校校长。这些说明小学校长有更多的空间实践课程改革，有更多的领导课程建设的经历，从而改善了他们课程领导胜任力水平。

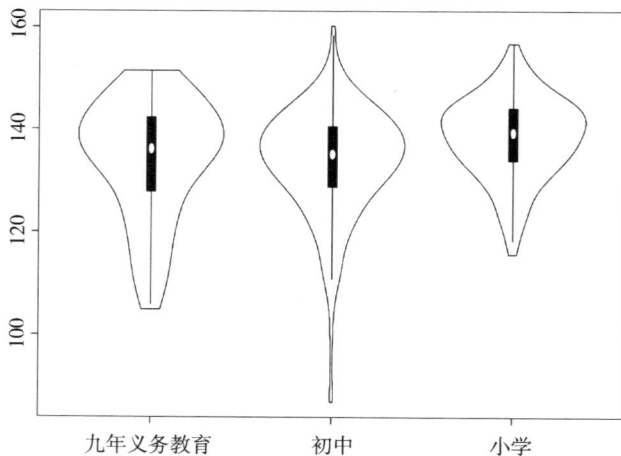

图 4-9　不同办学层次学校校长的总体课程领导胜任力小提琴图

表 4-5　不同办学层次校长的课程领导胜任力各考查点显著性差异分析

维度	九年义务教育（M/SD）	初中（M/SD）	小学（M/SD）	F 值	事后多重比较
挖掘办学理念	14.08/2.14	14.40/2.52	13.96/2.25	1.608	无显著差异

规划学校课程	15.89/2.16	15.85/2.04	16.09/1.84	0.694	无显著差异
了解国家课程政策	15.84/3.03	16.03/2.93	17.23/2.11	10.358**	小学＞九年** 小学＞初中**
国家课程的校本化	14.05/2.37	13.51/2.04	14.74/2.17	14.993**	小学＞初中**
校本课程设计	13.27/3.27	12.93/3.14	13.58/2.81	2.060	无显著差异
校本课程实施	16.29/1.44	16.52/1.50	16.68/1.32	1.820	无显著差异
课程资源利用	15.05/1.89	14.81/2.21	15.43/1.80	4.128*	小学＞初中*
建立课程管理机制	15.37/2.74	15.23/2.54	16.33/2.25	8.991**	小学＞九年* 小学＞初中**
督管课程实施	14.27/2.49	14.42/2.48	14.42/2.33	0.106	无显著差异

注：** 表示 $P<0.01$，* 表示 $P<0.05$。

4. 培训因素的差异分析

本研究调查了校长是否接受过一个月以上的校长岗位培训和是否接受过一个月以上的课程建设培训。其中接受和没接受一个月以上校长岗位培训的分别为 344 人和 117 人，而接受和没接受一个月以上课程建设培训的分别为 244 人和 217 人。根据表 4-6 所示，校长岗位培训与校长课程领导胜任力的总分并无显著关系，但岗位培训对校长"挖掘办学理念"这一项有显著影响；校长是否接受一个月以上的课程建设培训与其课程领导胜任力总分显著相关，其中与"校本课程设计"这一维度呈现非常显著相关。显然不同的培训内容对校长产生了不同的影响，一个月的较为系统的课程专项培训对校长课程领导胜任力产生影响，其中课程设计是最具专业性和技术性的，仅凭一般管理经验难以胜任，专门培训起到显著作用。

表 4-6　不同培训下校长课程领导胜任力各维度与总分数的显著性差异分析

	挖掘办学理念	规划学校课程	了解国家课程政策	国家课程的校本化	校本课程设计	校本课程实施	课程资源利用	建立课程管理机制	督管课程实施	总分
校长岗位培训	2.123*	1.968	1.089	1.183	−0.085	1.289	0.590	1.537	−1.437	0.737
课程建设培训	−0.023	−0.162	1.042	1.889	2.635**	0.576	−0.359	1.861	1.827	−2.342*

注：** 表示 $P<0.01$，* 表示 $P<0.05$。

四、对于测量工具的开发及应用的反思

1. 测量工具兼具保真性与局限性

情境测验只是有一定保真度的测量，并不能代替情境的真实性，本次开发的测量工具同样具有这样的特点，测试可以考查被测者能否辨析出情境背后的理论逻辑与行动原则，但描述反映情境的能力毕竟是有限的，不能完全再现教育实践的复杂性，对教育行为完全真实的考查只能在真实的情境中完成。本次测试对于胜任力的考查偏重任务指向，而对于胜任力中动机、特质、自我概念、态度等这些"冰山下面"的因素涉及不充分。

2. 情境测试题目的典型性决定了其同样具有使用上的非持续性

本次开发的情境题目以当前课程改革为背景，选择学校课程建设中典型问题编制而成，这些问题反映课程变革过程中的阶段性误区、困惑、问题，但是随着课程变革的发展及校长课程实践体验的深入，当前普遍存在的问题会逐渐改善，课程变革还会面临新的挑战，学校课程也会出现新的典型问题，因此，本次情境测试题在应用上具有时间的限度，需要随着变革的发展不断修订。

3. 尝试进行多层级数据分析

本研究初步尝试使用人工智能领域的多种 R 语言程序进行图形展示，如小提琴图与玫瑰花环图展示了数据多维度分布样态，这样不仅能了解校长胜任力平均数与标准差等基本数据信息，还能够直观清晰地解释一系列数值差异的直接原因，方便教育研究者从更具象化的层面进行原因剖析或规律总结[1]，进而使数据更具展示度，对现实描述得更精准。

[原文刊载于《课程·教材·教法》2019 年第 9 期（吕立杰　丁奕然　杨曼）]

---

① CHAPMAN C，FEIT M D. An overview of the R Language ［M］. R for Marketing Research and Analytics，Springer International Publishing，2015.

18　课程行动研究：方法论视角的探讨

对于教育的变革，富兰认为：变革是一个过程，而不是一个事件。[①]
课程的变革更是这样，我们说这一过程是文化转向的过程，同时必定是研究的过程。伴随着新一轮课程改革进入实施阶段，以及教师作为研究者策略的推行，教师的课程研究成为启动、推进课改的着力点，也是提升教师职业专业化的有效途径。课程行动研究是教师课程研究不可回避的重要形式，因此我们有必要以课程行动研究作为问题进行理论梳理与反思。

一、"课程行动研究"：含义的把握

（一）课程行动研究概念的出现

行动研究作为一种直觉概念——运用信息评价和做出如何改进实践的决定，或许和教学行为本身一样古老。作为一种研究方式，行动研究出现在 20 世纪之后，体现在一些进步主义教育者的活动中，例如，他们希望寻求一种对天才教师的工作进行分析的方法，以便从他们的工作中得到一些能让其他人学习的东西。20 世纪 40 年代，约翰·科利尔（John Collier）和库尔特·勒温（Kurt Lewin）等在自己的研究工作中系统地总结、应用了行动研究方式，并产生很大影响。科利尔是在应用人类学研究中运用行动研究方式的，在保证少数民族地区民主的方法的研究中，采取印第安人参与、专家非指导性咨询等方式，强调行动由社区需要引起，社区从研究中直接获益。勒温在社会心理研究中采用了行动研究方式，并在 1946 年第一次在自己的文章《行动研究与少数民族问题》中对自己的研究过程进行了描绘，规范为三步骤：问题计划——问题实行——连续评价。他指出为了理解和改变某种社会实践，社会科学家必须在每一步都考

---

① FULLAN M. The meaning of education change [M]. New York：Teachers College Press，1982：41.

虑那些真实社会的实践者，勒温建构的行动研究理论使行动研究成为可接受、可操作的研究方式。科利尔和勒温的研究都是在大萧条、二战、少数民族问题出现的社会背景下，而且与进步主义运动有着千丝万缕的联系。20世纪50年代，随着进步主义教育的穷途末路，社会背景的时过境迁，人们对行动研究的兴趣下降。在20世纪60年代和70年代早期，行动研究变成了顾问向实践者提供咨询。20世纪70年代中期，行动研究开始复兴，伴随着教育变革的需要，在英、美、澳等国家，行动研究被广泛运用到教育研究中来，例如英国的斯坦豪斯（Stenhouse. L）领导的人文课程改革计划，埃里奥特（Elliot. J）主持的福特教学方案，澳大利亚的凯米斯（Kemmis. S）等在迪肯大学推行的研究，都极力提倡行动研究的方式。20世纪80年代末，麦克纳（Mckernan. J）首先在自己的文章中正式使用"课程行动研究"（curriculum action research）一词，并于1991年出版了专著《课程行动研究》，在书中，他探讨了行动研究运动的历史与哲学基础，教师作为研究者和专业人才的伦理规则的标准，实施行动研究中处理观察、叙述、自我研究、报告技术、谈话分析方法，教与学的情境中教学问题的解决技术，以及用于教学问题解决的策略（头脑风暴、小组讨论），批判反思和评价分析行动研究资料的各种程序与技术，建立行动研究的网状组织与社团，以及行动研究的案例研究。

（二）课程行动研究的概念：纷乱中的共性

概念是对现实的摹写，是对历史的现实解释。对于行动研究，人们眼中看到的、追求的并不完全相同。例如，Elliot[①] 将行动研究界定为从业者为改进其工作情境内部活动的品质所从事的研究，其目的不在于书写研究报告、出版作品，而是在于他们对于事件、情境和问题的理解，进而增加他们解决实际问题的有效性。Kolb[②] 延伸了行动研究系统的概念，作为一个学习过程，人们通过在自己的行为、经验的基础上批判、反思学习、创造知识，形成抽象概念，检验这些概念在新情境中的应用。实践者能创

---

① ELLIOT J. Action research for educational change [M]. Bristol, Pennsylvania: Open University Press, 1991.

② KOLB D. Experiential learning: experience as the source of learning and development [M]. Englewood Cliffs, New Jersey: Prentice-Hall, 1984.

造自己的知识，理解情境与行为，在该领域提高实践发展知识。Wilfred Carr[①] 从批判—解放的观点出发，界定行动研究是一种自我反省的探究，是一种从业人员在社会的情境中，为改进教学的实务及对这些实务的了解，和解释实务发生的公平性和合理性，而自我反省探究的一种形式。事实上，行动研究还有一些其他名称：合作探究（cooperative inquiry）、参与式行动研究（participatory action research）、行动探究（action inquiry）、鉴赏探究（appreciative inquiry）、研究伙伴制（research partnerships）等。行动研究看来是一个大家族，它不是一种单一的方法（method），而是一种研究与行动相结合的方式（approach）。

不管从哪个角度描述行动研究的定义，其中必定包含某些共同的信仰，使人们聚合在课程研究的大旗下。在各种课程行动研究的表现形式中，我们认为四个要素是非常关键的：权利分享、参与合作、知识获得、社会变革。课程行动研究必定是为了解决教师在课程领域遇到的实际问题，包括教师在内的研究者合作共同探究问题的性质和范围，了解其发生的原因，寻求解决方案，并付诸实施的研究与行动合一的活动过程。这一过程包括五项必要的特征：（1）研究主题来自学校特殊的课程实施情境；（2）研究的目的是为实际的课程问题的解决，而不是或者不主要是建立理论或普遍性的问题解决方案；（3）课程实施的过程就是课程研究的过程；（4）教师参与研究并与其他研究者平等协商、共同解释探询课程问题；（5）研究过程需要持续评价与反复实施。Mckernan[②] 也概括了课程行动研究的三个基本原理："教师作为研究者"，他认为经历真实情境的人，是最好研究与探索的人，教师是课程研究的主体之一；"自然主义观和实践观"，他认为人类行为深受所发生真实情境的影响，行为是情境中的行为；"场地研究和质的方法论的优先性"，场地研究寻求了解和描述，而不是结果的测量和预测，质的研究强调参与观察者主观的感受，对环境的叙述和个人主观的价值，并设身处地地诠释所看到的现象。

（三）课程行动研究的类型

按课程行动研究者研究中的前提假设课程行动研究可分为三种类型：

---

① CARR W，KEMMIS S. Becoming critical：education，knowledge，and action research [M]. Philadelphia，PA：The Falmer Press，Taylor&Francis Inc，1986.

② MCKERNAN J. Curriculum action research：a handbook of methods and resources for the reflective practitioner [M]. New York：St. Martin's Press Inc，1991.

技术的、实践的、解放的。①

1. 技术的行动研究：人们假定存在普适的、客观的课程方案，研究即为检验假定的合理性。研究者与合作者的特征是技术的、促进的。研究者确定问题和实施方法，实践者参与并同意方法实施。这种研究形式的交流是以促进者和群体之间为主的，研究由一名或多名专家指示进行，研究的目的是为获得更有效的实施方法，研究活动以成果为中心，在现有的条件、限制范围内进行工作。

2. 实践的行动研究：在这种类型中研究假设往往是开放的，研究的问题在研究的过程中生成。研究计划是研究者和参与者共同确定的有潜力的问题，他们下一步的目标和可能的实施方法。行动研究的目的是发展新的实施方法，问题在研究者与实践者对话且互相理解之后被定义。这个类型被称为实践的或教法的，是因为这种行动研究试图通过应用参与者的智慧来提升实践。在这种行动研究中小组成员和帮助者之间的交流不能带来相互的损害。研究活动偏重于过程，并依靠个人智慧指导行动。

3. 解放的行动研究：这种类型的行动研究是在参与的实践者中提升解放意识的练习，也就是提升了批判的意识，这种意识在政治和促进变革的实践中展现出来。运用这种方法的研究者有两个目的，一是提高在特殊情境中实践者面对实际问题和用于解释和解决这些问题的理论的联系的密切性，第二个目的是通过提高他们的合作意识帮助实践者确认和详述问题的基本原理。研究中研究进程由小组人员自行安排，目的是发展新的实施方法，或者突破现存的意识或制度的限制。这种类型的行动研究需要激进的改革意识，因此有人认为这种类型的行动研究是非常罕见的，它需要一批判断能力强、有激进改革意识的参与者的长时间共同工作。

二、课程行动研究的方法及方法论考证

（一）课程行动研究的一般程序

人们对行动研究一般程序的认识是比较统一的，这也是人们认同课程行动研究概念存在的一个重要原因。我们借用 Altrichter 的说法，认为教育行动研究分四个阶段：寻找起始点、厘清情境、发展行动策略并付诸行

---

① GRUNDY S. Three modes of action research [J]. Curriculum Perspectives，1982（3）：23-24.

动、公开知识；Carr 和 Kemmis 也认为行动研究是一个连续的循环过程，包括对问题的认定，行动计划，实施，评价和反思。这些认识的获得从开始的循环到第二循环的计划，其间行动计划会被修正，研究会被重复。

因此，我们可以把课程行动研究细致地约定为这样一个连续的循环过程：第一，确定问题。问题来自实践中遇到的难点，也是研究的起点，如对课堂小组讨论效果的研究。这一题目来自教师课程实施中的困惑，是教师教学亟待解决的问题。第二，收集、分析资料。这一阶段包括行动者与研究者的观察、反思、交流等研究行为。例如教师对设计小组讨论的理由、当时课堂情境进行反思，对学生的讨论状态、成果进行观察，对学生对小组讨论的认识进行了解，资料要详细说明，此时研究者不要做过多的价值引导。第三，拟订具体行动计划。对影响小组讨论的因素进行假设，或者是课程内容的适切性，或者是组织的形式、学生的兴趣，同时拟订行动计划、策略。第四，实施、反思与意义化。这三个环节应是交织在一起发生的，实施的过程不断受到监控与反思，或者调整策略，或者对行为与结果有确定的解释。观察、反思的结论通过小组讨论、书面报告、论文的形式呈现出来。

（二）课程行动研究的方法论释义

课程行动研究的复兴是伴随着 20 世纪课程研究范式转换的[①]，它以人类思维的转向为前提、背景，有着足以与传统的实证主义抗衡的方法论动力。因此，对课程行动研究的方法论提出反思，以提高实践中对不同方法的甄选、应用及能力价值的把握是有必要的。

课程行动研究是对理性主义教义，尤其是工具理性的反叛。从启蒙运动开始，西方社会思潮都是以摆脱神性为核心思想，理性代表着真理、进步。如果以伽利略的实验法作为自然科学实证化肇始的标志，笛卡尔和培根则把这种研究态度理性化、思想化。"我思故我在""知识就是力量"应该说就是近代理性主义运动的宣言。16、17 世纪是自然科学大发展的时期，并以其方法论区别于其他知识形式。19 世纪 20 年代，法国哲学家孔德把这种实证的精神引入社会科学中：他认为社会也可以逻辑而理性地研究，社会学应该成为与生物学、物理学一样的科学。随着工业革命的甚嚣尘上，人的权力意志、控制的欲望成为理性精神的转向，数学传统与实验

---

① 马云鹏，吕立杰. 近代课程研究范式演变与思考 [J]. 教育研究，2002（9）.

传统的对立在此合流为"工具理性"。20世纪初，理性不仅用于社会现象的分析，更效力于社会活动的管理，以及教育科学的研究。桑代克就曾在其著作中主张：凡是存在的东西必有数量，凡是有数量的东西必可测量。量化与实验的信条使包括课程研究在内的教育研究保持着与实践完全不同的运行轨迹。毫无疑问，20世纪科技的进步给人类生活带来了翻天覆地的变化，同时把人类抛入环境污染、能源危机、世界大战……理性的神本化同样使人类陷入危机，人类思想的反叛与转向注定降生。首先在自然科学研究领域，量子力学、宇宙论，尤其爱因斯坦相对论的发表（以及四年之后在日食观测中的验证）彻底撼动了科学理性大厦的根基——牛顿力学。在这一重大科学事件的促动下，波普尔的证伪主义、库恩的历史主义科学观开始以理性的形式向理性发难。事实上在社会学研究领域，对孔德实证主义社会学的质疑出现在19世纪末，人的差异性、可塑性、难以确证性从直观上就告诉人们，人类社会有着不同于自然界的特征，因此，我们不能像自然科学家通过观测分子推断物质全部属性那样，观察一个人而断言整个社会。德国社会学家、哲学家狄尔泰是这种观点的代表，他认为，由于人的自由意志，人的行为是无规律、无法预测的，历史的事件也是独特、偶然的，没有普遍的历史规律，因此对人和社会的研究只能用主观的方法对个人和事件进行解释和说明。20世纪初，杜威面对教育研究中人们对理性主义的信奉，曾经这样提示："教育科学不能仅用物理学中的实验和测量技术来建立"，应寻求"使人们对天才教师的工作进行分析的方法，以便从他们的工作中得到一些能让其他人学习的东西"。① 因此，我们不难解释行动研究等教义在20世纪中叶理性主义被解构之后得以全面张扬这一事实。

具体来讲，课程行动研究有几个重要的思想来源作为支点：

1. 人是自我选择的主体

理性主义经过康德和黑格尔之后似乎已完成了对人类思想探索的使命，而事实上早在19世纪中叶，哲人们已经发出解放理性的呐喊，并汇成了一股人本主义的思想潮流，深刻地影响着20世纪。如尼采认为，对理性的过分偏重使生命之树枯萎，从而使人丧失了人自身，他说"上帝已死，我们现在希望超人诞生"。帕格森说：神是永不止息的生命力，是行

---

① 诺福克. 行动研究的主题和动力 [C] // SANDRA HOLINGSWORTH. 国际视野中的行动研究：不同的教育变革实例. 黄宇，译. 北京：中国轻工业出版社，2000.

动和自由，宇宙不是由神创造的，而是生命冲动在绵延中不断生成，"我们每个人只有一次生命，因而必须选择"。克尔凯郭尔则从"孤独个体"出发直指黑格尔的理性主义，"只有精神自我的情感体验，才是个体最真实的存在"……这股人本主义思潮有一个共有的趋向，就是呼唤人的个性、自由，试图把人从新的"神性"——理性、规律的束缚中解放出来，实现人的选择与创造的自由、存在的权力。信奉理性主义的研究者物化了研究对象，研究对象不仅没有决策权，甚至与研究过程隔绝，研究活动被"神"化，这种研究看似客观，但未必体现研究对象的整体性、真实性与流变性，其结论对研究对象未必有效。行动研究复归了人的权力，人是自己行动的作者，行为的原因是自我的判断与选择，既然研究的是人的行为与经验，如何行为，研究对象也应是决策者之一。反过来，所有制约、影响着研究的问题、取向、进程与结论的人员，不论是行动实施者还是干预者，也都应是研究对象。

2. 人的所有认识都是价值负载的

对于人类认识的客观性，科学家自身早就有怀疑：一个人看到什么，既取决于他所看到的对象，也取决于先前已有的视觉——概念经验的引导（库恩），理论决定你到底能观察到什么（爱因斯坦），观察渗透理论（汉森），理论先于观察（波普尔），观察依赖理论（查尔默斯）。[①] 发端于胡塞尔的现象学运动则是对这种怀疑的彻底继承，现象学方法的核心思想是"回到事情本身"，经海德格尔的存在论到伽达默尔的解释学，这种认识方法被提高到哲学本体论的高度。在他们看来，人"被抛到"这个世界上，命定是带有"成见"的，"前理解""前解释"注定我们的理解不可能中立，它必定是历史的，"理解从来就不是一种对某个被给定的对象的主观行为，而是属于被理解东西的效果历史，这就是说理解属于被理解东西的存在"，这种"效果历史"的理解是合法的，因为"人们所需要的并不是锲而不舍地追究终极的问题，而是要知道，此时、此地什么是行得通，什么是可能，以及什么是正确的"[②]。行动研究中不论是行动者还是研究者都不可能真正做到价值中立，都是带着自己的教育信念、判断标准走进研究现场，重要的是合作者真正能够相互理解、视域共融。当然这里面还有一个主体观的转向作为前提，那就是从主体的一元性到主体间性的转变，承

---

① 波普尔. 波普尔思想自述［M］. 赵月瑟，译. 上海：上海译文出版社，1988.

② 伽达默尔. 真理与方法：第 2 版［M］∥洪汉鼎. 诠释学经典文选. 北京：东方出版社，2001：182.

认主体的复数化，承认多个平行主体之间的一致性、共通性，即不同主体对某一对象性事物的相同理解的可能性。面对共同的课程问题，不同的主体以其不同的视界相互影响，可能是主观的但未必是负面的。

3. 人类的活动具有解放的兴趣

批判理论是现代哲学的重要一支，哈贝马斯、霍克海默等为代表的法兰克福学派，一方面受马克思哲学的深刻影响，同时接受了解释学方法论，以其独特的社会批判视角在20世纪的思想营垒中独树一帜。哈贝马斯认为人的认识兴趣决定了人的科学活动，而每一种科学活动又有它自己的特殊的认识兴趣。他把兴趣分为三种：技术的兴趣、实践的兴趣和解放的兴趣。其中解放的兴趣是人类对自由独立和主体的兴趣，是"把主体从依附于对象化的力量中解放出来"。哈贝马斯认为只有解放的兴趣指导的批判的社会科学才能够解决人类社会关系紧张的困境。"改变生活的自我反思活动，是一种解放的活动"①，解放的兴趣以主体的反思为基础，在行动研究中表现为对现有理论、结论、概念的怀疑、悬置、审视与批判，探讨行为背后深层的社会的、历史的、文化的意义。

据西方马克思主义者评论，行动研究者经常忽视解释导致学生沉默、防备状态的历史的、社会的、政治的和文化的力量。超越这种被指责的方式是把教师研究者和解放的教学法联系起来，例如，保罗·弗莱雷提倡的师生合作、问题来自真实生活情境，通过质疑、反思，寻求问题解决方式。即使他们的行动没有成功，学生也会获得新的知识与观点，并在思考和行动中学会批判。

三、课程行动研究的合理性辩护

（一）课程行动研究是向善的追求

课程行动研究的再次出现伴随着20世纪人类思维的范式转换，与课程研究的实验化、量化等实证取向相对照，课程研究探询的逻辑目的从探询课程的外在标准，到关注人的内在的固有的尺度，解释体验，承认互动，表现整体。它关心的不再是现象界的规律，而是一种本体论的求索与兴趣。这里的本体不再是实体，甚至不只是终极存在本身，而是一种意向性的追求，一种对理想的承诺，它基于人类思维的至上性，永远悬设一种

---

① 哈贝马斯. 认识与兴趣 [M]. 郭官义，李黎，译. 上海：学林出版社，1999.

植根现实又超越现实的理想目标，以现实的确定性追索现实的理想性，使人类的活动永远保持向善性、生命性，永远保持自我批判、自我超越的张力。课程研究的正义性就在于这一研究的过程永远是追寻本体、追寻理想状态的过程，是预设与生成的统一，是对现存的课程状态合理性的辩证否定。课程行动研究放弃实证主义的绝对确证性、绝对的推理，以实践观点的思维方式矫正曲解、破除臆断、消解神化，以一种活动的观点、生成的观点，以问题的解决为根本，在不同的方法间为自己保留必要的选择余地，即时重建自己的思路。在行动研究中方法没有绝对的正确或错误，只有使用得精致或愚钝，研究者既不是既定方法程式的俘虏，也无须先验地排斥任何方法程式，重要的是在互补与多元之中做出选择。

（二）课程的特质决定课程行动研究的实践价值

课程的变革不仅是政策的变革、器物（教材、设备等）的变革，归根结底是一次文化的变革，它根植于所有学校、所有教师、所有课堂，西方很多课程学家都承认以往的很多课程改革在没有真正落实的时候，就已经失败。教师把握着课程改革的走向。课程行动研究作为一种课程文化变革的策略是国家课程与教师课程之间的有效中介。Elliot 认为行动研究本位的课程发展可以兼顾国家政策本位的课程发展、教师教学本位的课程发展[1]。因为一方面国家层面的课程发展与变革需要先行实验，可以透过课程行动研究不断检讨、修正；另一方面，学校课程与教师的课程开发也可以通过课程行动研究的方式提高理论基础与教育效能。此外，课程行动研究对促进教师专业能力的提升、形成集体专业自信，有重要意义。一般的教育研究大都以研究者为主，即使教师参与研究小组，也大都扮演助手的角色，而行动研究是大家共同建构和分享，教师具有决策权，会使研究更切合自己的课程实践，并在与实践的密切结合中体验、感悟，实现专业能力的提升。另外教师把内隐知识与他人沟通交流，必然经过对经验的深层反思，从而建立审视、批判、建构等职业思维习惯。总的来讲，教师的行动研究基本上会导出三方面的成果：理论水平、专业技能的提高；增进自身对课程实施行为意义的理解；课程实施实际效果的改进。

（三）课程行动研究结论合理性的解释

课程行动研究来自具体的实施情境，包括具体的课程内容、课程资

---

① 黄光雄，蔡清田. 课程设计 [M]. 台北：五南图书出版公司，1999：190.

源、教师条件、学生特点等，研究过程也是主观决策的过程，因此研究结论极具主观性、个别性与个体的整体性。其结论与量化研究相比，不具有普遍的解释能力和大面积推广的能力，因此，也遭到一部分人的质疑。对此，质的研究者的认识最具说服力，他们认为问题不在于研究的个案有没有代表性，而是它究竟代表了哪一类。当具有类似经历的读者对研究结果产生共鸣的时候，也就是思想得到推广，研究的信度被证实的时候。另外，不是所有的研究的目的都需要直接作用于决策，研究结果可以作为决策者资讯的一部分，在决策资讯网中与其他研究产生互动。关于课程行动研究结果的表现，课程行动研究的呈现应重视描述研究者在研究中的心路历程。我国学者方志华依据关怀伦理学的提示很值得注意，他认为，研究者在教育论著中注入主观感受，让读者可由其中感染到启发和获得勇气。读者除要了解解决问题的技术，还要感受实践者的用心与创造精神。因此研究报告不仅呈现研究的结果，更应呈现研究过程中研究人员感受与行动的学习所得①。

[原文刊载于《外国教育研究》2003 年第 3 期（吕立杰　马云鹏）]

---

① 　日本文部省国立教育政策研究所. 中小学（高中）学校教育课程实施状况调查［EB/OL］.
［2015-11-01］. http：// www. Mext. go. jp/b _ menu/shingi/chukyo/chukyo3/004siryo/06080913/010/012. htm.

19　教师实践知识研究的反思与启示

20 世纪 80 年代后，在艾尔贝兹（Elbaz）、康纳利（Connelly）、科兰蒂宁（Clandinin）和舍恩（Schon）等人研究的推动下，教师实践知识成为教师研究中的热点话题，人们不再一味关注为合格教师整理出一套既定的知识体系，而是着眼于教师究竟有什么知识，或者教师怎样产生知识。教师实践知识的倡导把教师的课堂实践生活视为根本，澄清了教师职业生活中知识生产的根本目的性，但是，强调实践知识并不等于把理论知识与实践知识的地位、顺序简单地颠倒一下，就会使教师专业发展有合理的解决途径。实践知识究竟有什么特质？它在教师实践活动中究竟有什么意义？

一、对实践知识研究的反思

（一）实践知识需要有相对的确证性

教育哲学学者范斯特马彻（Gary D Fenstrmacher，1993）认为教师实践活动中不必然产生实践知识，也就是说，既然称其为知识，还是要有相对的稳定性。他认为康纳利和科兰蒂宁是比较坚定的持有实践知识概念的教师知识研究者，但是他们比较少关注知识应该被检验的问题，他们努力揭示教师究竟知道什么，只是站在一个研究者的立场进行考查，忽视了教师知识应该获得验证，这对教师专业发展是没有好处的，他认为"舍恩和科兰蒂宁等的一些研究过于轻率"[1]。范斯特马彻的忧虑是有道理的，至少实践知识的研究倾向容易在实践中产生误解。教师实践知识的产生，就在于人们发现用理论的思维方式进行实践活动的悖论与困难，但是如果简单地把问题颠倒过来，把实践中获得的结论当作知识去记载、信奉，同样会出现问题，不是说实践中不能产生知识，但是实践中产生知识是一个历

---

[1]　GARY D FENSTERMACHER. The knower and the known：the nature of knowledge in research on teaching［J］. Review of Research in Education，1994（20）：3-59.

史的过程，对偶然事件的反思可以构成经验，但未必是知识或理论，即便是可以指导自己的知识或理论，范斯特马彻的提醒也是值得重视的，"有很多有关教师实践知识的研究，清楚地表现了教师的信念、直觉、感觉、反思的知识，但这里的认识论难题是这些心智活动不一定会带来真正的知识，这些被推断表达出来的心智活动内容必须经过认知价值的检验，缺乏认知价值，不管什么样的教师理解、信念或者觉识都不能被定义为知识，至少不是有认知价值的知识，占有认识论价值，才可能被确定为知识。对实践知识的使用要慎重，实践中生成的东西也是需要检验的"①。

（二）实践知识是相对的个别性

实践知识需要确证，但"问题是存在像检验理论知识那样的检验实践知识的检验方法吗？"如果实践中的依据是完全个别性的，是绝对相对的，显然就难以确立这样的检验标准，问题是人类的实践活动是一个绝对的个别运作过程吗？我国哲学学者王南湜认为"从实践的对象上看，的确是不同的个别事物，但从主体的实践方式上看，不可能对每一个对象都使用个别的方式"②，他认为个别地对待每一个个别的事物，那只能是一种审美的理想，即便在审美活动中，我们也很难做到个别地对待每一个个别的事物，而只能是尽可能地追求这一点。否认实践活动方式的绝对个别性不是承认实践中可以像在理论活动中使用抽象的普遍法则，而是设想建立一种介乎理论的普遍性方式和完全个别性方式之间的方式，一种"有限的个别"或准个别方式，即把对象归结为各式各样或大或小的类，按照事物的类别去实践之。"极而言之，个别地对待个别的事物，这不是人类的能力而只有神类的能力才能胜任的"，这样一来，"这个实践的世界只能是一个由人类实践构建起来的世界，只能是一个多少类型化了的世界，一个准个别事物构成的世界"③。实践知识是相对的个别性知识，它是可能被类比，可能被模仿，也是可以被感受、评价的。

（三）审议作为实践知识的检验的方式

如何检验实践知识，的确难以找到固定的规则、体系。但是，西方学

---

①　GARY D FENSTERMACHER. The knower and the known: the nature of knowledge in research on teaching [J]. Review of Research in Education, 1994 (20): 3-59.

②　王南湜. 理论与实践关系的再思考 [J]. 浙江学刊, 2005 (6): 5-14.

③　同②.

者史密斯和李特①（Cochran-Smith &Lytle）以及范斯特马彻都很认可用教师审议方式作为检验实践知识的做法，史密斯和李特非常关注教师和大学研究者合作的话题，事实上他们的想法是对舍恩教师反思的发展，把教师的个人反思与理论的解释结合起来，把教师同伴间的研究与专业研究者结合起来。因为在这样的审议中，理论性的知识、话语被理解了、发展了，形成了新的判断模式，更加适应实践的话语，另外审议也满足了实践知识的价值特性，能够考虑实践中的道德问题。

（四）区分实践的知识的性质与实践的认知的类型

范斯特马彻认为在教师知识的研究中，首先应该明确知识的类型和认知方式之间是不同的，前者说的是知识的本质是什么，后者说的是人们怎样获得知识，"两个人按照不同认知方式去考查的时候，他们获得的结论是不一样的，他们看到的东西是不一样的，然而知识的认识论类型也许没有改变。"② 为此应该对教师和大学研究者的工作方式加以区别。

教育研究中存在两种主要的认知方式。一种是教师职业经常使用的认知方式，一种是理论研究者经常使用的，二者研究的目的不同，但他们都会从事实践性知识的获得。理论研究是将属性联结成道理的思维过程，思维依靠直觉顿悟与理智分析。这种研究也会走进实践情境，但是是为了提取实体中的属性、关系，"获得知识"，正是由于理论研究对实践情境各种属性分门别类地揭示，对实践情境的认识才不会空洞无物，但毕竟追求无矛盾是理论思维的本性，研究过程的指向会更关心总结普遍之理，也就是研究的焦点在研究对象属性、关系的普遍之理，共同的本质；而教师的实践研究则是用直观的判断分析研究对象的现实结构，以及要素特征，在这种研究中正是尽量多地考察，理智地描述、揭示课程情境中各要素的非本质属性、整体的特征，当然这种整体不可能、也没有必要穷尽研究对象方方面面的认识，同样是以研究问题为核心的价值筛选，这种研究为理论规则与模型同化到现实结构中提供依据，为进一步的决策、价值判断提供依据，为实践合理性的权衡提供依据。知识性质上的统一并不等于教师的实践活动可以像理论活动那样产生产品，研究中实践者与教师使用的思维方

① COCHRAN-SMITH LYTLE. Relationships of knowledge and practice：teacher learning in communities [J]. American Education Research Association，1999（24）：249-296.

② GARY D FENSTERMACHER. The knower and the known：the nature of knowledge in research on teaching [J]. Review of Research in Education，1994（20）：3-59.

式，甚至是研究的工具与方法都是不一样的，教师的研究指向问题解决、具体的运作方式以及获得情境中问题的结论。

二、教师实践知识的运用特性

教师工作是实践性很强的专业活动，在这样的过程中理论知识与实践知识相互穿透统一于实践中，并以判断、决策与行动方式表现出来。

（一）教师情境中的判断具有模块、模拟的特征

这是一个需要审慎处理的度的问题，我们对传统课堂的批判在于它机械、呆板、程序化，教师把所面对的学生都视为一类人，把所有的课堂简化为一类情境，因此我们呼唤课堂应该具有生命性、生态性、生成性等特征。但是正如认识论学者提示的，人类实践中对各种事物分门别类地对待也不可以被推向极致，教师在经历实践问题的时候，也就是对情境进行解释的过程，是自主建构的过程，具有使用组块思维、模拟思维的特征，他会把眼前的状况和面对的学生归结为自己或别人的某类判断，而正是有这种模拟、归类，人类认识事物才有可能性。绝对的个别可以代表事物实际的状况，但这种认识是人类达不到的，正因为如此实践中的认识是主观建构的过程。教师在处理个别事物的时候，同样会把个别事物归入实践知识结构中的某个类别、样式，并努力在原有的结构中顺应、平衡，因此原有的实践知识结构对教师新的判断具有塑造的作用。

（二）教师的决策是各种因素的博弈

应该澄清的是，对教师实践知识研究的反思并不是要否定教师知识的实践特性。应该说自从人们关注教师实践知识以来，就已经承认并顺应了教师工作中对知识使用的非系统性、多元性、多层次的特征，也就是他们的思维过程并不依赖某种一以贯之的理论或逻辑，而是在情境中的选择过程，是基于情境的需要，在众多的原则、惯例、认知、经验中提取元素，并瞬间组合形成判断，至于选择什么样的元素，为什么选择这些元素是一个模糊的过程，可以判定的是它不仅受到教师认知经验的影响，还包括教师的信念、情感、需求、生活经历、人格、动机等复杂的因素，最终采取的策略是各种因素博弈的过程。

（三）教师对实践知识的验证取决于问题解决的效用

理论知识对教师原有知识的反思、引领，教师自己或同伴在实践中获

得的结论，都会冲击教师的知识结构，最后能否成为教师信奉的实践知识，要取决于教师运用知识、经验后所看到的对实际问题解决的效用。但是在运用知识、经验的过程中，如果教师对理论本身有误解，认为理论可以直接在各种情境，各种人、事中做绝对的、全面的指导，或者对效用的标准定为眼前的、窄化的利益，都难以形成恰当的验证结论。也正因为此，实践知识需要在审议中，在即时对话中去检验、修正、传播。

三、审视教师实践知识的构建途径

（一）实践知识始于偶发性的反思

也就是要对教师反思的问题有深入的反思。有的老师说："近些年，我们学校也在倡导教师做反思，我们每周都要交一篇反思日记，但实际大家也不太知道怎么反思，其实我就是想一下自己的工作做得对不对，应该怎样改进。"教师通过观察获得的判断可以有两种，一种是规范性判断，一种是描述性判断，教师反思的意义应该在于把描述性的判断上升为规范性的判断，或者用相关的规范性判断衡量、解释描述性判断，这样才能形成反思的"价值"。对事实的描述尽管鲜活生动，但不应是教师反思活动的终点。西方学者克拉克曾经这样提醒：过去对于教师反思的倡导仅仅号召教师多做反思，或者要求教师谨慎思考自己在做什么，为什么这么做。他认为这种口号式的倡导虽然提醒教师努力思考，但不一定有利于教师的专业发展。更有深度的研究要求教师回答这样的问题："一个人如何努力思考？思考什么？思考的目的是什么？"[1] 人的行动必然伴随着思考，称得上反思的活动并不都是可以预期的，反思活动是偶发的、主题性的。"艾诺特（1994）也认为舍恩做出的关于'行动中反思''对行动反思'的区分，是理论性的，而不是真实性的，在检视真实发生的例子时，很难在两者之间划分一条泾渭分明的界限"[2]。教师反思不是时间与数量上的要求，当"偶然"事件出现的时候，它需要借助一些程序、平台或者活动方式去加深或延伸思考，教师反思必然与验证性的行动相连，必然与他人或理论的对话相连。而偶然事件的出现确实是非预期的。

---

① AUTHONY CLARKE. Born of incidents but thematic in nature：knowledge construction in practicum settings [J]. Canadian Journal of Education，1998（1）：47-62.
② 徐碧美. 追求卓越：教师专业发展案例研究 [M]. 陈静，李忠如，译. 北京：人民教育出版社，2003：50.

（二）合作需要一定的前提条件

舒尔曼在谈到理论对实践的批判意义的时候，提到一种"中介理论"，也就是不把理论作为必然的法则，直接预测、控制教育的实践行为，但是理论必须充当提供教师反思、监控、约束的元素，"即使受到范围和寿命的限制，它们也能对教育的实践性思考做出批判性的贡献，增加对观察现象的理解"[①]。这样，一方面，理论没有绝对的指导权力，另一方面，实践也不能在没有任何约束的情况下走向绝对的相对。在实践中，理论与实践的关系有时具体表现为研究者与教师的关系。当前可以达成共识的是简单套用知识的权威性评判教师情境中的行动，自然是不恰当的，同时这个问题还有另外一面，在沟通中，有些教师也惯于被动地等待研究者宣布"正确答案"，甚至对正确答案的期望是能够直接解决问题，而不是解释问题。研究者与教师的沟通是必要的，但沟通的前提是教师主体性的在场，接纳理论对自己实践知识结构的调整甚至"破坏"，另一方面研究者也要拆卸自己系统逻辑的理论知识结构，学习在变化、复杂、混沌的情境问题中去适应、提取、批判以及创造。

（三）教师的实践知识不必然具有普适性

教师是知识的拥有者，教师也是知识的创造者，教师作为研究者的角色定位是应该肯定的，但是这种知识、创造、研究应该被恰当地限定与认识。教师的研究是实践的研究，目的在解决问题，不是建设理论，教师的理论知识是在具体情境以及解决个别问题的过程中以解释和运用的方式表现出来的。在运用的过程中教师可能会丰富、发展、限定、修正理论认识，但是这些具有创造性的认识不必然具有普适性。当然有很多教师具有验证实践知识，并将其升华为理论的能力，但只能说明他们正在扮演两种知识者、研究者的角色，对于大多数教师而言，是很难做到的。但是优秀教师的实践知识仅仅在周围的同伴中传播毕竟是有限的，何况随着教师的退休，这些实践知识也就自然消失，因此需要有更多理论工作者以实践知识为思维的对象，走进教师的工作情境，用归纳、概括、提炼的认知形式，加工、整理、升华、传播，最终完成实践知识对理论知识重新建构的循环。

[原文刊载于《教育发展研究》2007 年第 22 期（吕立杰）]

---

① 舒尔曼. 理论、实践与教育的专业化 [J]. 比较教育研究，1999（3）：36-40.

20　教师合作团队的结构与方式

我国中小教师一直就有合作的传统，从 20 世纪 50 年代开始，就有同学科或同年级组集体备课或者集体会议的制度。新课程改革，改变了我国的课程政策，国家只给出宏观的课程标准，教师有权利也必须对课程进行再设计，一些新的课程类型，比如综合课、综合实践活动，也需要教师以合作的方式执行，校本课程的开发更需要教师在合作互助中探索。教师合作作为推进课程发展、保证新课程有效实施的方式再次被提出并受到重视。教师合作对学校文化以及学校教育质量影响的意义已经成为人们的共识，但现实中新的社会行为的倡导依托的是具有强大惯性的学校文化和学校制度，合作难免出现问题。

一、目前教师合作中出现的问题

（一）有些合作方式过于规范化，使一些教师在合作中是消极的

既然合作是新课程之后被强调的教师专业发展方式，那么合作也便成为表明新课程的落实程度的标志，于是定期举办的教师研讨沙龙、新课程讲坛等便成为很多学校教师规范的合作方式。正式组织的运营需要的是统一的行动规范和强制力，而教师合作的真正意蕴不是外显行为的聚合，而是一种伴随着情感融通的思想"共谋"，刻意地要求合作的时间、场地，甚至指定"合作"的内容等于消解了每一个个体思想的自主性、独立性，强制教师思考并非自己发现或关心的问题。合作是学校落实上级精神的标志，自然也便成为教师被动履行的行为义务。

（二）个别行政权力僭越的情况，使一些教师在合作中是沉默的

教师间的听课、评课是教师相互拓展思路、促进自我反思的方式；同时，听课、评课也是学校管理者了解教师工作态度和工作质量的有效方式。同样的两种方式，实现路径相同，但目的、意义不同。当听课、评课

的团队中包括了校领导、年级组长，而这些具有监督、管理权限的人物又没有恰当地进行角色转换，研究与管理职能混淆，行政权力僭越专业思考，教师认可管理者的态度成了一种自我保护的生存方式。

（三）个别业绩评价的异化，使一些教师在合作中是抵触的

非人性化的考试文化对立了学校中的同事关系，如果因为班级的期末成绩差，老师会被"末位淘汰"，谁会与同伴谈自己的经验呢？管理学中按照员工的竞争意识把人分成鹰型与鸽子型的类别，争强好胜，竞争意识多于合作意识的人物是鹰，相反，喜欢平稳、不要求自己一定业绩突出的鸽子型人物很容易与同伴相处。异化的教师评价标准与教师福利、地位甚至生存产生超强连接，所有的老师都被变成了"鹰"。

二、教师合作的有效性策略之一：创建结构

教师怎样合作才是有效的合作，形成教师研究的团队被认为是教师合作的有效方式之一，那么，这个共同体或者这个团队的结构特征就应该是保证团队合作的有效性。

我们先来看看管理学中对于高绩效团队的构成及特征的描述。在工作场所里，工作团队或者高绩效的团队往往有以下几个特点：第一，高绩效团队的规模往往比较小；第二，在他们合作的过程中，成员形成了互补的技能——包括技术技能、解决问题和决策的技能、人际关系的技能；第三，团队成员对激励自豪感和责任感的团队目的形成了共同的有意义的理解；第四，团队有一系列共同的、与团队的目的直接相关的无可置疑的目标；第五，团队成员投入时间来理解他们将怎样合作以完成其目的和目标，以及怎样提升相互信任和成功所必需的建设性冲突水平；第六，该团队有足够的奉献和信任负担起一个团队的责任。[①]

对于在学校中的教师合作团队的构成与特征，教师教育研究者麦克琳（MacLean）和默尔（Mohr）也有过相当细致的描述，他们认为研究团队可以有 3～5 名成员，他们对于有关的课堂实践问题相互合作、质疑与促进，并分享合作的乐趣，这样的团队在学年中每个月会讨论两次，在讨论中，每个成员都要谈自己在这一阶段的研究情况，其他成员仔细地听，团

---

① KATZENBACH J, SMITH D. The wisdom of teams [M]. New York：Harper，1993. 转引自：巴洛赫. 合作课堂 [M]. 曾守锤，等译. 上海：华东师范大学出版社，2005.

队中至少要有一个人有教师研究的经验。在研究团队的会议中大家分享见闻、讨论分析研究日志中的资料，使最初的发现变得清晰，教师组成合作团队可以降低教师工作的孤立状态，分享经验，解决问题。为了使团队工作更有效，研究小组应包括三方面的元素：教师合作组织中的成员有一个共同的学习目标；围绕着这一共同学习目标，教师们分工、合作、积极互赖，共同努力来实践完成这一目标；在达成目标的活动中，教师每个个体在原有基础上都获得专业成长。① 我们总结相关论述，教师合作团队的有效与下面必要的构成要素有关。

（一）稳定且人数适当的成员

团队的人数与凝聚力有关，在小规模的团队中每个人都是构成团队的一个重要支点，这样才会有属于每个个体的权利与责任，当然人员流动也会给团队带来严重的影响。在团队中还要有一个人扮演领导者的角色，这个团队中的领导者未必有行政职位，但要善于沟通、有组织能力并且具有研究的经验以及相当的专业判断能力。他的主要责任是：提醒大家按期组织小组会议，掌握公共联络信息，比如电子邮件地址、电话号码等，选择适当的会议地点，协调关系保持团队活力，建立团队功能，当团队成员有意见分歧的时候，通过团队的研讨使教学与研究建立联系，提供研究方法论，为团队成员提供指导等。②

（二）共同且明确的工作目标

一个团队的组成就是依靠一个小组的"共同的意愿"，明确的目标是研究团队存在的最稳定的因素之一，是教师可以合作、持续合作，关注研究问题的动力。比如共同开发一个课程，解决教室里碰到的相似问题等，这个"共同的意愿"是核心的问题，若组成这个团队的时候，成员没有急迫要解决的事情，或者团队的目标太宏观，近期无法实现，合作研究变成被动的、不得不履行的额外工作，自然没有意义与效率。

（三）团队认同感

团队的认同感包括两个方面：一个是成员对团队的认同感；一个是成

---

①　MACLEAN MARION S，MOHR MARIAN M. Teacher-researchers at work ［M］. Berkeley，California：National Writing Project，1999.

②　同①.

员之间的认同感。认同感可以保证团队成员尊重并遵守团队的规则，在意见甚至利益分歧的时候做到充分沟通与包容，认同感决定着团队文化的形成。

（四）成员的自主意识

自主意识看起来与认同感相互矛盾，事实上前者应该是后者的前提，关键是团队成员有自主意识并追求相同的结果。自主意识意味着研究者主体性的在场，是研究者有所收获的前提，也就是讨论要有真正来自自己思考的声音。这种基于自己思考的对问题的解释与判断也许会引起争执，但也正是在争执甚至偏执中显现了思想的意义，主体的价值、个体的发展就体现在这种对峙中。

（五）研究问题来自实践

理论是在实体对象中，在具体情境中提取实体、情境中的某类属性并分门别类地揭示，这样理论认识才会深刻与发展。但是这些已经被分门别类的属性、理论必然不可能解释一个新的实践情境的全部意义，或者说每一个实践情境都是复杂的，掺杂着学科的规律、学生的个性特征、社会文化的潜在动力等。这些因素相互缠绕，有时甚至相互对立排斥地表现出来，教师需要在真实复杂的实践情境中做出一个较为恰当的判断，并采取行动，因此教师的研究问题必然来自实践。把这些来自情境的、令人困惑的、有争议性的问题拿出来，探讨背后的原因、属性、规则，是反思的过程，也是获得行动启示的过程。虽然情境是独特的，不可能完全重复，但教师面临的情境构成因素是相同的、相通的，可以通过思维的共性去感受、评价、分享。这种情境问题的研究不是简单的"就事论事"，不是刻意追求经验、理论的系统性，而是尽量多地反思、斟酌与情境问题相关的经验或理论，进行权衡、澄清并做出进一步采取行动的恰当决定。

三、教师合作的有效性策略之二：关注方式

教师合作团队有了合理的要素，那么这些要素如何构成，也就是这些要素的工作方式是什么，也决定了合作的有效性。格拉桑恩（Clatthorn）

认为，教师小组一起工作至少有五种方法[①]：（1）专业讨论；（2）课程开发；（3）同行观察；（4）同行指导；（5）行动研究。约翰逊等关注的教师合作小组的活动是围绕着课堂教学活动展开的。它可以是一个共同设计、分别执教和共同处理分析的循环。[②] 在这个循环中他们的工作内容可以归纳为六项：（1）经常进行合作学习的专业讨论；（2）共同规划、共同设计，大家分担寻找课程资源与方法的工作；（3）分别或共同执教合作课，共同处理其结果；（4）共同评价合作课上得是否成功；（5）共同规划以修改、提炼和改进新课；（6）分别或共同执教新课。

我国校本教研中已有的合作研究形式有：集体备课、同伴观课、沙龙论坛、师徒制、课题研究等。我们把其归结为三大类：

常规性的合作。围绕着实践中的问题，同年组或同学科的教师共同反思、争执、启发，相互接受，这是一种比较松散的团队，它可以在日常的教研组工作中出现，也可以在集体备课或教师讨论会中出现，这种行为称为团队合作的前提是问题提出的自发性，结论的不可预测性，甚至伴随着持续的再行动再研讨。

任务性的合作。我国新课程中的校本课程可以是教师自行研发的全新课程，也可以是对国家课程的编辑与改编。为了开发校本课程，同年级相同学科的老师，或者同样主题下不同学科的老师，聚合起来，他们的合作有具体的目标以及时间限制，共同进行课程设计，协作实施，反思并交流经验、得失。合作的产品不仅是开发出的新课程，还有在相互启发中的自我发展。

发展性的合作。与大学合作做课题研究也可以有明确的研究目的，如果课题本身是来自教室、课程情境的真实问题，教师会在研究的收获中获得持续研究的动力。教师需要在团队中进行研究，是为了在人际互倚中获得动力、力量与鼓励，获得新的信息、新的视角，最终教师需要在没有行政管理、监督甚至没有理论研究者对于内容的指导下，建立团队，进行研究，获得发展。

［原文刊载于《教学与管理》2007 年第 15 期（吕立杰　于聪）］

---

① 古德，布罗菲. 透视课堂 [M].陶志琼，王凤，邓晓芳，译. 北京：中国轻工业出版社，2002：1.

② 约翰逊. 领导合作型学校 [M].唐宗清，等译. 上海：上海教育出版社，2003：198.

21　课堂评价的有效性反思与研究性功能转向
——兼谈课堂学习研究对教师专业发展的意义

　　课堂评价指的是通过课堂观察等手段对课堂活动进行的价值判断，它可以指称教师对学生的学业或课堂表现的评价，也可以是对教师的教学水平与质量的评价，本文指后者。我国的课堂教学评价经历了从无序到有序，又从管理主义到促进教师发展的历程。

一、课堂评价的改变及有效性悖论

　　促进教师发展是当前我们对课堂评价功能的认识，因此，很多的研究把关注点放在如何改善评价方式上：更新量表，多元的评价方式，多主体的评价方式等。但现实中，评价方案要么不被使用，要么成为制约教师课堂表现的樊篱。

（一）当代课堂评价着眼点的演变

　　20 世纪 80 年代中期之前，我国的课堂教学评价主要以听课、评课的方式，凭经验判断教师的教学水平，指导教师的教学改进，存在长官意志主导、主观性、随意性等问题。随着西方教育测量与评价技术的引进，一些量化评价方式，比如制定课堂评价的指标体系，量表测量，量化处理分析等技术开始被运用起来，当然这些技术并不是完全替代了听课者的主观评价，而是作为一种令人信服的依据与证明手段，跟以往不同的是，这一阶段的课堂评价开始注重澄清课堂教学的应然目标，并以此作为量化或主观评价的依据。20 世纪 90 年代以后，随着教育、教学观念的改变与发展，人们对理想的课堂的期望越来越丰富、多元，进而，课堂评价的着眼点也日渐多元化，然而，课堂评价中出现的问题是尽管量表制作得越来越完整，听课、评课的着眼点越来越丰富，结果却是被评价的课堂与常规课堂的差别越来越大，以至出现了"表演课"这种特殊的"课程类型"。究其原因，蕴含着新的教育、教学理念的课堂评价标准是根据理想的课堂构想推演而来的，对于学校而言，只是在各种形式的课堂评价活动、学期检查、能手教师大赛等活动中使用这样的教师评价方式，而在应试文化的氛围中，学生成绩是学校评价教师工作业绩的幕后的真实尺度，教师真正关注的是用什么方式提高学生的考试成绩。这样经过精心打造的不同于日常教学的表演课的产生就不足为怪了。在表演课上，教师尽量满足评课者的各种目标，组织学生讨论，培养学生情感，鼓励学生发挥主体性，于是公开课变得热热闹闹，花样翻新，公开课结束，一切恢复"正常"。这样的评价既不能促进教师工作能力的提高，也不能诊断他的教育教学态度问题出在哪里。

（二）改良课堂评价技术的理论局限

关注学生，承认学生在课堂上的主体性，关注学生在课堂上的活动与体验，关注课堂教学给学生带来的多元价值目标，这些都是现代教学观的应然追求，理应作为课堂教学评价的依据，但是这些教学观是理念层面的追求，是一个学段内课堂教学应该达到的标准，这种表达尽管层次、体系清晰可辨，易于量化，易于比较、管理，但问题是这些体系是在无数个具体的课堂上总结、抽离出其中的共性，当用这些共性的标准再去看每一个具体的课堂的时候，课堂又都是具体的情境。这些具体的情境可能是由于课型的差别——新授课与复习课、练习课的不同；也可能是由于内容的差别——有的内容适合教师清晰的陈述，有的内容则需要学生建构式的体验；更有不同学科、不同年龄段、不同的教师教学风格，学生原有的基础、习惯以及师生已经建立起来的默契等原因。评价的指标体系代表了最优的课堂属性、结构，而事实上是几乎找不到能够满足所有指标体系要求的课堂，属性结构不能被还原到每一个堂课上。因此，课堂评价的指标体系作为理念层面的追求被技术地分解，就是把一个历时态的问题用同时态的方式表达出来。当我们厘清了课堂评价指标体系的本体论特征，再来看看这一指标体系是如何被使用的。课堂评价的指标体系被作为衡量教师课堂教学水平、态度的标尺不足为奇，问题是它是如何被使用的，由于它的条理清晰、易于量化，便具有简便易行、客观可测的品质，学校管理者是用指标体系的检测结果与教师职称、奖金、荣誉等直接挂钩，以此代行管理，减少意见分歧带来的损耗，而这种检查或者指标体系的使用依据是某一堂教学检查课、公开课、观摩课、评比课等。等于要求教师把一个阶段需要完成的任务在一个课堂上展现出来。这一悖论给我们的提示是课堂评价的改进不仅是用现代的教学观充实调整评价的着眼点，内容的指向，还要调整它的使用方式。

（三）改良课堂评价技术的功能局限

评价的最终意义在于通过教师行为的改变，促进教育教学质量的提高、学生的发展。对于教师教学过程的某个横切面的全面考查，所带来的一些功能性负效应表现为：首先，就管理效应而言，这样的评价很难做到对教师教学态度、教学行为的根本改变，这样的评价是与教学过程分离的，它的发生是间断的、偶然的，真实的教学过程难以预测、诊断与考查。其次，在评价的过程中，教师的心理状况会发生很多微妙的变化，影响评价的结论，甚至影响教师作为一个生命个体对职业的感受，一项关于教学评价中教师心理反应的调查①显示，在评价之前，教师会出现疑惧心理、紧张心理、被审心理，在评价中则有迎合心理、抵抗心理、应付心理、防卫心理，在评价之后出现的是敏感心理、纹饰心理、申辩心理等不良心理状况。究其原因，在评价的过程中，评价主体与教学主体是截然分开，或者是相对立的审视与被审视的关系，在被动的心理状态中，教师很难做到真诚地反思，有效地改进。最后，即便教师在评价中抱着积极的态度，准备从评价中获得检查、验证，促进自己行为的完善、改进，而这样的评价能够给予教师的信息却是残缺的、有限的，只是一些好与不好的结论，更何况这些好与不好的结论仅仅依据一些片段的事实，并不一定具有统计的意义，或者并没有深刻考查这些片段背后的原因、情境、经验等，教师也就更难分辨究竟好在哪里，不好在哪里，好与不好的程度怎样把握；等等。现实中，评价功能的局限使得"这些评价标准和指标很少被用来进行真实的课堂教学评价，或者说几乎看不到对某个评价标准和指标应用于课堂教学的研究报告，本来是具有极强应用性的课堂教学评价体系却成了一个纯粹的理论构想，缺乏实际应用，因而虽然研究者们不断推出一个又一个评价体系，却都只能是过眼云烟，实践中教育管理者或教师仍然还是靠自己的经验去各自创建一个评价体系"②。

二、发展性课堂评价的提出与研究性功能构想

近年来，越来越多的学者认为，课堂评价的功能不在于管理、监督教师的工作，更重要的是通过课堂评价促进教师的专业发展，最终实现提升

---

① 蔡敏，冯莹. 教学评价中教师心理反应的调查研究 [J]. 中国教育学刊，2006（1）：65-68.

② 丁朝蓬. 我国课堂教学评价研究概况、问题与设想 [J]. 教育科学研究，2006（12）：10.

教育、教学品质的目的。叶澜教授在总结新基础教育实验中的评价改革时，对发展性教师评价这样描绘："我们的目的，不只是评定结果（无论是阶段的还是终结的），也不只是对事实的认识和解释，而是旨在通过评价，发现改革过程的问题、经验和教师达到的不同水平，形成新的课堂教学过程结构的抽象；我们的目的不只是停留在过程认识的形成和完善，还想通过评价促进教师的自我反思和我们自身对研究的反思。这是一种研究者、实践者与评价者合一式的评价，是一种面对改革的实践十分综合和复杂的评价。它需要形成的不只是一种评价工具，而是一系列服务于上述目标实现的评价系统，它只能靠我们在改革的过程中逐渐探索和创造。"① 能否实现促进教师专业发展的功能，问题的关键不仅是评价内容结构上的合理化，更重要的是用什么样的方式使用这种功能，是通过鉴别还是通过研究。教师专业发展的特性决定了对教师的评价也需要过程性、人文性，课堂评价需要与引领教师发展的研究模式结合起来，才真正是有利于教师专业发展的课堂评价。研究、教学与评价一体化的过程应该是发展性教师评价的核心。在这样的模式体系中，能够提供给教师的是：

1. 研究思路与方式。在研究、教学、评价一体化的机制中，评价者、被评者同时扮演着研究者的身份，共同的研究活动可以在课堂教学的准备阶段就开始，共同研究学生、研究课程内容、研究教学方案，教师在这样的过程中获得的是一种研究思路，一个扩大了的视野，而评价者在这样的过程中也才能真正了解课堂的背景，教师的基础、能力，他的优势与缺失。

2. 情境化的点评与反思。技术性的课堂评价的问题核心不在于评价的技术本身，而是使用者依赖技术的客观性与科学性，用一种笼而统之的标准、尺度去衡量每一个具体的课堂，一体化的评价中，评价者并不是对照某种标准确定教师课堂表现的对错好坏，而是尽可能地收集课堂中的信息，作为与教师共同讨论、反思的依据。课堂上教师的选择是各种情境要素之间的博弈，取舍选择的合理性是具体的，难以有绝对的标准，评价者的点评与教师反思活动的互动中，才有深刻的思想活动与认识跃迁。

3. 教师发展个性化的、持续的信息。在评价与研究、教学相结合的过程中，需要评价者与被评价教师长期的合作，评价者获得的是教师成长历程的信息，评价可以是形成性的，也可以是个体内差异的，这种不基于管理目的的评价过程，也才能真正产生管理的效应。

---

① 叶澜，吴亚萍. 改革课堂教学与课堂教学评价改革 [J]. 教育研究，2003（8）.

三、课堂学习研究模式中的旨在研究的评价：功能与启示

（一）课堂学习研究：一种研教评一体的教师专业发展模式

课堂学习研究，是指针对一堂课的教学内容进行集体备课、教学观摩、协同工作，进行系统反思，达到更有效的教与学的教师专业发展过程，其最终目的是让学生进行更有效的学习。它是行动研究的一种形式，教师既是教育者又是研究者，通过行动进行反思，通过反思进行更有效的教学。它又是协作学习的一种方式，通过教师的共同备课，课前课后会议交流及观课、评课等协同工作，达到共同提高的目的。课堂学习研究在不同国家和不同地区有不同的表现。日本的课堂学习研究活动有五十多年的历史。日本的课堂学习研究活动称为"授业研究"，它"是发生在课堂活动范围内的合作研究"[①]。在日本，教师把专业发展和教学技能的进步视为终身的追求。他们认为亲身经历、自我研究、同事的批判和自我反思是专业化过程的重要组成部分。教师按科目、年级分成不同的小组来准备一个"研究课"；每组定期开会，仔细讨论该研究课的学习内容，确立它的重点，以及分析这些重点是否能反映学生的学习困难；然后，针对难点来设计教学，并由其中一位教师施教。整个过程大约持续一个月到一年不等。最后，教师通过研讨会或刊物，与其他学校的教师分享研讨会的成果。许多日本的教育实践已经被西方的教育者注意，并尝试其在美国和其他国家应用的可能性。美国有学者通过研究日本、德国、美国教师的教学录像[②]，从三个国度教师专业发展的不同角度，系统地介绍了日本课堂学习研究对教师专业发展的作用以及这种模式在美国应用的可能性，近年来美国有许多州的教育学者加入了类似课堂学习研究的行动研究计划。我国香港地区的课堂学习研究是近十年兴起的，它源于对香港地区世纪之交基础教育改革的实践与思考。它参照了日本的授业研究模式，也借用了我国内地的教研实践，并以变易理论作为实施课堂学习研究的理论框架，经过多个研究课的实践，逐步形成一个有系统地开展课堂学习研究的模式。[③]

---

① MATOBA M. Lesson study：international perspective on policy and practice ［M］. Beijing：Educational Science Publishing House，2006：1-2.

② JAMES W. STIGLER，JAMES HIEBERT. The teaching gap ［M］. The Free Press，1999：112-115.

③ 卢敏玲，庞永欣，植佩敏. 课堂学习研究：如何照顾学生个别差异 ［M］. 李树英，郭永贤，译. 北京：教育科学出版社，2006：Ⅷ.

　　在课堂学习研究中，研究问题的确定是启动和指引研究工作的开始，问题可以是一般性的问题——如何激发学生学习数学的兴趣，也可以是具体的问题——如何改善学生对异分母分数加法的理解，其通常来源于教师的教学实践和学生学习中存在的问题。集体备课是在学习目标的选择后，教师们在查阅有关此课相关资料的基础上，力图在具体的课堂情境实践中验证某些观点。研究课的目标不仅是设计一堂好课，还要懂得课堂实践促进学生理解学习内容的原因和方式。初始教案确定后，通常在学校教员会上征求反馈，然后做出修改，为实施做准备；课程实施的时候，除授课教师，研究组其他成员放下自己的教学工作，到教学现场进行观察听课。当学生们被要求自己进行思考、讨论、研究和学习时，听课教师要四处走动，观察学生们的学习情况并细致地做记录，有时还需要进行录像。授课结束后，研究组教师随即组织开会，通常授课教师首先进行发言，概括自己的授课情况和存在的问题；然后其他教师针对授课各个板块中存在的问题做出评价。这种评价的焦点是课堂教学，而不是针对授课教师。因为本节课是集体工作的结果，教师评价的过程就是对他们自己工作的评价，是一种对教学活动的自我改善过程。建立在观察和反思基础上，研究组教师根据在课程实施过程中所显示的学生们针对某个问题存在的误解，修正课程方案。这种修正可能是学习材料的变换、活动的改变、提问问题的加工等。一旦修正课程方案确定后，这节课会在另一个不同的班级实施。可以是前一次课的教师继续授课，但通常是研究组的另外一名教师来授课。不同之处是这一次全校教师都被邀请来参加研究课。本次课结束后，学校的教师都被邀请来参加交流，对研究课的进行情况进行评估反思，有时还邀请校外专家。就如前面进行的程序，授课教师首先进行发言，阐述研究组试图达成的目标，评价本次课的成功之处和需要重新思考的部分。其他听课教师对研究课进行分析和提出建议。但针对研究课的评价和分析要尊重学生们的学习成果，还要尊重指导研究课设计的价值假设和在这种假设下的研究设计。最后的成果分享有几种不同的方式：一种是研究组写一个研究报告，陈述研究组工作过程中的故事，有时以书的形式出版，供学校教师、校长，甚至教育领域的政策制定者阅读；另一种成果分享的方式是在修正课程方案课实施的时候，邀请其他学校的教师来观课。

（二）课堂学习研究对评价的启示

　　评价的功能最终是为了促进教师的专业发展，可是这种促进功能的发挥是要建立在一定的实践基础上并且要有针对性地提出问题。因为每名教师在实践中存在的问题是不同的。课堂学习研究的启动能够对这个问题做出回答。

课堂学习研究作为教师发展的一种协作模式，一般由问题探索、设计课程、实地教学、评估成效、重写教案、再次试教、评核反思以及最终分享成果几个步骤组成。在这个过程中，教师始终是参与其中的。对于这样一个持续一定周期时间的研究过程，从评价角度看，能给我们如下启示：

1. 平常的心态，用长远的眼光看待评价。所有的参与者不论是研究者、实践者还是评价者都用一颗平常心来看待活动的全过程。每一次评价，它的功能是指示性的，不具有终结性价值。每一个课堂学习研究过程都是秉持着这样一个价值假设：教学质量的改进是一个持续不断的、渐变的发展过程。对一节课的研究要经历几次反复的研讨、设计、重新实施。所以评价的意义就在于它对每个环节的不断修正，指引课堂学习研究的发展不断走向理想境地。

2. 评价的目标回归学生的发展。课堂学习研究中的评价有一个最重要的维度，就是学生学习绩效的提升，并不是给教师下一个好中差的结论，所有的参与者关注的是学生的学业水平和课堂表现，教师的表现被看作实现学生发展的过程与手段，这样的评价可以尽量免除一些形式上的细枝末节的问题。

3. 评价的焦点定位为教的工作而非教师本人。课堂研究过程是一个团体的协作过程，它的成效最终取决于团体中全体教师的不断努力。虽然每个研究课最终都要由一名教师来实施，教师的个人能力很重要，但对课堂学习研究持续不断地进行改进还是取决于研究团队的长期努力和他们对方法问题的反思设计，而不是取决于某个优秀教师的个人之力。教师们要对教学工作中和潜在的因素做出剖析，而不要把评估过程变成针对某名教师个人能力的鉴别过程。

4. 评价针对具体的课堂情境。每一堂研究课都是发生在具体的课堂情境之中，特定的学生、特定的教师和特定的课程。因此评价要避免一个问题："拿来主义"——用别人的标准来衡量自己的事情。抽象的标准总是冰冷的，具体的课堂则是丰富多彩的，在具体的课堂学习环境中，评价要针对课堂中出现的问题做出具体详细的价值判断。

5. 教师成为评价的主体之一。促进课堂学习研究发展的因素很多——学生、家长、行政管理者等，但教师是发展的主要力量。教师们在做研究课的过程中，共同确定问题、设计课程，一起实施、观摩，共同反思。他们是课堂教学的亲历者、体验者，他们最了解学生的需要和现实中存在的问题，他们对问题的评价是重要的角度。

（三）课堂学习研究对教师专业发展的引领价值

课堂学习研究作为一种团队工作，以学生发展目标和教师专业发展作为工作目的，在一定周期内，通过团体成员的集体努力，确定研究问题、设计课程、实地教学、评估反思、重新设计等几个环节，不断完善每堂研究课的设计与实施。课堂学习研究，作为教师专业发展的一种形式和一部分，使得参加研究的教师都能得到不同程度的专业发展。

1. 对未来的期望。每名教师心底都有一种美好的期望，那就是成为一名优秀的教师。这个愿望在他们的职业生涯初期尤为明显，因此他们总是希望通过各种形式的培训使自己的专业得到发展。课堂学习研究的启动，能够有效地保存并延续这种期望。课堂学习研究将教师专业发展纳入一种规范的形式中，并成为教师参与研究的最大动力。

2. 集体的力量。课堂学习研究是一种团队的工作，又是一种协作学习的方式。团队的每一名成员在共同目标的推动下，能够分工协作，集思广益，从而使课堂学习研究的质量不断地提升。比如我国香港地区的研究课，每堂课的周期为3～4个月，这其中涉及大量的工作，包括在多种课程资源中选定学习内容，对学生做出前测，运用变易学习理论识别学习内容的关键属性，设计课程，实施观摩，收集分析数据等。这些工作都不是一人之力所能完成的。因此课堂学习研究是借集体之力完成个人发展的一种很好的途径。教师正是通过这样一种方式，进行自己的专业发展。

3. 反思的智慧。通过课堂学习研究，教师们必须走出简单重复已有经验行为的授课状态，他们开始对自己的授课和学生的学习结果进行反思。其他教师对实践中出现问题的反馈和对教学行为的观察，总能对教师有所触动，并使其对问题做出思考。反思自己实践中出现的问题，使教师不断由他律走向自律，在实践中有意识地认识和调节自己的教学行为，形成强烈的专业发展意识。反思的作用就在于它能使教师对自己习以为常的做法产生一个重新认识的过程，从而在思考和交流的过程中建构更有效的思维方式和解决问题的方法。

4. 交流与合作。课堂学习研究使教师们走出了各自的"城堡"，对大家的共同劳动成果进行系统反思。在交流的过程中，教师们对同一问题的不同看法，会对教师视域的拓展大有裨益。教师们对同一问题的不同深度的认识，也会让不同教师有不同的惊喜。教师们正是通过在共同语境下的对话，针对自己感同身受的案例进行探讨、反思、修正，不断地提高了自己的专业水平。

四、课堂评价：从管理走向研究

发展性评价理念的提出使评价功能的关注点回归了教师发展这一根本问题，但是在发展性理念的关照下，究竟怎样建立评价体系却可以有相当不同的做法，或者扩大评价的主体，使教师、同行、校长、学生都参与到评价活动中，或者增加评价的频率，或者关注课堂上的生成性要素等。在这样一个评价变革中，评价仍然是为管理服务的，或者说仍然是为了评职称、涨工资、发奖金做一个工作水平的鉴别，仍然跳不出技术性课堂评价的悖论。计划、组织、实施、评价是典型的 20 世纪上半叶盛极一时的管理主义工作流程，其主旨是通过加强控制追求工作效率的最大化，其人性假设是人的行为可以通过监督、约束或者是利益驱动而改变，而 20 世纪中叶以后的各种社会思潮都在从不同角度批判、校正着这种对人的管理方式。教师工作是需要付出智慧和热情的，每一个教师的工作是学生成长过程链条中的一个环节，但是每个教师的工作又是独立完成的，因此，教师工作态度、工作能力的根本改变需要更多民主的、人格的、专业的领导方式。教师需要在一个被尊重的文化氛围中成长，并为了赢得更大成就付出努力。如果教师的工作质量被以某一堂课为代表区分为好中差，或者是一二三等奖，只会造成一个高度敏感或者过度竞争的心态。既然课堂评价的目的为发展教师的专业素养，实现高质量的课堂，评价就需要在一套新的机制中运行，这个机制不是指向管理，而是指向研究，课堂学习研究模式给我们一个借鉴性的框架。评价活动融入教学研究活动中，评价者与任课教师有共同的计划与行动，这是一个教师专业发展的框架，一个提升课堂品质的框架，评价活动只不过是其中一项服务性的步骤。当然学校的正常有序运营，需要管理活动，事实上，在一个研究性的评价框架中，管理的功能也会自然显现，教师之间能力、水平的差别会在研究、讨论、授课的过程中更加清楚地被展现出来，只不过这种展现伴随着专业的指导、相互的沟通，会使教师更信服周围的评价，在引领胜于监督中，真正实现教师专业发展，实现课堂评价的最终意义。

［原文刊载于《东北师大学报（哲学社会科学版）》2007 年第 2 期（吕立杰　赵同友）］

参 考 文 献

[1] 蔡清田. 课程创新 [M]. 台北：五南图书出版公司，2006.

[2] 蔡清田. 课程政策决定：以国家教育改革法案为依据的教育决策 [M]. 台北：五南图书出版公司，2003.

[3] 陈振明. 政策科学 [M]. 北京：中国人民大学出版社，1998.

[4] 成尚荣. 核心素养的中国表达 [N]. 中国教育报，2016-09-19.

[5] 窦桂梅. 做一名有专业尊严的教师 [M]. 桂林：漓江出版社，2007.

[6] 黄光雄，蔡清田. 课程设计 [M]. 台北：五南图书出版公司，1999.

[7] 黄政杰. 课程设计 [M]. 台北：东华书局，1991.

[8] 江山野主. 简明国际教育百科全书·课程 [M]. 北京：教育科学出版社，1991.

[9] 李洁. 大学生人生态度现状与转化研究 [M]. 上海：上海人民出版社，2015.

[10] 李金松. 系统论、信息论、控制论与教育改革 [M]. 武汉：湖北教育出版社，1989.

[11] 李子建. 课程、教学与学校改革 [M]. 香港：香港中文大学出版社，2002.

[12] 林智中，等. 课程组织 [M]. 北京：教育科学出版社，2006.

[13] 刘复兴. 教育政策的价值分析 [M]. 北京：教育科学出版社，2003.

[14] 吕立杰. 国家课程设计过程研究 [M]. 北京：教育科学出版社，2008.

[15] 卢敏玲，庞永欣，植佩敏. 课堂学习研究：如何照顾学生个别差异 [M]. 李树英，郭永贤，译. 北京：教育科学出版社，2006.

[16] 朴贞子，金炯烈. 政策形成论 [M]. 济南：山东人民出版社，2005.

[17] 覃光广，冯利，陈朴. 文化学辞典 [M]. 北京：中央民族学院出版社，1988.

[18] 陶东风. 社会转型与当代知识分子 [M]. 上海：上海三联书

店，1999.

[19] 谢明. 公共政策导论 ［M］. 北京：中国人民大学出版社，2012.

[20] 殷鼎. 理解的命运 ［M］. 北京：生活·读书·新知三联书店，1988.

[21] 余凯成. 人力资源管理 ［M］. 大连：大连理工大学出版社，2001.

[22] 徐碧美. 追求卓越：教师专业发展案例研究 ［M］. 陈静，李忠如，译. 北京：人民教育出版社，2003.

[23] 台湾课程与教学学会. 行动研究与课程教学革新 ［M］. 台北：扬智文化事业股份有限公司，2001.

[24] 周佩仪. 从社会批判到后现代：季胡课程理论之研究 ［M］. 台北：师大书苑有限公司，2000.

[25] 周淑清. 课程发展与教师专业 ［M］. 台北：台湾高等教育文化事业有限公司，2004.

[26] 陈桂生. "集体备课"辨析 ［J］. 中国教育学刊，2006（9）.

[27] 高文. 情境认知中情境与内容的作用：试论情境认知的理论基础与学习环境的设计之一 ［J］. 外国教育资料，1997（4）.

[28] 马廷灿，曹慕昆，王桂芳. 从国家自然科学基金看我国各省市基础研究竞争力 ［J］. 科学通报，2011（36）.

[29] ALLAN A. GLATTHORN. 校长的课程领导 ［M］. 单文经，等译. 上海：华东师范大学出版社，2003.

[30] PAUL ERNEST. 数学教育哲学 ［M］. 齐建华，张松枝，译. 上海：上海教育出版社，1998.

[31] KATZENBACH J，SMITH D. The wisdom of teams ［M］. New York：Harper，1993. 转引自：巴洛赫. 合作课堂 ［M］. 曾守锤，等译. 上海：华东师范大学出版社，2005.

[32] 哈贝马斯. 认识与兴趣 ［M］. 郭官义，李黎，译. 上海：学林出版社，1999.

[33] 伽达默尔. 真理与方法：第 2 版 ［M］∥洪汉鼎. 诠释学经典文选. 北京：东方出版社，2001.

[34] 德雷克，伯恩斯. 综合课程的开发 ［M］. 廖珊，黄晶慧，潘雯，译. 北京：中国轻工业出版社，2007.

[35] 富兰. 变革的力量：透视教育改革 ［M］. 中央教育科学研究所，译. 北京：教育科学出版社，2004.

[36] 托夫勒. 未来的冲击 ［M］. 孟广均，等译. 北京：新华出版

社，1996.

[37] 库利. 人类本性与社会秩序 ［M］. 包凡一，王源，译. 北京：华夏出版社，1999.

[38] 约翰逊. 领导合作型学校 ［M］. 唐宗清，等译. 上海：上海教育出版社，2003.

[39] 古德，布罗菲. 透视课堂 ［M］. 陶志琼，王凤，邓晓芳，译. 北京：中国轻工业出版社，2002.

[40] 威克利，普劳哈特. 情境判断测验：理论、测量与应用 ［M］. 柳恒超，罗凤英，李婷玉，等译. 上海：复旦大学出版社，2013.

[41] 格尔兹. 文化的解释 ［M］. 纳日碧力戈，等译. 上海：上海人民出版社，1999.

[42] 史班瑟，等. 才能评鉴法：建立卓越的绩效模式 ［M］. 魏梅金，译. 汕头：汕头大学出版社，2003.

[43] 阿普尔. 意识形态与课程 ［M］. 黄忠敬，译. 上海：华东师范大学出版社，2001.

[44] 波斯纳. 课程分析 ［M］. 仇光鹏，韩苗苗，张现荣，译. 上海：华东师范大学出版社，2007.

[45] 杜威. 儿童与课程 ［M］. 林宝山，康春枝，译. 台北：五南图书出版公司，1990.

[46] 杜威. 民主主义与教育 ［M］. 王承绪，译. 北京：人民教育出版社，2001.

[47] 杜威. 学校与社会·儿童与课程 ［M］. 台北：五南图书出版公司，1989.

[48] 罗尔斯. 正义论 ［M］. 何怀宏，何包钢，廖申白，译. 北京：中国社会科学出版社，2009.

[49] 泰勒. 课程与教学的基本原理 ［M］. 北京：中国轻工业出版社，2008.

[50] 诺福克. 行动研究的主题和动力 ［C］// SANDRA HOLINGSWORTH. 国际视野中的行动研究：不同的教育变革实例. 黄宇，译. 北京：中国轻工业出版社，2000.

[51] 鲍尔. 教育改革：批判和后结构主义的视角 ［M］. 侯定凯，译. 上海：华东师范大学出版社，2002.

[52] 米切尔·黑尧. 现代国家的政策过程 ［M］. 赵成根，译. 北京：中

国青年出版社，2004.

[53] 怀特海. 教育的目的 [M]. 庄莲平，王立中，译. 上海：文汇出版社，2012.

[54] 霍尔姆斯，麦克莱恩. 比较课程论 [M]. 张文军，译. 北京：教育科学出版社，2001.

[55] 波普尔. 波普尔思想自述 [M]. 赵月瑟，译. 上海：上海译文出版社，1988.

[56] 焦耳当. 学习的本质 [M]. 杭零，译. 上海：华东师范大学出版社，2015.

[57] ANDY HARGREAVES, MICHAEL G. FULLAN. Understanding teacher development [M]. New York：Teachers College Press，1992.

[58] BRADLEY L H. Curriculum leadership and development handbook [M]. New Jersey：Prentice-Hall，1985.

[59] CARR W，KEMMIS S. Becoming critical：education，knowledge，and action research [M]. Philadelphia，PA：The Falmer Press，Taylor&Francis Inc，1986.

[60] CHAPMAN C，FEIT M D. An overview of the R Language [M]. R for Marketing Research and Analytics，Springer International Publishing，2015.

[61] COLIN J. MARSH. Key concepts for understanding curriculum [M]. The Falmer Press，1992.

[62] DECKER F. WALKER. Fundamentals of curriculum passion and professionalism [M]. Mahwah，New Jersey：Lawrence Erlbaum Associates，2003.

[63] DRAKE S. Creating standards-based integrated curriculum：aligning curriculum，content，assessment，and instruction [M]. Thousand Oaks，California：Corwin Press，2007.

[64] SHORT E C. Shift paradigms：implications for curriculum research and practice/paradigms debate in curriculum and supervision：modern and postmodern perspectives [M]. Jeffery Gland，Linda S，Behar Hohenstein，2000.

[65] ELLIOT J. Action research for educational change [M]. Bristol，

Pennsylvania：Open University Press，1991.

［66］Finnish National Board of Education. Nationalcore curriculum for basic education 2014 ［M］. Porvoon Kirjakeskus，Helsinki，2016.

［67］FULLAN M. The meaning of education change ［M］. New York：Teachers College Press，1982.

［68］FUNG A. Management of educational innovations：the six-a process model in Wong K C and Cheng K M educational leadership and change—an internal perspective ［M］. Hong Kong：Hong Kong University Press，1995.

［69］GLATTHORN A A. Curriculum leadership ［M］. Glenview，IL：Scott，Foresman ＆ Company，1987.

［70］GOODLAD J I. Curriculum inquiry：the study of curriculum practice ［M］. New York：McGraw-Hill，1979.

［71］GRUNDY S. Three modes of action research ［J］. Curriculum Perspectives，1982（3）.

［72］HALL G E，HORD S M. Change in schools：facilitating the process ［R］. New York：State University of New York Press，1987.

［73］ILENE HARRIS. Deliberative inquiry：the arts of planning ［M］. E. C. Short，Forms of Curriculum Inquiry，State University of New York Press，1990.

［74］JAMES W. STIGLER，JAMES HIEBERT. The teaching gap ［M］. The Free Press，1999.

［75］JOSEPH J. SCHWAB. The practical：a language for curriculum ［M］. School Review，University of Chicago Press，1969.

［76］KOLB D. Experiential learning：experience as the source of learning and development ［M］. Englewood Cliffs，New Jersey：Prentice-Hall，1984.

［77］MATOBA M. Lesson study：international perspective on policy and practice ［M］. Beijing：Educational Science Publishing House，2006.

［78］MACLEAN MARION S，MOHR MARIAN M. Teacher-researchers at work ［M］. Berkeley，California：National Writing

Project，1999.

[79] MCKERNAN J. Curriculum action research：a handbook of methods and resources for the reflective practitioner ［M］. New York：St. Martin's Press Inc，1991.

[80] SKILBECK M. Curriculum organization in A. Lewy. international encyclopedia of curriculum ［M］. Oxford：Pergamon press，1991.

[81] WIGGINS G，MCTIGHE J，ALEXANDRIA V. Understanding by design ［M］. Association for Supervision&amp：Curriculum Development，2005.

[82] BROPHY J E. How teachers influence what is taught and learned in classroom ［J］. The Elementary School Journal，1982 (4).

[83] WOODRUFFE C. Competent by any other name ［J］. Personnel Management，1991 (9).

[84] GARY D FENSTERMACHER. The knower and the known：the nature of knowledge in research on teaching ［J］. Review of Research in Education，1994 (20).

[85] 日本文部省国立教育政策研究所. 中小学（高中）学校教育课程实施状况调查 ［EB/OL］. ［2015-11-01］. http：//www. Mext. go. jp/b_menu/shingi/chukyo/chukyo3/004siryo/06080913/010/012. htm.

图书在版编目（CIP）数据

课程改革背景下的课程研究/吕立杰等著. —长春：
东北师范大学出版社，2019. 12
　（元晖学者教育研究丛书）
　ISBN 978 - 7 - 5681 - 6637 - 9

　I. ①课… 　Ⅱ. ①吕… 　Ⅲ. ①基础教育—课程改革—
研究—中国 　Ⅳ. ①G632.3

中国版本图书馆 CIP 数据核字（2019）第 282694 号

KECHENG GAIGE BEIJING XIA DE KECHENG YANJIU
□策划编辑：张晓方
□责任编辑：洪　扬　□封面设计：上尚印像
□责任校对：何　莹　□责任印制：许　冰

东北师范大学出版社出版发行
长春净月经济开发区金宝街 118 号（邮政编码：130117）
电话：0431－84568046
传真：0431－85691969
东北师范大学音像出版社制版
辽宁新华印务有限公司印装
沈阳市张士经济技术开发区
中央大街六号路 14 甲－3 号（邮政编码：110021）
2019 年 12 月第 1 版　2019 年 12 月第 1 次印刷
幅面尺寸：169 mm×239 mm　印张：13.75　字数：229 千

定价：42.00 元